广州蓝皮书

BLUE BOOK
OF GUANGZHOU

中国广州汽车产业发展报告
（2011）

主　编／李江涛　朱名宏　杨再高
副主编／陈来卿

ANNUAL REPORT ON GUANGZHOU
AUTOMOBILE INDUSTRY (2011)

社会科学文献出版社
SOCIAL SCIENCES ACADEMIC PRESS (CHINA)

法律声明

"皮书系列"(含蓝皮书、绿皮书、黄皮书)为社会科学文献出版社按年份出版的品牌图书。社会科学文献出版社拥有该系列图书的专有出版权和网络传播权,其 LOGO( )与"经济蓝皮书"、"社会蓝皮书"等皮书名称已在中华人民共和国工商行政管理总局商标局登记注册,社会科学文献出版社合法拥有其商标专用权,任何复制、模仿或以其他方式侵害( )和"经济蓝皮书"、"社会蓝皮书"等皮书名称商标专有权及其外观设计的行为均属于侵权行为,社会科学文献出版社将采取法律手段追究其法律责任,维护合法权益。

欢迎社会各界人士对侵犯社会科学文献出版社上述权利的违法行为进行举报。电话:010-59367121。

社会科学文献出版社
法律顾问:北京市大成律师事务所

广州汽车产业蓝皮书编辑委员会

主　　编　李江涛　朱名宏　杨再高

副 主 编　陈来卿

编　　委　（以姓氏笔画为序）

　　　　　　尹　涛　杜家元　杨再高　吴大庆　张　强
　　　　　　欧开培　欧江波　欧阳惠芳　郑成文
　　　　　　胡彩屏　祝宪民　徐祖荣　郭德炎　黄石鼎
　　　　　　黄冠乔　谭　红　熊双玲

编　　务　巫细波　蒋　丽　姚　阳　陈亚鸥

主要编撰者简介

李江涛 男，汉族，河北滦南人，中共党员，硕士研究生学历。现任广州市社会科学院党组书记、研究员。1978年3月至1982年1月在中山大学哲学系读本科；1982年1月至1982年9月在广东省人大办公厅工作；1982年9月至1985年7月在中山大学哲学系读硕士研究生；1985年7月至今在广州市社会科学院工作，历任院社会所副所长、所长、党组成员（1993年12月任）、副院长（1994年2月任）、副研究员、研究员（1998年12月任）、党组书记兼副院长（2000年12月任）、院长（2005年11月起任）。其中于1996年10月至1997年12月间在美国哈佛大学做访问学者。近年获奖项目及荣誉称号：享受国务院政府特殊津贴的专家（1992年10月），广州市优秀中青年社会科学工作者（1995年8月），广州市优秀专家（1995年11月），广州科技之星（1996年5月）。

朱名宏 男，广西藤县人，中共党员。先后就读于华南热带作物学院、华东师范大学、复旦大学，分别获农学学士、哲学硕士、经济学博士学位。为美国加州州立大学访问学者。现为广州市社会科学院副院长、党组成员，经济学研究员。研究方向为区域经济和产业经济，以区域经济社会发展规划和人力资源研究见长。1991年进入广州市社会科学院工作以来，致力于专业研究。先后在《世界经济文汇》、《上海经济》、《西华师范大学学报》、《广东科技》发表论文100余篇。出版专著《人才激变：现代人力资源开发机制》（2001年，上海文汇出版社出版）；合著《世界跨国公司经营模式》（1997年，广东旅游出版社）、《奇迹的产生：中国农村经济体制改革的聚焦与透析》（1999年12月，党建读物出版社）、《广州建设华南汽车产业基地研究》（2008年，广东人民出版社）。在课题研究方面，贯彻广州社科院"为地方政府服务"的建院方针，积极从事应用研究工作。主要涉及区域规划、城市管理、政策研究、企业管理。1991年以来，先后参加或主持研究课题120多项，如：广东省区域经济发展差异与对策研究、广州经济社会发展模式转型研究、加快建立广州现代产业体系研究、广州都市型产业发展研究、广州市支柱产业人才资源研究、广州市公共交通站场管理及政策法规研究、南宁市工业布局规划、珠江钢铁有限公司管理总体方案等。

杨再高 男，贵州石阡人，中共党员，硕士学位，经济学研究员，现任广州市社会科学院副院长，广州市政府决策咨询专家，广东省政府决策咨询专家。1984~1995年先后在贵州师范大学、贵州化肥厂、华南师范大学学习和工作。1995年7月至今在广州市社会科学院（原广州市经济研究院）工作，先后任经济学助理研究员、副研究员、研究员（2007年）、副所长、所长（2006年）。2007~2008年在美国加州大学做高级访问学者。研究方向为区域经济学、区域与城市发展规划、产业发展规划、汽车产业发展研究、项目投资可行性研究。已主持、参与完成省部级、市级社科规划重点课题和软科学研究课题10项，主持和参与各级政府委托的应用决策研究课题近100项。在《经济地理》、《南方经济》、《农业经济问题》、《城市发展研究》、《汽车工业研究》等刊物上公开发表论文100多篇；合著出版《中心城市与合作发展理论和实践》、《可持续发展与广州21世纪》等著作5部，主编出版《中国广州汽车产业发展报告（2009）》等著作3部。获得国家发改委、广州市哲学社会科学优秀成果奖二等奖等奖项8项。

陈来卿 男，江西吉安人，中共党员，硕士学位，经济学副研究员。现任广州市社会科学院区域经济研究所负责人。研究方向为区域经济学、区域与城市发展规划、产业发展规划、汽车产业发展研究。2002年至今在广州市社会科学院工作。已经主持参与完成省部级、市级社科规划重点课题和软科学研究课题多项。主持和参与各级政府委托应用决策研究课题60多项。合作出版《中心城市与区域合作发展理论和实践》、《整合与超越——广州大都市圈发展研究》、《合作与共赢——泛珠三角经济合作及对东南亚的影响》等著作3部。在《经济地理》、《改革》、《中国人口·资源与环境》、《城市发展研究》等刊物公开发表论文10多篇。

摘　要

2010年，中国汽车工业继续呈现高速发展态势，汽车产销均突破1800万辆，再次成为世界第一大汽车市场。"十一五"期间，广州汽车产业保持快速发展势头，汽车产量年平均增幅高达44.23%，2010年汽车产销更是突破130万辆。随着广汽集团成功在香港实现H股整体上市和广州首款自主品牌轿车——传祺的发布，广州汽车产业进入全新的发展阶段。而面对亚运限行、燃油和原材料价格上涨等不利因素的考验，广州汽车产业界灵活应对挑战和激烈竞争，积极解决汽车产业发展面临的问题，使汽车产业能够继续快速增长，为全市工业及经济平稳增长作出了巨大贡献。为了及时了解广州和国内外汽车产业发展的现状及趋势，科学指引和促进广州汽车产业新一轮大发展，在广州市领导和有关部门的支持下，广州市社会科学院区域经济研究所和广州汽车产业研究中心联合编写了《中国广州汽车产业发展报告（2011）》。

本书重点展现了广州汽车产业在2010年的发展情况，跟踪广州以及国内汽车产业发展的动态及热点问题，展望2011年及今后广州汽车产业发展的前景，研究探讨广州汽车产业科学发展的对策。全书的内容主要包括总报告、宏观背景篇、综合发展篇、新能源汽车篇、企业发展篇、区域发展篇和附录篇。

总报告：主要分析了"十一五"期间广州汽车产业发展状况，指出了汽车产业发展存在的不足，阐述了广州汽车产业发展的动态及热点，展望了2011年及未来一段时期广州汽车产业发展的形势及前景，预计2011年广州汽车产量可接近156万辆，汽车工业产值可超过3400亿元，并提出了广州汽车产业发展再上新台阶的对策措施，为广州打造国际汽车制造基地提供决策参考。

宏观背景篇：主要分析和展望了广州以及国内汽车产业发展的宏观环境，主要包括中国汽车市场发展概况、"十二五"时期国内汽车产业发展面临的形式、自主品牌汽车发展、汽车产业空间格局等。

综合发展篇：综合阐述了广州汽车产业相关方面的发展情况，包括2010年广州汽车进出口形势、广州汽车产业自主创新系统构建、广州汽车产业园区的建设与发展状况等方面的问题。

新能源汽车篇：把握新能源汽车发展新趋势，探讨新能源汽车发展相关问题，就国内推广新能源汽车的经验、当前我国电动汽车发展的瓶颈、新能源汽车产业自主创新存在的问题等进行探讨和分析。

企业发展篇：主要分析了广州汽车工业集团及东风日产乘用车公司等汽车企业2010年经济运行状况及2011年的发展动态和发展战略，同时详细介绍了广州首款自主品牌轿车——传祺。

区域发展篇：简要分析广州周边以及国内城市汽车产业发展概况，包括广东汽车制造业发展情况、珠三角地区汽车产业对比分析、花都汽车产业、佛山汽车市场等等。

总体上，作为为数不多的中国区域汽车产业发展蓝皮书，本书定位为专家观点、民间立场，主要以专家、学者们提供的各类关于广州汽车产业发展的研究报告为主，各区有关部门、汽车企业等提供的一些汽车产业专题调研成果和中国汽车产业界部分专家的重要成果也构成本书的重要内容。从书中，我们不仅能够搜索到广州汽车发展的真实轨迹和不俗成就，也能看到市内外专家、学者对广州及中国汽车产业发展的真知灼见，同时还能看到国家及广州汽车企业出台的有关汽车产业发展的最新规划、政策、信息，以及国内一些省市汽车产业发展的动态。

Abstract

Chinese auto industry continued to show rapid development in 2010 and automobile production and sales both reached 18 million, becoming the world's largest auto market again. Guangzhou auto industry maintained a rapid development momentum and its average annual growth rate was 44.23% during National eleventh Five-Year Plan period. Guangzhou's automobile production and sales are exceeding 1.3 million in 2010. With the success of Guangzhou Automobile Group getting listed in Hong Kong and the release of Trumpchi which is Guangzhou's first Self-owned Brand car, Guangzhou auto industry entered a new stage of development. Guangzhou automobile industry beard several unfavorable factors just as traffic control during Asian Games, rising prices of fuel oil and raw materials and so on. Guangzhou automobile industry tackled the challenges and fierce competition by solving the problems flexibly and positively. The steady growth made great contributions to the steady growth of city's economy and industry. This book is co-edited by Regional Economic Center in Guangzhou Academy of Social Sciences and Guangzhou Automobile Industry Research Center, with strong supports from Guangzhou government, leaders and concerning departments. The goal of this book is to research the automobile industry's development and trends in Guangzhou, or China and even the whole world, which will benefit to the development of Guangzhou Automobile Industry in 2011.

The focus of this book shows development achievements of Guangzhou's automobile industry in 2010, tracks the development and hot issues of auto industry in Guangzhou and other domestic regions, and looks forward the foreground of Guangzhou automobile industry in 2011. The research of the countermeasures of scientific development for Guangzhou automobile industry is also one of focus of this book. The content of this book includes articles such as general report, macro background, comprehensive development, new energy automobile, enterprises development, regional development and appendix.

Part 1 General Report mainly analyzes the development of Guangzhou automobile industry during National eleventh Five-Year Plan period, points out the shortage of the automobile industry, elaborates the developing trends and hot points of the Guangzhou automobile industry and made a prospect on the development situation and tendency of the automobile industry in Guangzhou in 2011 and the future. This chapter makes a forecast that vehicle production is expected to reach 1.56 million, the output value of the automotive industry can exceed 340 billion Yuan. It also puts forward countermeasures for the development of Guangzhou automobile industry, and helps to create an international automobile manufacturing base in Guangzhou.

Part 2 Macro Background mainly analyzes and prospects the macroeconomic environment for the development of Guangzhou automobile industry, including the overview of the Chinese auto market, the situation and tasks of Chinese automobile industry during National Twelfth Five-Year Plan period, the development of Self-owned Brand Cars, spatial pattern of the domestic auto industry and so on.

Part 3 Comprehensive Development explains the general development situation of relevant aspects of Guangzhou's automobile industry, shows the import and export situation of Guangzhou automobile in 2010, the study for building Guangzhou automobile industry innovation system, the study for construction and development of Guangzhou's Automotive Industrial Park.

Part 4 New Energy Automobile grasps new trends in the development of new energy vehicles to explore issues related to development of new energy vehicles, makes an exploration and analysis on the issues, such as experience and inspiration for Guangzhou from promotion of new energy vehicles in China, current bottleneck and solutions in the development of electric vehicles in China and so on.

Part 5 Enterprises Development mainly analyzes Guangzhou Automobile Group and DongFeng Nissan Passenger Car Company with the economic performance in 2010, the trends and strategies of development in 2011, the introduction for the first Self-owned Brand car of Guangzhou: Trumpchi.

Part 6 Regional Development analyzes basic situation of automobile industry of neighboring cities of Guangzhou and other cities, the introduction about the development of automobile manufacturing in Guangdong, comparative analysis for development of the automobile industry in key areas of the Pearl River Delta, characteristics of Foshan's automotive industry in 2010, the development of HuaDu's automobile industry and so on.

In summary, it is the only blue book of the regional automobile industry in China. Meanwhile, it is an elegant collection of experts' views and civilian standpoints, including not only research reports on the industry originated by related experts and scholars, but also investigation & research fruits provided by various districts of

Guangzhou, enterprises and so on. We are sure that from the book, readers will track the development of the automobile industry in Guangzhou and achievements, and acquire penetrating judgments from various experts and scholars in or out of Guangzhou. Furthermore, readers will gain the newest plans, policies, information about the industry and current events of development in China including Guangzhou.

适应新形势　迎接新挑战
（代序）

李江涛*

2011年是我国"十二五"国民经济社会发展的开局之年，在我国正式拉开"十二五"建设序幕之际，中国汽车行业在科学发展旗帜下，信心百倍地踏上新的征程。

作为中国汽车产业发展的重要城市，近10年以来，广州汽车产业高速发展，形成了多品种、多系列的整车和零部件生产及配套体系，产业集中度不断提高，产品技术水平明显提升，成为国民经济的重要支柱产业。2010年，广州生产汽车135.84万辆，同比增长20.2%，占全国汽车产量的7.4%。广州三大车企汽车销售131.59万辆，汽车产销双双突破130万辆。汽车出口显著提升，2010年全市汽车及零部件出口达17.34亿美元，同比增长82.91%，广州汽车及零部件出口继续居全国汽车出口基地城市第二位。同时，广汽传祺自主品牌轿车于2010年12月正式上市，广州汽车产业发展迎来新突破，广州成为全国当之无愧的汽车生产大市之一。全市汽车保有量超过155万辆，汽车已经成为促发展、保民生的有生力量，作为全市支柱产业的地位进一步巩固，对全市经济增长贡献扩大，2010年规模以上汽车制造业完成的工业总产值和增长速度分别为2878.4亿元和26.2%，汽车工业总产值占全市工业总产值的15.9%，汽车制造业对全市规模以上工业增长的贡献率达26.9%。

2010年，广州汽车产业在生产、销售、出口、基地建设、自主品牌等方面取得了显著成效，汽车产业进入新的发展阶段。当我们骄傲和自豪的同时，必须清醒地看到，广州汽车产业仍存在诸多需要完善的地方。一是汽车产业发展质量

---

* 李江涛，广州市社会科学院党组书记，研究员。

还需进一步提升。如果单以规模来衡量，广州已经成为全国主要汽车生产大市和消费大市。但是，广州汽车产业与其他国内外先进城市的汽车产业相比，还存在一定的发展差距，"量"的赶超并没有带来"质"的飞跃。核心技术缺失、自主创新能力还不强、自主品牌建设滞后等问题依然比较突出。二是汽车产业发展环境还有待改善。从广州汽车产业发展的内部环境来看，汽车生产和消费环境的改善仍有大量工作要做，需要进一步完善汽车生产、消费与国家中心城市相匹配的发展环境，对汽车税费、汽车金融、城市规划、交通管理、环境保护等五个方面配套的政策、法规也提出了许多新的要求和挑战。三是发展新能源汽车任重道远。在能源、气候挑战的大背景下，新能源汽车在全球范围内呈现出突飞猛进的发展态势。以美国、日本和德国为代表的发达国家，大力支持和推动汽车企业及相关科研机构发展新能源汽车，将其作为振兴汽车产业进而带动经济复苏的重要突破口。以电动汽车为代表的新能源汽车已经成为未来汽车产业竞争的重要制高点，新能源汽车发展竞争激烈。而广州新能源汽车刚刚起步，无论是在技术上还是在新能源汽车政策上都面临巨大压力，需要加快发展。四是外部环境挑战压力增强。金融危机以来，全球汽车产业格局发生了深刻的变化。产销重心加速向新兴工业化国家转移，发展中国家自主性汽车产业快速崛起，全球范围内的汽车产业竞争更趋激烈。同时，珠三角地区城市的汽车产业发展迅速，随着佛山—汽大众、深圳长安雪铁龙等整车厂项目的落地，区域竞争也日趋白热化。

此外，随着汽车总产销量、汽车总保有量快速增加，不仅汽车企业面对的国际国内市场竞争越来越严酷，而且由于汽车对民生的影响从简单变为复杂、汽车产业与经济社会的互动从单向变为双向，汽车产业的发展环境较之以前也将有显著变化，这对汽车产业的发展提出了严峻的挑战。汽车产业发展不仅是生产和销售的问题，还有汽车发展带来的城市社会问题。因此，对于以汽车产业作为主要经济支柱之一的广州城市发展而言，发展汽车业还将面临着诸多新挑战和新问题。

未来一段时期，面临着新环境就有新挑战，有新挑战就有新任务。深刻认识新环境、科学应对新挑战、精细分解新任务，是"十二五"时期广州汽车产业发展面临的头等大事。

第一，必须深刻认识汽车业与社会发展矛盾的尖锐性和复杂性。发达国家曾经经历过的汽车社会发展中面临的问题和矛盾，如汽车与交通拥堵、汽车与大气环境污染、汽车与能源、汽车与人的生命财产等矛盾，几乎同时向我们城市袭来，并成为影响城市发展的长远战略、影响经济效益和社会生活的重要因素。如果处理不好，反而可能影响民生，阻碍汽车产业和经济社会可持续发展。因此，处理好汽车业发展与社会发展的协调性、重视汽车业发展的管理效率、引导汽车产业与经济社会环境协调发展，是新时期要重点考虑的事情。

第二，必须坚持汽车强市的发展目标不动摇。汽车产业是最能体现一个国家、地区或城市工业发展水平的产业，其所具备的产业链长、关联度高、就业面广、消费拉动大等优势，对一个处于建设国家中心城市走向国际大都市阶段的城市来说，其重要作用是不可替代的。这不仅体现在对城市经济增长的拉动作用上，也体现在广州工业发展水平在全国、乃至国际的地位上，对增强广州城市的综合竞争力影响比较大。可以说，汽车产业的发展从一个侧面印证了广州在全国乃至世界地位的发展。发展是硬道理，这是本质要求。我们要在科学发展观的指引下，坚持科学发展，注重全面协调可持续发展。广州的汽车产业还处在发展之中，大而不强，创新不强，自主品牌不强，就会影响汽车业发展的后劲。因此，在发展中逐步解决面临的矛盾和问题，我们才能实现由汽车大市向汽车强市的转变，提升城市综合竞争力。

第三，汽车产业的发展必须紧紧抓住转变发展方式的历史契机。汽车产业的可持续发展，已经与经济社会的可持续发展密不可分，二者互相促进又互相制约。"十二五"时期，国家强调要加快转变经济发展方式，其实质，就是要从突出速度的高速经济增长方式向更加注重提高经济增长质量和效益的适度增长方式转变，从外需带动型的经济发展方式向内需拉动型的经济发展方式转变，从生产能力提高型经济发展方式向经济结构优化升级型经济发展方式转变，从技术引进依赖型经济发展方式向自主创新支撑型经济发展方式转变，从资源高耗型经济发展方式向资源节约型经济发展方式转变，从政府直接承担推进发展职能的经济发展方式向政府为发展提供全面服务职能的经济发展方式转变。而"十二五"时期也是广州转变发展方式必须取得实质突破的关键时期，加快汽车产业发展方式的转变是广州转变经济发展方式的一个重要着力点。广州汽车产业发展只有大力转变发展方式，全面推进结构升级，努力实施自主品牌战略，加快培育和发展新能源汽车产业，有效构建国际竞争新优势，才能有效解决产业内外的矛盾，才能为下个五年、十年，乃至数十年的持续发展打下牢固基础。

第四，汽车产业发展还应抓住当前我国扩大内需的发展契机，构建现代汽车服务体系，创造新的汽车消费文化。国家的政府工作报告明确指出，今年"十二五"规划的开局之年十大工作之一就是拉动消费。而汽车商品消费已经是我国城乡居民消费最重要的商品。如何正确引导和创造汽车消费环境，需要从政策、环境等方面加以优化和实施。当前，广州汽车产业发展主要面临着资源紧张和城市发展两方面的挑战，本质上是车与人、人和人之间的矛盾。在这种情况下，要考虑如何对现有城市发展的政策、管理体制和制度进行调整和完善，构建适应广州城市发展的新阶段、新特征和新定位，适应现代汽车社会，倡导绿色低碳的汽车消费文化。尤其是在城市现代化管理水平方面，利用新技术，把握世界科技发展的新趋势和新特征，利用物联网、车联网的一系列IT新技术的发展，加快推进广州智慧城市建设，推动建设智能交通系统的发展势在必行。

第五，必须把握当前世界经济调整时机，加快推动广州汽车产业走出去的步伐。当前，扩大对外开放的一个重要步骤就是推动企业走出去，拓展国际市场。要实现汽车强市，汽车产业必须在国际市场上占据一席之地。在国内，我们应鼓励广州汽车企业向外拓展，加强汽车企业的兼并重组，鼓励广汽集团与周边城市汽车产业进行合作。在国际上，广州的汽车产业应以自身自主品牌汽车为基础，抓住中国—东盟自由贸易区建设、世界上一些新兴工业化国家崛起的发展时机，利用其对价格低、技术好的汽车的市场需求，在这些新兴的发展中国家、新兴市场经济的国家进行投资设厂，拓展国际市场，夯实产业发展基础。

总之，在国家"十二五"规划的总体指导下，国内各城市的相关汽车企业已经纷纷制定了自己的"十二五"规划，对于广州汽车产业发展而言，我们只有综观全局，精心谋划，把发展的矛盾变为发展的起点，把发展的决心变为发展的任务，才能在转变经济发展的历史机遇中稳步向前，实现建设世界级汽车强市的宏伟目标。

2011 年 5 月 23 日

目 录

BⅠ 总报告

B.1 2010~2011年广州汽车产业发展形势

分析与预测 ………………………………………… 杨再高 巫细波 / 001

BⅡ 宏观背景篇

B.2 国内汽车产业"十二五"时期面临的

机遇与挑战 ……………………………………… 陈来卿 张小英 / 041

B.3 中国汽车产业发展形势分析与预测（2010~2011）……… 巫细波 / 053

B.4 国内自主品牌汽车"十二五"时期的发展形势分析 ……… 陈亚鸥 / 071

B.5 国内汽车产业空间格局分析 …………………………………… 杨再高 / 085

BⅢ 综合发展篇

B.6 广州汽车产业发展浅析及战略探讨

………………………………………… 洪 云 黄 坚 欧阳惠芳 / 099

B.7 广州汽车外经贸发展情况与展望 …………………………… 刘 旭 / 108

B.8 构筑广州汽车产业自主创新系统探讨 …………………… 陈来卿 / 114

B.9 广州汽车产业园区的建设和发展状况研究 ……………… 蒋　丽 / 123

ⅣB 新能源汽车篇

B.10 国内推广新能源汽车经验及对广州的启示 ……………… 张小英 / 133

B.11 新能源汽车的问题分析及对策建议 ……………………… 王相勤 / 147

B.12 推进新能源汽车自主创新的问题及对策 ………… 李金津　赵树宽 / 157

ⅤB 企业发展篇

B.13 坚持项目带动　推动产业升级　促进集团平稳
较快发展 …………………………… 叶随涛　黄　坚　欧阳惠芳 / 163

B.14 合资企业自主品牌助力广汽本田可持续发展
　　　　　　　　　　　　　　　　　　…… 欧阳惠芳　洪　云 / 167

B.15 东风日产：谋篇布局　追求新高 ………………… 梁燕斌　王洪鹏 / 172

B.16 广汽传祺，以创新造就高品质汽车品牌 ………… 欧阳惠芳　黄　坚 / 177

ⅥB 区域发展篇

B.17 花都汽车产业强势崛起浅析 ……………………………… 林中坚 / 184

B.18 珠三角汽车产业发展重点区域对比分析报告 …… 葛天志　欧江波 / 193

B.19 2010 年广东汽车制造业发展概况 ………………………… 陈　新 / 212

B.20 佛山 2010 年汽车行业特征 ……………………………… 陈　强 / 219

ⅦB 附录篇

B.21 2010 年广州汽车大事记 ……… 资料整理：广州汽车产业研究中心 / 223

B.22　2010年广汽集团大事记 ……… 资料整理：广州汽车产业研究中心 / 226

B.23　2010年第六届中国（花都）汽车论坛摘录
　　　………………………… 资料整理：广州汽车产业研究中心 / 228

B.24　2010年汽车十大关键词和十大事件
　　　………………………… 资料整理：广州汽车产业研究中心 / 243

B.25　2010年国内汽车业十大政策法规
　　　………………………… 资料整理：广州汽车产业研究中心 / 251

B.26　2010年自主品牌汽车发展七大关键词
　　　………………………… 资料整理：广州汽车产业研究中心 / 255

B.27　后记 ……………………………………………………………… / 259

皮书数据库阅读**使用指南**

CONTENTS

B I General Report

B.1 Analysis and Forecast of Guangzhou's Automobile Industry in 2010-2011 *Yang Zaigao, Wu Xibo* / 001

B II Macro Background

B.2 The Opportunities and Challenges of Domestic Auto Industry During National Twelfth Five-Year Plan Period *Chen Laiqing, Zhang Xiaoying* / 041

B.3 Analysis and Forecast for Chinese Auto Industry (2010-2011) *Wu Xibo* / 053

B.4 Analysis for Development of Self-owned Brand Cars During National Twelfth Five-Year Plan Period *Chen Ya'ou* / 071

B.5 Analysis for Spatial Pattern of the Domestic Auto Industry *Yang Zaigao* / 085

B III Comprehensive Development

B.6 Analysis and Discussion for Development and Strategy of Guangzhou Automobile Industry *Hong Yun, Huang Jian and Ouyang Huifang* / 099

B.7 The Situation and Outlook of Guangzhou's Foreign Trade in Automobile Industry *Liu Xu* / 108

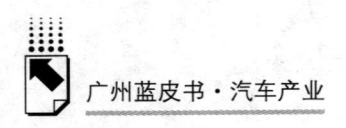

B.8　Study for Building Guangzhou Automobile Industry
　　　Innovation System　　　　　　　　　　　　　　　*Chen Laiqing* / 114

B.9　Study for Construction and Development of Guangzhou's
　　　Automotive Industrial Park　　　　　　　　　　　*Jiang Li* / 123

B IV　New Energy Automobile

B.10　Experience and Inspiration for Guangzhou from Promotion
　　　 of New Energy Vehicles in China　　　　　　*Zhang Xiaoying* / 133

B.11　Analysis for the Problem and Solutions in the Development
　　　 of Electric Vehicles　　　　　　　　　　　　*Wang Xiangqin* / 147

B.12　Problems and Solutions of Innovation of New Energy
　　　 Automotive Industry　　　　　　　*Li Jinjin, Zhao Shukuan* / 157

B V　Enterprises Development

B.13　To Promote Steady and Rapid Development of the Group by Persisting
　　　 in Using Project to Propel and Promote Industrial Upgrading
　　　　　　　　　　　Ye Suitao, Huang Jian and Ouyang Huifang / 163

B.14　Self-owned Brand from Joint Venture Helps Sustainable Development
　　　 of Guangzhou Honda Automobile　　*Ouyang Huifang, Hong Yun* / 167

B.15　Dongfeng Nissan: Planning layout for Pursuing New Goals
　　　　　　　　　　　　　　　　　　Liang Yanbin, Wang Hongpeng / 172

B.16　Trumpchi: Creating High-Quality Brands by Innovation
　　　　　　　　　　　　　　　　　　Ouyang Huifang, Huang Jian / 177

B VI　Regional Development

B.17　Analysis for Strong Rise of the Automobile Industry in Huadu
　　　　　　　　　　　　　　　　　　　　　　　　Lin Zhongjian / 184

B.18　The Report of Comparative Analysis for Development of the
　　　Automobile Industry in Key Areas of the Pearl River Delta
　　　　　　　　　　　　　　　　　　　　　　　Ge Tianzhi, Ou Jiangbo / 193

B.19　The Development Situation of Guangdong's Automobile
　　　Manufacture in 2010　　　　　　　　　　　　　*Chen Xin* / 212

B.20　Characteristics of Foshan's Automotive Industry in 2010　*Chen Qiang* / 219

B Ⅶ　Appendix

B.21　Memorabilia of Guangzhou's Automobile Industry in 2010
　　　　　　　Data Compilation:Guangzhou Automobile Industry Research Center / 223

B.22　Memorabilia of GAC Group in 2010
　　　　　　Data Compilation: Guangzhou Automobile Industry Research Center / 226

B.23　The Digest from Sixth China · Huadu Automobile Forum in 2010
　　　　　　Data Compilation: Guangzhou Automobile Industry Research Center / 228

B.24　The Top 10 Keywords and Events of China Automobile in 2010
　　　　　　Data Compilation: Guangzhou Automobile Industry Research Center / 243

B.25　The Ten Policy of Domestic Auto Industry in 2010
　　　　　　Data Compilation: Guangzhou Automobile Industry Research Center / 251

B.26　The Top 7 Keywords and Events of Self-owned Brand's
　　　Automobile Development in 2010
　　　　　　Data Compilation: Guangzhou Automobile Industry Research Center / 255

B.27　Postscript　　　　　　　　　　　　　　　　　　　　　　/ 259

总报告

General Report

B.1 2010~2011年广州汽车产业发展形势分析与预测

杨再高 巫细波*

摘 要： 广汽集团在香港联交所整体上市以及首款自主品牌轿车传祺正式发布，标志着广州汽车工业步入新的发展阶段。受国家宏观经济形势稳定、政策激励和市场刚性需求的影响，2010年广州汽车产销继续保持稳定增长态势，其作为广州第一支柱产业的地位更加巩固，为全市经济保持较快发展作出了重要贡献。但与国内汽车产销连续两年实现超高速增长的态势相比，广州汽车产销增速略低于全国平均增速。本篇主要分析2010年广州汽车产业发展状况、存在的问题和面临的局势，展望"十二五"开局之年及未来一段时期广州汽车产业发展的形势及前景，预计2011年广州汽车产量可超过156万辆，汽车工业产值接近3400亿

---

* 杨再高，广州市社会科学院副院长，研究员；巫细波，广州市社会科学院区域经济研究所助理研究员。

元。为完成广州汽车产业发展目标,论文最后提出了有针对性的对策和建议,以期为广州打造国际汽车制造基地及加快现代产业体系建设提供决策参考。

关键词: 汽车产业发展　形势分析与预测　自主品牌　广州

一　2010 年广州汽车产业发展的情况

随着全球经济形势的复苏,2010 年的世界汽车市场全面回暖,全球各大汽车市场新车累计销量超过 7000 万辆。中国汽车市场继续保持 2009 年的高速发展趋势,产销均突破 1800 万辆,再次成为世界第一大汽车市场。国内汽车行业兼并重组,竞争日益激烈。面对种种压力,广州汽车产业主动出击迎难而上,灵活应对挑战和激烈竞争,积极解决汽车产业发展面临的问题,不断推进汽车制造基地建设。广汽集团成功上市,与三菱汽车组建广汽三菱和收编吉奥汽车,广汽乘用车顺利建成投产并发布首款自主品牌轿车——传祺,广州汽车工业进入全新的发展时期。汽车产业继续保持较快增长态势,第一支柱产业地位及对区域经济的辐射带动作用日益增强,为 2010 年广州国内生产总值突破 1 万亿元大关并成为继上海、北京之后第三个进入万亿俱乐部的城市作出了重要贡献。

(一) 汽车产销保持较快增长,产销量突破 130 万辆大关

"十一五"期间,在国家《汽车产业调整和振兴规划》指引以及中央扩内需、调结构、保增长一系列措施的积极作用下,国内汽车工业保持高速发展态势。受此影响,广州汽车产业同样保持较高的发展水平,其中汽车产量平均增幅达到 44.23%(见表 1),高于全国 25.86% 的平均水平,轿车产量年平均增幅为 19.67%。

2010 年,全国汽车产销 1826.47 万辆和 1806.19 万辆,同比分别增长 32.44% 和 32.37%,产销再创新高,刷新全球历史纪录。受国内汽车行业连续"井喷"的影响,广州汽车产销同样发展迅速,东风日产、广汽本田、广汽丰田、广汽日野等汽车品牌继续发挥其较强的竞争力和影响力,汽车生产增长速度

表1 "十一五"期间广州汽车生产情况

单位：万辆，%

年份	全国汽车产量		广州汽车产量		广州占全国比例	
	汽车	轿车	汽车	轿车	汽车	轿车
2006	727.97	387.00	55.62	54.91	7.6	14.2
2007	888.24	472.66	78.74	78.34	8.9	16.6
2008	934.51	503.73	88.16	87.94	9.4	17.5
2009	1379.10	747.12	116.39	100.51	8.4	13.45
2010	1826.47	983.84	135.84	112.62	7.4	11.45
年平均增速	25.86	26.27	44.23	19.67	—	—

资料来源：历年《中国统计年鉴》、历年《广州统计年鉴》和中国汽车工业协会信息网。

超过了20%。2010年，广州全市共生产汽车135.84万辆，同比增长20.2%（见图1），增速比2009年下降近12个百分点；其中轿车112.62万辆，同比增长12%（见图2），增速比2009年下降2.2个百分点。此外，2010年生产各种改装汽车1905辆，同比增长6.5%；摩托车产量441.05万辆，扭转2009年下降的局面，同比增长12.6%。

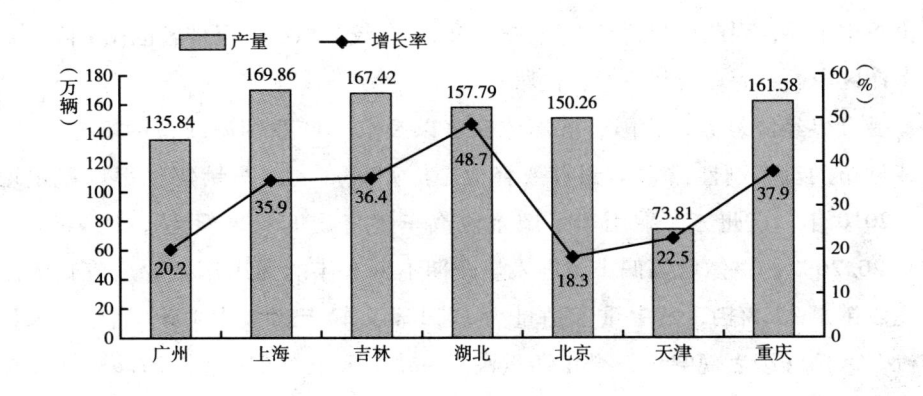

图1 2010年广州与国内主要地区汽车产量比较

资料来源：2010年各省市国民经济和社会发展统计公报。

2010年，中国汽车市场继续成为世界最大市场，大众、通用等合资车企都实现了较快的增长，而以日系车为主导的广州汽车产业增长速度低于国家平均水平，广州汽车、轿车生产增速分别比全国低 15.73 个百分点和 19.63 个百分点。广州汽车及轿车产量占全国汽车及轿车总量的比重分别为 7.4% 和 11.45%，分别比 2009 年降低了 1 个百分点和 2 个百分点（见表1）。

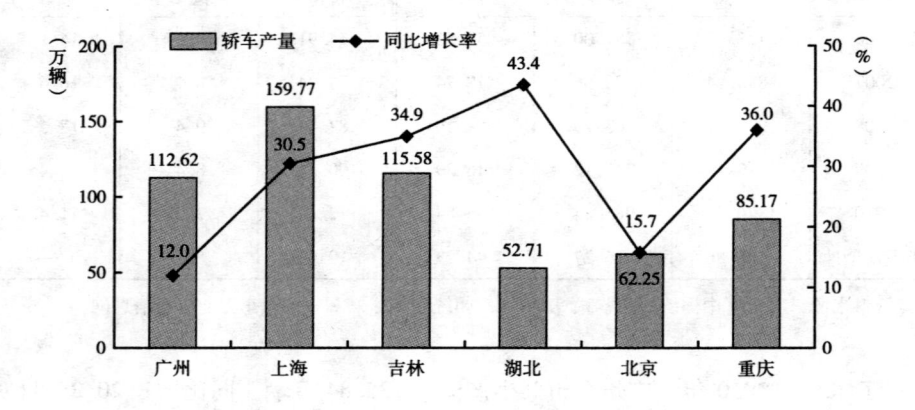

图2　2010 年广州与国内主要地区轿车产量比较

2010 年，广州市汽车产量在全国主要地区的排名靠后，而且差距有增大趋势，位于上海、吉林、重庆、湖北、北京之后，与汽车产量最高的上海相差 34.02 万辆；由于近两年国内汽车销量中微车的比重上升较大，而广州的汽车工业由轿车主导，因此广州轿车产量在全国的排名较为稳定，但排名也在下降，在轿车产区中被上海和吉林反超，位居第 3。

受世界经济复苏、我国经济形势回暖以及汽车产业刺激政策的影响，二、三线城市的汽车刚性需求得到有效释放，广州生产的汽车销售也得以稳定增长。2010 年，广州三大乘用车生产企业汽车销售达 131.59 万辆，比 2009 年增长 20.26%，整体增幅偏小。进入量产期不到一年的商用车企业广汽日野累计完成销量 2758 辆，其中重卡销量为 1722 辆，轻卡销量为 1036 辆。东风日产汽车产销继续表现突出，全年销量高达 66.1 万台，同比增长 27.4%，在全国十大乘用车销量排名中名列第 8 位（见表2），排名较往年有所下降。广汽本田顺利完成销售目标，全年销售量 38.6 万辆，同比增长仅为 5.6%，在全国主要乘用车企业销量排名中下降不少。广汽丰田生产乘用车 26.9 万辆，同比增长 28.5%，增幅居广州各大车企之首，但在全国主要乘用车企业中排名第 16 位。

表2　2009~2010年全国十大乘用车企业销量排名

2009年			2010年		
销量排名	乘用车企业	销量(万辆)	乘用车企业	销量(万辆)	同比增幅(%)
1	上海大众	72.77	上汽通用五菱	113.56	16.26
2	上海通用	70.84	上海通用	101.21	42.87
3	一汽大众	66.92	上海大众	100.14	37.5
4	北京现代	57.03	一汽大众	87	30.01
5	东风日产	51.9	重庆长安	71	36.93
6	奇瑞	46.65	北京现代	70.3	23.27
7	比亚迪	44.51	奇瑞	67.48	34.87
8	一汽丰田	41.73	东风日产	66.1	27.37
9	广汽本田	36.56	比亚迪	51.98	15.93
10	吉利	32.91	一汽丰田	50.59	21.24

资料来源：中国汽车工业协会信息网。

（二）汽车制造业产值稳步增长，对全市经济保持快速发展贡献突出

汽车制造业在2006年成为广州的三大支柱产业之首，之后一直保持较快的发展态势。"十一五"期间广州汽车制造业总产值翻了近两番，2010年汽车制造业总产值是2005年的3.39倍，而汽车零部件总产值增长更快，是2005年的7.8倍，汽车制造业成功实现跨越式发展。

2010年，广州更是实现历史性大跨越，成为继上海、北京之后第三个进入GDP"万亿元俱乐部"的城市，成为首个经济总量过万亿的省会城市。作为支柱产业的汽车制造业同样稳步增长，汽车产销均突破130万辆，汽车制造业产值接近3000亿元。2010年，广州规模以上汽车制造业产值达2878.44亿元，比2009年增长26.21%，增速同比提高2.93个百分点，高于全市规模以上工业增速3.6个百分点。广州汽车制造业产值占全市规模以上工业总产值的15.9%，对全市规模以上工业总产值增长的贡献率高达26.94%，但较往年有所下降（见表3和表4）。

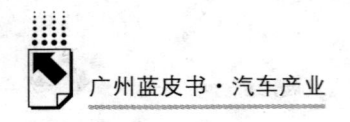

表3 2005~2010年广州规模以上汽车制造业主要指标

单位：亿元

项目	2005年	2006年	2007年	2008年	2009年	2010年
汽车制造业产值	849.50	1162.23	1622.26	1849.92	2280.60	2878.44
其中：零部件	94.79	173.30	309.15	445.66	509.19	739.6

资料来源：历年《广州统计年鉴》和《广州统计月报》（2010年1~12月）。

表4 2010年广州市汽车工业对全市工业、三大支柱产业增长的贡献

单位：亿元，%

类别	规模以上工业总产值	同比增长	对规模以上工业增长的贡献	对三大支柱产业增长的贡献
全市工业	14721.47	17.6	—	—
三大支柱产业	6649.56	23.3	63.37	—
汽车工业	2878.44	26.21	26.94	42.5

资料来源：2010年广州统计月报（2010年1~12月）。

汽车制造业作为广州第一支柱产业的地位难以撼动，2010年广州规模以上汽车制造业完成的工业总产值仍居广州三大支柱产业之首，汽车制造业产值分别比石油化工制造业和电子产品制造业产值高出910.09亿元和1075.69亿元，占三大支柱产业产值比重达43.29%，对三大支柱产业产值增长的贡献率为42.5%，较往年有所下降。随着广汽乘用车自主品牌轿车的顺利投产、广汽本田和东风日产产能扩张、汽车零部件企业不断聚集广州，广州汽车制造业第一支柱产业的地位将会进一步提升，对广州工业及经济发展的贡献将会越来越大。

在广州汽车制造业呈现平稳增长的同时，2010年广州汽车零部件制造业也实现快速增长。2010年，广州规模以上汽车零部件制造业完成工业产值739.6亿元，同比增长45.25%，增速比2009年提高31个百分点。2010年，广州汽车零部件制造业产值占全市规模以上汽车制造业总产值的比重为25.69%，较往年提高3.36个百分点，这说明经过多年围绕整车生产的招商引资和积极发展，广州的汽车零部件企业在不断增多，汽车零部件制造业的规模在不断扩大，与整车配套的能力在不断增强，汽车产业集群在不断壮大，这对广州未来汽车工业综合竞争力的提升及打造世界一流的汽车制造基地将产生重要影响。广州正致力于吸引更多的汽车及零部件企业落户，构建更加完整的汽车产业链，以满足当前汽车

产能日益增长的需要。目前，广州汽车零部件企业已超过600家，广州汽车产业的国内配套率达70%以上，其中广州地区和周边地区配套率约各占一半。

（三）汽车出口形势好转，出口额创造新高

经国家有关部门批准，广州于2008年成为国家级汽车及零部件出口基地，花都区、南沙开发区、广州开发区、番禺区和增城市是其重要组成部分。随着国际市场需求逐步恢复，汽车出口总体摆脱上年低迷走势，快速回升，广州汽车及零部件出口额也呈现大幅度提升趋势（见表5），整个"十一五"期间其占广州出口总额的比重逐年提高。2010年，全市汽车及零部件出口达17.34亿美元，同比增长82.91%，增幅比广州地区贸易出口平均增速高出53.6个百分点，广州汽车及零部件出口继续居全国汽车出口基地城市第二位。2010年，广州有汽车及零部件出口业务的企业共有552家。

表5　2006~2010年广州汽车及零部件出口变化情况

单位：亿美元，辆

年份	汽车及零部件出口额		其中:整车			其中:零部件		占广州出口总额比重(%)*
	金额	增幅(%)	数量	金额	同比(%)	金额	同比(%)	
2006	7.84	159.91	55309	3.01	83.39	4.82	251.54	2.42
2007	10.71	36.61	43135	4.27	52.34	6.44	18	2.83
2008	13.32	24.37	48173	5.89	22.84	7.42	25.69	3.1
2009	9.48	-28.8	27900	3.64	-38.23	3.6	-25.7	2.53
2010	17.34	82.91	25934	3.4	-6.6	13.94	287.22	3.59

＊指汽车及零部件出口额占广州出口总额的比重。
资料来源：广州市统计信息网。

（四）汽车产业基地建设不断完善，改变没有自主品牌轿车的历史

经过近13年的建设和发展，广州汽车产业基地建设日益完善，汽车产业基地规划面积约138平方公里，是全国汽车产业基地面积最大的城市之一。2007年9月，广州市被商务部和国家发改委授予"国家汽车及零部件出口基地"称号，广州先后认定南沙开发区、广州开发区、番禺区、花都区、增城市和从化市为"国家汽车及零部件出口基地广州分基地"。"三大板块、七大基地"（见

表6）的汽车产业空间格局业已形成，汽车企业不断集聚，并形成以广州整车生产为中心的珠江三角洲汽车及零部件产业圈。

表6 广州汽车产业基地分布情况

汽车板块	汽车产业基地	规划面积（km²）	龙头整车企业	产能（万辆）
北部	花都汽车产业基地	50	东风日产乘用车公司	60
	从化汽车及零部件产业基地	12.67	广汽日野汽车有限公司	5
东部	广州开发区汽车产业基地	20	本田（中国）公司	5
	黄埔汽车产业园	5	广汽本田一厂	24
	增城汽车产业基地	22	广汽本田二厂	24
南部	南沙开发区汽车产业基地	22.5	广汽丰田公司	38
	番禺汽车产业基地	5.80	广汽自主品牌乘用车	20
	合计	137.97	—	176

广州北部汽车产业板块包括以花都汽车城为重心的东风日产汽车制造基地和从化广汽日野汽车制造基地。花都汽车产业基地以东风日产乘用车公司为依托，以乘用车和零部件产品制造、研发及汽车服务业为重点，基本规划建设形成整车生产区、汽车零部件工业园区、物流中心区、行政管理区、汽车贸易服务区、出口加工区、汽车文化娱乐旅游区等功能区。东风日产乘用车及发动机产能改扩建正在加快推进，基地集聚的汽车零部件企业不断增多，产业规模不断扩大，基本形成了集整车生产、发动机及零部件生产、汽车研发、汽车教育、汽车文化等于一体的汽车产业链，先后获得"广东省汽车产业基地"、"国家火炬计划广州花都汽车及零部件产业基地"、"广东省汽车产业集群升级示范区"、"中国汽车零部件产业基地"等称号。投资50亿元的日产全球最先进的花都第二工厂于2010年5月8日奠基，新增产能24万辆，预计2012年投产后基地整车产能将超过60万辆。到2010年8月，汽车产业基地落户的汽车及零部件企业共150多家，投资总额超过200亿元人民币，有13家"世界500强企业"参与基地的投资建设。从化广汽日野汽车制造基地顺利建成投产，2010年累计生产重卡2161辆、轻卡1069辆，同时带动广州丰力橡胶轮胎、科昂诗配件有限公司、富力达汽车配件公司等汽车零部件企业落户发展，将成为拉动广州汽车制造业快速发展的重要增长极，并使广州汽车产品日趋丰富完整。

东部汽车产业板块以广汽本田汽车有限公司为依托，以广州开发区汽车产业基地、黄埔汽车产业园和增城汽车产业基地为载体，基本形成了以广汽本田整车为龙头，以本田中国、广汽本田发动机、广州福耀汽车玻璃、广州电装、提爱思汽车座椅、戴卡旭轮毂等为骨干的汽车产业集群，广汽本田汽车研发中心、本田发动机和广本增城工厂二期工程建设不断推进。增城汽车产业基地建设也不断推进，2010年有汽车及零部件企业15家，其中汽车整车生产企业有2家（生产中高级轿车的广汽本田增城工厂和生产各种军警用特种车的捷厉特种车公司）、摩托车整车生产企业1家（豪进摩托车）、汽车零部件生产企业12家，产品包括汽车发动机、挡风玻璃、内外饰塑料件、五金冲压件、控制拉索等，大部分为国内或地区的名牌产品，为国内各大汽车厂家配套。汽车工业是增城市的三大支柱产业之一，2010年汽车工业对增城经济增长的贡献突出，汽车制造业完成产值383.79亿元，增长16.38%，摩托车制造业完成产值104.29亿元，同比增长19.65%。

南部汽车产业板块以广汽丰田公司为依托，以南沙开发区汽车产业基地和番禺广汽自主品牌研发生产基地为主要载体，集整车及零部件生产、汽车物流、汽车贸易等功能于一体。南沙开发区汽车产业基地由位于黄阁镇的整车、发动机生产区和汽配园A区、珠江管理区内的汽配园B区组成，初步建设形成了整车生产区、零部件生产区、物流贸易区、综合服务区等功能区，园区基础及配套服务设施日渐完善，已有20多家为广汽丰田整车配套的零部件企业投产，一批专门为南沙汽车产业服务的汽车培训、营销、维修、物流企业也陆续进驻南沙，汽车集群规模正在不断壮大。广汽丰田总投资42.6亿元的第二生产线于2009年5月25日正式投产，其第三车型汉兰达于同日下线，新生产线和全新车型的投产，标志着广汽丰田的产能与产品线布局就此跨入了一个新的发展阶段。番禺区汽车配件产业有很大的发展，2010年有汽车零部件企业约50家，产品主要有汽车照明、空调、音响、汽车钢板、轮胎、汽车配件模具、防撞击安全配件及摩托车整车等。广汽集团自主品牌研发生产基地占地面积近120万平方米，首期厂房于2008年动工，2009年底建成，2010年内投产，计划年产能整车10万辆、发动机10万台。首款产品传祺于2010年12月正式上市，传祺在上市之前已提供给2010年广州亚运会作接待用车。经过多年的努力，广州终于结束了没有自主品牌轿车的历史。

（五）汽车品牌竞争力较强，轿车品牌各领潮流

在汽车产销整体快速增长和我国汽车市场刚性需求得到有效释放的情况下，

广州汽车品牌继续发挥较强的影响力和号召力,使广州全年汽车产品市场销售保持较快增长,各大汽车企业乘用车品牌各领潮流,东风日产、广汽本田、广汽丰田等汽车企业均顺利完成预定计划,特别是广汽丰田,不仅超额完成了销售目标,而且以同比28.5%的增速、高出丰田平均增速19个百分点,居日系主流车企首位。

2010年,广汽本田累计产销实现38.6万辆,顺利完成销售目标,再创历史新高。广汽本田旗下五款车型表现出色,均在各自细分市场上交出了一份满意的答卷。第八代雅阁连续三年销量超过17万辆,2010年更是以全年171728辆的销量持续引领中高级车市场,再度蝉联中高级轿车发车量、上牌量双冠王;CITY锋范上市两年来持续受到消费者追捧,连续两年销量突破10万辆大关,2010年累计销售132648辆,同比增长17.2%,在中级车市场保持领先。奥德赛继续表现出色,全年销量达到45810辆,同比增长61.4%;新一代飞度保持着稳定的销售态势,全年销量达到33575辆,在高端紧凑型两厢车市场保持领先地位;2010年10月推出的广汽本田的首个豪华车型——轿跑型豪华跨界车歌诗图上市以来就备受消费者青睐,为车市带来了全新的跨界风潮。

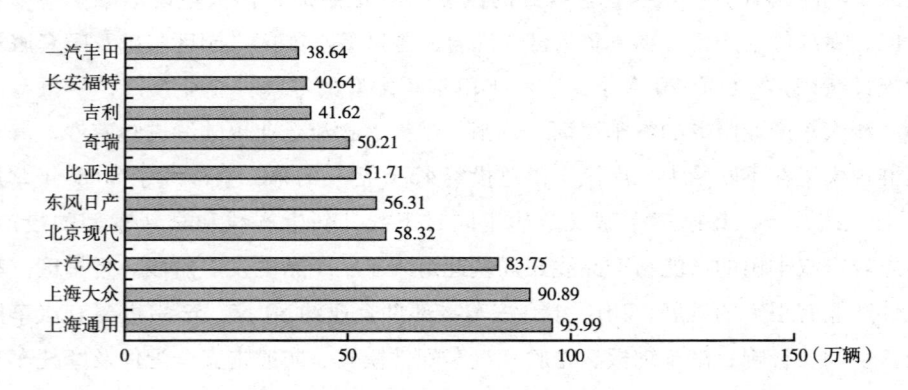

企业	销量（万辆）
一汽丰田	38.64
长安福特	40.64
吉利	41.62
奇瑞	50.21
比亚迪	51.71
东风日产	56.31
北京现代	58.32
一汽大众	83.75
上海大众	90.89
上海通用	95.99

图3　2010年主要轿车企业销量情况

资料来源:中国汽车工业协会信息网。

2010年东风日产表现尤为抢眼,全年销量高达66.1万台,实现同比27.4%的高速增长。天籁、轩逸、TIIDA、骊威等作为东风日产旗下的主力车型,2010年销量持续飙升,全年销量均突破10万台大关。其中,天籁全年销量累计达140842台,同比增长29.8%;轩逸全年销量达142511台,同比增长48.2%;TIIDA年销量更高达153906台,成为名副其实的车坛常青树;新骊威家族则延续骊威的强大产品实力及品牌口碑形象,实现年销114949台的辉煌战绩。同时,在高端车型天籁、奇骏、逍客的"高端崛起"带动下,东风日产旗下各款车型均表现抢眼。其中天籁的表现最为突出:V6发动机凭借优异性能和品质实现国内累计销量35万台,成为国内V6销量最大的车企。而在城市SUV市场,奇骏、逍客两款车型全年销量达94086台,跻身车市领军车型之列。

表7 2009~2010年全国MPV销量及排名

单位:辆

排名	2009年		2010年	
	车型	销量	车型	销量
1	瑞风	45645	江淮瑞风	64671
2	GL8	40029	东风风行	55395
3	奥德赛	28386	别克GL8	52127
4	菱智	21840	一汽森雅	48499
5	途安	19017	奥德赛	45810
6	优雅	18846	普力马	28112
7	蒙派克	11194	大众途安	22380
8	第三代阁瑞斯	10337	开瑞优雅	19438
9	东方之子CROSS	9627	东风帅客	19343
10	森雅	8870	金杯阁瑞斯	18113

资料来源:中国汽车工业协会。

表8 2009~2010年全国SUV销量及排名

单位:辆

排名	2009年		2010年	
	车型	销量	车型	销量
1	CR-V	104017	长城哈弗	150104
2	哈弗	71537	本田CR-V	140000
3	RAV4	68212	丰田RAV4	98057
4	途胜	49345	丰田汉兰达	80841
5	狮跑	47876	华泰圣达菲	77159
6	瑞虎	47138	大众途观	70112
7	圣达菲	46566	众泰5008	68910
8	众泰5008	44913	起亚狮跑	67740
9	汉兰达	35410	奇瑞瑞虎	65032
10	逍客	33877	现代ix35	63278

资料来源:中国汽车工业协会。

在广州的乘用车合资企业中，广汽丰田是较为年轻的一家，自 2006 年投产以来，广汽丰田一直维持了高速、稳健的发展势头。2010 年，广汽丰田经受住了外界不利因素的影响，依旧延续了高速、稳健的增长态势，累计实现销量 26.9 万辆，同比增长 28.5%，超额完成了 26.7 万辆的年度销售目标。其中，凯美瑞销量超过 15.7 万辆，上市第 5 年仍稳居中高级车销量前三位；汉兰达销量约 8 万辆，成为 2010 年车市增速最快的 SUV 车型之一；雅力士销量超过 2.5 万辆，同比增长 20%。为了更好地满足消费者需求，挖掘新细分市场的消费潜力，广汽丰田 2010 年投放了进口车型埃尔法。另外一款在广汽丰田销售渠道销售的进口车型 FJ 酷路泽，市场表现也是可圈可点，满足市场上个性化 SUV 的需求。2010 年 12 月，广汽丰田发布了第四款新车逸致，首次将 FUV 概念导入家轿领域。

表 9　2009～2010 年中高级轿车品牌排名及销量

单位：万辆

排名	2009 年		2010 年	
	品　牌	销　量	品　牌	销　量
1	桑塔纳	20.56	雅阁	17.17
2	雅阁	17.54	凯美瑞	16.14
3	凯美瑞	15.62	天籁	14.08
4	帕萨特新领驭	11.21	马自达6	13.75
5	新天籁	10.85	帕萨特新领驭	13.09
6	Mazda6	8.14	君越	10.44
7	新君越(含君越)	8.06	君威	7.94
8	新君威(含君威)	7.36	迈腾	7.89
9	迈腾	6.6	景程	5.38
10	F6	5.24	锐志	5.18

资料来源：中国汽车工业协会网站。

（六）广汽集团成功上市，兼并重组取得新突破

广州汽车集团股份有限公司（简称广汽集团）创立于 2005 年 6 月 28 日，由广州汽车集团有限公司整体变更成立，是由广州汽车工业集团有限公司、万向集团公司、中国机械工业集团公司、广州钢铁企业集团有限公司、广州市长隆酒店有限公司作为共同发起人，以发起方式设立的大型国有控股股份制企业集团。

"十一五"时期是广汽集团布局战略、夯实基础的关键时期,其间,广汽集团取得了重大进展。汽车产能从 2005 年的 30 万辆提高到 2010 年的 110 万辆,汽车产销量从 24.7 万辆提升至 73.2 万辆,累计生产和销售汽车 270 多万辆;销售收入达到 1595 亿元,是 2005 年的 3.34 倍;利税总额达到 334 亿元,是 2005 年的 3.37 倍;在 2010 年中国企业 500 强中排名第 44 位,连续八年经济效益综合指数位居行业第 1。2010 年 12 月,广东省社会科学院、广东省省情调查研究中心联合公布了 2010 年度广东大型企业竞争力评估名单,广汽工业集团再次荣获广东大型企业竞争力评估第 1 名,成为 2004 年以来唯一连续七年位列广东大型企业竞争力 50 强榜首的单位。广汽集团在"十一五"期间共完成项目投资 243 亿元,完成新建、新增及技术改造项目超过 300 个,为其快速发展起到了巨大的推动作用。目前,广汽集团的主要业务有面向国内外市场的汽车整车及零部件设计与制造,汽车销售与物流,汽车金融、保险及相关服务,具有独立完整的产、供、销及研发体系。目前,公司旗下拥有广汽乘用车、广汽本田、广汽丰田、本田中国、广汽菲亚特、广汽长丰、广汽吉奥、广汽日野、广汽客车等 9 家整车制造企业,发展成为涵盖乘用车、商用车、摩托车、汽车研发、汽车零部件、汽车服务等完整产业链条,具备资本运作平台,治理结构相对完善的大型汽车企业集团。兼并重组取得新突破,初步形成了覆盖华南,辐射华中、长三角和环渤海地区的产业格局。

2010 年 8 月 30 日,广汽集团在香港实现 H 股整体上市,成为"四大四小"中继东风、上汽、重汽之后第四家实现整体上市的汽车企业,广汽集团的成功上市为其发展自主品牌、实现"大广汽"战略打下坚实基础。广汽集团连同联营公司在 2010 年共销售汽车 724343 辆,同比增长 19.41%。其中乘用车销售 719639 辆,同比增长 19.24%;商用车共销售 4704 辆,同比增长 51.16%。广汽集团实现合并销售收入 598.48 亿元,同比增长 19.1%,其中乘用车实现销售收入 581.18 亿元,同比增长 17.7%,占集团销售收入的绝大部分,约 97.1%,商用车实现销售收入 8.98 亿元,同比增长 160.9%,占集团销售收入的约 1.5%。

广汽集团自主创新迈入新的历史阶段。首先是广汽自主品牌乘用车项目取得全新突破,首款自主品牌轿车——传祺正式上市,这标志着广汽集团结束了全部依靠合资车的局面。广汽集团自主品牌乘用车项目总投资达 38 亿元,第一期计划形成年产 10 万辆汽车、10 万台发动机的生产规模;第二期计划形成生产整车

20万辆、发动机25万台的规模。其次是广汽本田也将在国内率先推出合资自主品牌轿车——理念。2007年7月，广汽本田成立了广汽本田汽车研究开发有限公司，这是国内第一个由合资企业独立投资、以独立法人模式运作的汽车研发机构，拥有包括概念设计、造型设计、整车试作、实车测试、零部件开发等在内的整车独立开发能力，标志着合资企业自主品牌正式破题，对于提升广汽集团的自主研发能力具有重要的意义。

（七）首款自主品牌轿车上市，自主创新迈入新阶段

广州汽车集团乘用车有限公司（简称"广汽乘用车"）是由广州汽车集团股份有限公司独资设立的子公司，作为广汽集团自主品牌乘用车项目的实施载体，成立于2008年7月21日，注册资金12亿元，占地面积近120万平方米，首期投资预算38亿元，计划年产能整车10万辆、发动机10万台，后续将分阶段达到年产整车40万辆、发动机45万台规模。广汽乘用车的产品和技术来自广汽集团汽车工程研究院（简称"广汽研究院"）。广汽研究院是广汽集团自主创新与自主品牌产品研发的核心机构，承担着整车、动力总成、零部件和先导技术、基础技术的研发工作，专门为广汽乘用车提供新产品和技术的支持。

广州的首款自主品牌轿车——传祺已于2010年12月正式上市。广汽传祺采用的技术主要来自由广汽购买的菲亚特集团旗下阿尔法·罗密欧166平台，经过广汽研究院的二次开发，充分整合了阿尔法·罗密欧166平台的底盘、菲亚特提供技术支持的发动机、爱信的变速箱，以及本田、丰田的外形、内饰设计和精益制造工艺，融合了欧洲车的技术特性和操控性，又拥有日系车制造的精致。目前推出的车型长、宽、高尺寸分别为4800、1820、1484毫米，轴距有2800毫米，是典型的B级车型。广汽传祺的主要竞争对手为同级的合资车型，中高级车市场的所有车型都是传祺的竞争产品。和日系车企典型的较为封闭的零部件供应体系不同，广汽乘用车选择了适度竞争的供应商选择模式，既在供应链构建时引入充分竞争，在降低整车配套成本的同时充分激发供应商的创新动力，又与选定供应商建立战略合作关系，让供应商放心投入，积极开发。目前选定的供应商中，国内的约占40%，日韩系约占20%，欧美系约占30%。

（八）汽车市场稳定发展，汽车拥有量不断增多

广州汽车市场发达，拥有完善的汽车销售网点，分布在白云、天河、番禺、

芳村、海珠等区域的汽车销售网点，为广州汽车销售提供了坚实基础。2010年，受益于政策多重刺激，广州车市良好，不仅全年价格基本保持稳定状态，年底几乎也没有出现大降价、大促销，而且得益于"牛市"，厂家纷纷扩大产能，扩张经销网络。广东全省乘用车新车上牌量累计约94.48万辆，较2009年增38.17%，刷新了纪录；12月份也以9.81万辆的成绩创造了当年单月新纪录。不同于2009年，二、三线城市的发力造就了广东车市的佳绩，广州、深圳等一线城市的复苏拉动了整个广东车市的飘红。广州、深圳两地的乘用车新车上牌量都超过了21万辆，劲增幅度都超过了40%，广州以3364辆的优势超越深圳，将2009年的第一坐席继续保持，2010年广州的乘用车新车上牌量达到了21.89万辆。卡罗拉是广州本地近几年最热销的车型之一，上牌量达到8169辆，位居单一车型上牌量首位（见表10）。

表10 2008~2010年全国主要汽车产品在广州的上牌量

单位：辆

排名	2008年		2009年		2010年	
	汽车品牌	上牌量	汽车品牌	上牌量	汽车品牌	上牌量
1	卡罗拉	7023	凯美瑞	6977	卡罗拉	8169
2	凯美瑞	6472	卡罗拉	6792	天籁	6549
3	新雅阁	4955	天籁	5942	凯美瑞	6549
4	骊威	3752	雅阁	5151	轩逸	6160
5	思域	3387	轩逸	4558	骐达	6067
6	思迪	3351	锋范	4509	雅阁	5116
7	骐达	3096	伊兰特悦动	3963	锋范	4905
8	颐达	2996	骐达	3851	花冠EX	4685
9	飞度	2838	比亚迪F3	3572	汉兰达	4630
10	皇冠	2659	颐达	3431	骊威	4445

资料来源：广州交管部门。

2010年，广州汽车保有量近155万辆，比2009年增长20多万辆。每百户居民拥有汽车21辆，比2009年增加2辆。广州汽车保有量的增加和每百户居民汽车拥有量的增加，推动广州汽车维修服务业不断发展。广州的汽车企业如广汽本田、广汽丰田、东风日产等汽车企业高举服务牌，不仅在淡季中举办售后服务技术技能大赛，同时还通过推出系列服务项目吸引消费者的关注。而东风日产率先发布中国合资汽车企业中第一个系统性的企业公民战略报告，该战略明确了东风日产未来在企业公民方面将以共创价值、共谋福祉为核心理念，以成为备受信赖企业为目标愿景，在顾客、环境、员工、合作伙伴、股东、社会6个直接利益相关方中，有系统、有规划地开展企业公民实践，不断创造良好的汽车消费环境。新出台的新车排放新政策、亚运单双号限行都影响了2010年的广州二手车交易市场，使得广州的二手车交易量有所下滑。尤其是新车排放标准限制了不达标车辆入户珠三角地区和其他一些省份地区，导致二手车市场外来购车的人流量大大减少。广骏、宝利捷等大型交易市场的交易量与2009年同期相比减少三四成，直接影响到二手车市场交易量，随后的广州亚运会单双号限行也压抑了部分想购买二手车的消费者。

（九）汽车服务业持续发展，汽车金融保险业务不断发展

随着广州汽车制造业的发展和城市汽车保有量的增加，广州的汽车销售及售后服务、汽车物流、汽车维修、汽车研发、汽车文化、汽车美容等汽车服务业不断发展，汽车产业链不断加强延伸。汽车研发方面，广汽本田研发中心、广汽研究院建设加快推进，自主品牌、合资新品牌汽车的开发不断推进并取得新突破。借助广州机械工业汽车零部件产品质量监督检测中心作为国家实验室的优势，引导广州汽车行业建立了包括认证检测、研究开发、技术咨询和人才培训等内容在内的公共服务平台。积极投入财政资金支持广汽研究院建设。广东省首家汽车金融公司广汽汇理，由广汽集团和法国东方汇理个人金融股份有限公司分别出资50%设立，注册资本为5亿元人民币，于2010年5月25日成立，公司主营业务是为广汽集团相关品牌的汽车终端客户和经销商提供汽车金融服务。从全球范围来看，作为成熟产业，汽车金融业务已处于汽车产业链中不可或缺的一环，且经营业绩处于整个产业链的高端。而在国内，消费者贷款购车才刚刚起步，通过汽车金融公司提供专业专属汽车金融服务模式正逐步得到市场认可，汽车金融行业在广州将是一个充满机遇和挑战的领域。

在汽车保险业务方面，由广汽集团牵头联合广东粤财信托有限公司、广东省粤科风险投资集团有限公司、广州市长隆酒店有限公司等发起人申请设立的汽车保险公司——众诚汽车保险股份有限公司，是首家总部落户广州的中资保险公司，于2010年7月14日经中国保监会批准筹建。作为国内首家由汽车集团主导

设立的专业保险公司，众诚汽车将立足于服务整个汽车产业链，围绕汽车产业链开展各项保险服务，以客户为中心，整合内外部资源，外包非核心业务，创新保险服务方式，着力打造一个贯穿整个汽车产业链、与链条上各主体深层次合作的新型保险平台，构建一个保险公司与汽车厂家、汽车4S店、汽车客户长期共赢互利的创新经营体系，立志建成保险业的"百年老店"。

汽车物流方面，广州具有国际一流的白云国际机场、规模世界第2的琶洲国际会展中心，广州港货物吞吐量居世界第6。广州南沙保税港区是中国保税物流体系中层次最高、政策最优惠、功能最齐全、区位优势最明显的海关特殊监管区之一，具有国际中转、配送、采购、转口贸易和出口加工等功能，享受保税区、出口加工区相关税收和外汇管理政策，国内货物入港区视同出口可以退税，为汽车及零部件国际物流配送提供强大的支持。广州还拥有全国首个汽车专用码头：广州港南沙汽车码头，面积近42万平方米，拥有堆场面积37万平方米和48个拖车装卸区，可同时停放3600辆车，形成十分畅通的汽车及零部件产品海上物流通道。优良的基础配套设施，为广州汽车零部件及相关产业长远发展提供坚强支撑。

每年一届的中国（广州）国际汽车展，已成为全球企业家和汽车爱好者共享中国巨大汽车消费市场的盛宴。2010年第八届中国（广州）汽车展中，国际国内著名的汽车品牌几乎全部亮相，奔驰、宝马、大众、丰田、日产、本田、福特、通用及现代—起亚等跨国集团纷纷携带其全系品牌前来参展。一汽、上汽、广汽、东风、长安等老牌企业，吉利、奇瑞、长城、江淮、比亚迪等后起之秀均带来了最新产品和技术。本次车展上，新车、概念车发布数再创新高，共有22款新车正式上市，全球首发车5款，概念车30台。不少厂家展出的新能源车向观众展示了未来汽车发展方向，部分参展企业还在车展上发布了其2011年度战略车型，充分体现了广州汽车展作为国内汽车市场风向标的影响力。

二 2010年广州汽车产业发展面临的问题

随着中国在2010年继续稳坐全球最大汽车市场，国内合资品牌、自主品牌车企纷纷乘势增产扩能，以图在车市大好的情况下实现快速成长。在这种新形势下，作为以日系合资品牌为主的广州汽车产业面临产能扩张有限、自主品牌汽车刚起步、周边汽车产业逐渐形成竞争压力、汽车服务业缺乏整体统筹等一系列问题。

(一) 汽车产销增幅与全国平均增幅存在差距

受国内汽车市场良好形势影响，广州汽车生产企业2010年也出现了产销整体快速增长的特征，2010年广州汽车产销均突破135万辆，达到历史最好水平。2010年广州汽车产量增幅较2009年下降近12个百分点，为20.2%，低于全国高达32.44%的平均增幅，在国内主要汽车大城市中仅超过北京1.9个百分点，低于上海、重庆、武汉、长春、天津等城市的汽车产量增幅，其中武汉在2010年实现汽车产量增幅高达48.7%。

从主导汽车企业层次看，2010年东风日产、广汽本田、广汽丰田销量分别增长27.4%、5.4%、28.5%，但是相比国内超高速增长的车企来说，只是处于中游水平（见图4）。在国内排名前十的乘用车企业中，广州只有东风日产位居其列。

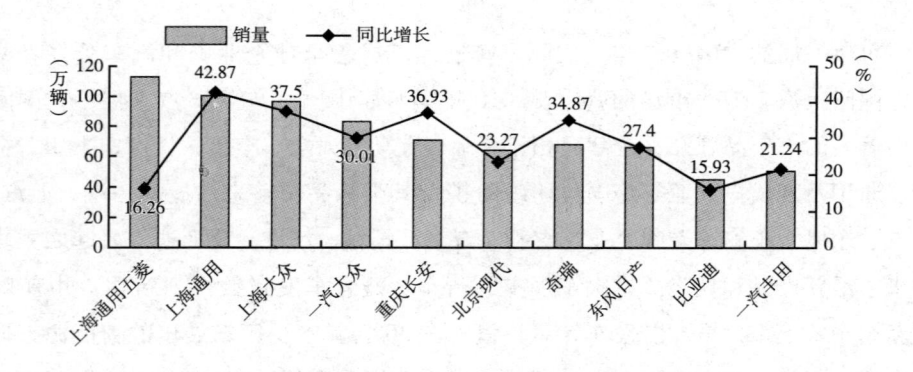

图4　2010年全国主要乘用车企业销量增长情况

资料来源：中国汽车工业协会。

东风日产、广汽本田、广汽丰田乘用车销售增长速度较小及低于全国平均水平的原因：我国汽车市场产品竞争激烈，尤其是中低级别和经济型轿车竞争非常激烈，近两年在1.6升及以下排量乘用车购置税减半征收政策的作用下，小排量车的市场表现取得了明显的提升。2009年，1.6升及以下排量车型销量同比增长一倍，而1.0~1.6升排量车型的市场份额提升高达7.03%。2010年，虽然购置税优惠政策力度缩小，但小排量车市场依然火爆，1.6升及以下车型市场占有率上升至70%左右。目前，广州三大车企推出有市场号召力的小车型不多，在微型客车方面几乎没有相应的产品。

（二）汽车自主品牌有待加快发展

2000年以来，广州汽车制造业高速增长，推动了广州工业及经济持续快速发展，其作为广州战略性优势支柱产业地位日益巩固。但从汽车工业在广州经济和全国汽车行业的地位来看，从广州汽车企业与国际汽车企业竞争力比较来看，广州汽车产业自主创新发展起步相对较晚，自主品牌汽车研发还落后于上海、长春、重庆等城市，这将对广州汽车制造业长远发展和市场竞争力带来一定的影响。近年来，比亚迪、长安、吉利、奇瑞、夏利、上汽集团等汽车企业都陆续加大了自主创新的力度和步伐，投入巨资加快节能型、环保型等新能源汽车技术和产品的开发，为未来各汽车企业抢占汽车市场和引领汽车技术奠定根基。近两年，国内自主品牌迅速崛起，2010年，自主品牌汽车销售同比增长高于行业同比平均增幅，市场份额继续提升：乘用车自主品牌销售627.3万辆，占乘用车销售总量的45.6%；自主品牌轿车销售293.3万辆，占轿车销售总量的30.89%。

广州完全拥有自主知识产权的品牌汽车——广汽乘用车的传祺在2010年12月才正式上市销售，自主品牌建设才算真正开始，这对广州来说确实是一个新的进步，但相对发达城市的自主品牌建设步伐，广州的自主品牌建设显得有些滞后。广汽本田的合资自主品牌理念S1在2011年才能正式上市，而新能源汽车、混合动力汽车、环保汽车等的研究开发还没有取得进展。汽车自主创新能力是衡量汽车产业综合竞争力的核心指标，提高自主创新能力和不断开发生产最先进汽车产品，是世界各国及地区汽车制造业及汽车企业可持续发展的关键，也是巩固广州汽车产业在全国重要地位和打造中国"东方底特律"的关键。自主品牌汽车、新能源汽车、汽车关键零部件等汽车产品、技术研究开发能力较弱，自主创新资源积累不多等是当前广州汽车产业发展面临的重要问题和艰巨任务。

（三）汽车零部件产业产值份额偏小

按照发达国家的经验，汽车整车与零部件产值的比例一般为1∶1.7。2010年，广州整车制造业总产值为2138.84亿元，零部件产业总产值为739.6亿元，两者的比例为1∶0.35，与发达国家的配套率有相当大的差距。在今后相当长一段时间内，广州汽车零部件产业还有巨大的发展潜力。

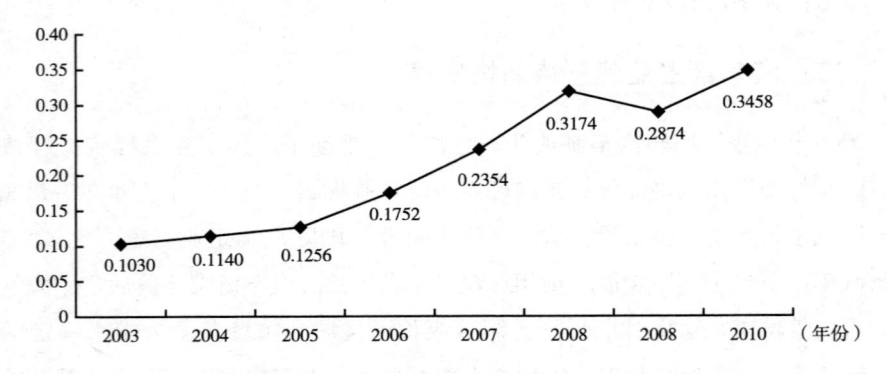

图5　2003~2010年广州汽车零部件与整车产值比较情况

(四) 汽车服务业发展缺乏整体统筹

2010年，广州汽车保有量已超过155万辆，在交通部门登记在册的停车泊位仅约63万个，每百户居民拥有汽车数为21辆。汽车社会时代的到来，将使广州汽车服务业有一个较大的发展。按照发达国家汽车产业发展的经验，随着汽车社会的到来，汽车综合服务业及汽车后市场服务业将是汽车利润的主要来源。然而，与广州高速发展的汽车制造业相比，广州汽车服务业发展还比较滞后，汽车服务业与制造业发展不协调，来自汽车服务业的产值和利润还比较低。目前，广州汽车服务业发展缺乏整体规划，还处在盲目无序的状态。广州的汽车销售市场、汽车专卖店（如4S店）、二手车市场、汽车维修市场、汽车零部件市场、汽车用品市场、汽车美容店、报废车回收市场等缺乏整体规划和引导，城市规划和土地利用规划都没有考虑各类汽车服务市场建设所需利用的土地和空间，导致各类汽车服务市场建设较为无序、布局分散。汽车服务市场没有固定的发展空间，经常处在搬迁和新建的状态中，汽车售后服务体系难以健全和规范，这不仅增加了汽车服务业经营发展的成本和不确定性，也使汽车服务业发展的整体水平难以提高，土地资源和空间利用粗放。从广州汽车维修及零部件市场来看，大多数汽车维修市场（店）、零部件销售市场等规模较小，建设标准低，店铺分布杂乱和拥挤，经营服务环境较差，经营广告设置杂乱，并常常占道经营，既影响城市街道形象和环境卫生，也影响汽车维修服务业本身的可持续发展。甚至部分汽车维修服务店铺无证经营，提供的服务不规范，造成汽车维修服务和零部件市场盲目、无序竞争。同时，广州汽车租赁服务市场发展较滞后，规模化和跨区域经营的汽车租赁公司较少，汽车出租率不高，租赁服务网络和市场有待进一步培育和完善。汽车金融发展较落后，"门槛"较高，服务业务较少，汽车金融公司还在筹建之中；汽车保险理赔服务和汽车消费贷款服务还不规范，服务效率不高。汽车物流业发展缺乏规划引导，水平不高。废旧汽车回收利用及汽车循环经济发展尚未起步。广州国际车展规模虽比上届有所扩大，但车展质量和号召力没有明显的提升，很多预期的重要新车都没有到场，车展发布新车价格及"卖车"现象较突出，广州国际车展与上海、北京、法兰克福、伦敦等车展还有不少差距，其影响力还有待进一步提升。

（五）周边地区汽车产业发展形成竞争

广东省一直是国内汽车产业发展的重要板块之一，近几年汽车工业总产值一直位居前列，而广东省的汽车产业主要集中在广州。2010 年，全省共生产汽车 156.29 万辆，广州地区生产的汽车就超过 135 万辆，份额超过 86%。随着国内汽车市场的持续高速增长，大部分车企加快国内南方市场布局，以抢占国内汽车市场份额，广州汽车产业在广东一枝独秀的局面将逐渐被打破。广东制定的 2011 年重点建设项目计划显示，广东今年将重点建设佛山一汽大众、深圳长安标致等重点项目，投资将超过 100 亿元。其中，佛山一汽大众 30 万辆轿车项目总投资达 183 亿元。目前，该项目已报国家备案，通过以后就可开工。深圳长安标致合资项目（一期）建设起止年限为 2011～2014 年，总投资达 120 亿元。而在新能源汽车建设方面，2011 年广东围绕新能源汽车方面的投入将达到 15.9 亿元。主要项目包括珠海银通新能源汽车项目、佛山禅城区新能源汽车产业基地工程、佛山陆地方舟新能源电动车项目等，目前广州在新能源汽车产业方面的动作偏小，不久将要面对深圳等周边地区的挑战。

（六）汽车消费约束因素增多

汽车消费环境是影响汽车产品销售和汽车服务业发展的重要因素。我国人多地少，城市拥挤，人均道路面积低，这将是我国人口密集地区尤其是大中城市汽车产业发展的长远限制性因素。2010年，广州汽车保有量已突破155万辆，每百户城市居民家庭拥有汽车21辆。广州已进入了"汽车时代"。随着广州经济社会发展、城市扩张和汽车保有量的快速增加，未来广州的汽车消费环境不容乐观。除停车场建设严重滞后外，汽车消费环境问题还表现在：一是道路交通拥堵现象越来越严重。近年来，广州道路建设速度远远跟不上汽车增长速度，市区道路以年均4%的速度增长，城市道路总长5500多公里，而全市汽车保有量从2000年的39.6万辆增加到2010年的155万多辆，年均增长约14.6%，远远高于道路长度及道路容量的增长。同时，城区建筑容积率高，高楼密集，道路用地面积相对较少，城市道路规划缺乏长远战略考虑，道路设计不够科学，路网衔接不畅顺，交通管理还不规范，广大司机行车和行人交通违章现象较普遍，文明出行意识淡薄，通行效率低，交通事故较多，城市和谐交通建设任务艰巨。二是汽车对城市环境的污染日益加重。近年来，随着广州汽车拥有量的大幅度增加，汽车尾气污染和汽车噪声污染对广州城市环境的影响也越来越大。据有关资料显示，机动车尾气污染占全市大气污染的46%，机动车污染控制工作已成为广州大气污染控制的重中之重。东风路、广园路、内环路、环市路、黄埔大道、广州大道等道路两侧汽车尾气和噪声污染非常严重。三是用车成本越来越高。据不少用车者反映，在广州市平均每月的养车费用为2000多元。从全国来看，广州属于养车费用较高的城市，甚至在广州的养车费用比发达国家还高，这是未来制约家庭汽车消费的重要因素。此外，油价总体上涨和用油持续紧张、汽车消费权益保护体系不完善、用车者投诉较多、汽车保险理赔效率低，也使得汽车消费环境日趋严峻。

三 2011年广州汽车产业发展形势预测与展望

2011年是"十二五"的开局之年，外部发展环境总体上略好于2010年，国内投资、消费有望实现较快增长，预计GPD增幅达到9%左右，在国家经济继续保持快速增长的这样一种情况下，汽车市场出现大滑坡的可能性较小。然而受到购置税优惠、以旧换新、汽车下乡等汽车消费优惠政策取消，北京市摇号购车政策带来的辐射效应、未来用车成本进一步增长等因素影响，国内汽车产业将进入调整期，汽车市场逐渐进入平稳发展阶段，汽车销售的增长速度会有所减慢，预计2011年产量将突破2000万辆。广州汽车产业发展的有利因素仍然较多，全年广州汽车产销会保持稳定增长。

（一）汽车产业发展的有利因素

1. 全国经济呈现稳定增长态势

2010年，面对复杂多变的国内外经济环境和各种重大挑战，坚持实施应对国际金融危机冲击的一揽子计划，加快转变经济发展方式和经济结构战略性调整，国民经济保持了平稳较快发展，各项社会事业取得新的进步。国内生产总值接近40万亿元，达到39.79万亿元，同比增长10.3%；实现财政收入8.3万亿元，增长21.3%；社会固定资产投资27.8万亿元，增长23.8%，扣除价格因素，实际增长19.5%；社会消费品零售总额15.69万亿元，增长18.3%，扣除价格因素，实际增长14.8%；货物进出口总额2.96万亿美元，增长34.7%，其中货物出口1.57万亿美元、增长31.3%，货物进口1.39万亿美元、增长38.7%；农村居民人均纯收入5919元，剔除价格因素，比上年实际增长10.9%；城镇居民人均可支配收入19109元，实际增长7.8%；农村居民家庭食品消费支出占消费总支出的41.1%，城镇为35.7%。作为"十二五"规划实施的开局之年，在外需乏力、货币政策收紧和经济结构调整等重要因素的影响下，我国的宏观经济政策转向积极稳健，更加注重稳定经济增长、调整经济结构和促进社会和谐，更加强调审慎灵活，把稳定物价放在更加突出的位置，保持信贷规模适度增长，加强利率和汇率调节。2011年，预计我国GDP增长9.5%左右，比2010年回落约0.5个百分点；CPI上涨4%左右，高于2010年0.7个百分点左右。2011年，预测中国经济将保持"温和"的增长趋势，中部、西部、东北区域经济环境将持续较快发展，中小城市和城镇化建设发展提速，将促进汽车市场需求保持稳健增长。但是目前国内油价起浮变化，存在上涨因素，影响用户购车需求。钢材等原材料的低价位资源已经基本消化，高成本资源逐渐占据市场主流，电煤供应紧张、煤价上涨、供水紧张三大因素也将直接影响钢铁企业生产，进一步推动钢价上涨，而材料价格的上扬将增加车辆制造成本。综合考虑看，预计2011年汽车市场销量将达到约2000万辆，同比增长约11%。

2. 国内汽车市场潜力较大

2010年，我国人均GDP继续稳定增长，接近4000美元，正是进入汽车普及起飞阶段，巨大的汽车消费群体已经形成并在不断扩张，国内汽车市场规模连续两年稳居世界第一，汽车市场潜力可见一斑。国际上一般的经验总结是：当人均GDP进入1000美元时，汽车开始进入家庭；当经济发展到人均GDP达到3000美元的时候，汽车消费已经开始成为一种时尚；当人均GDP达到4000～5000美元时，每百户居民汽车拥有量将达到20辆以上，进入汽车大众消费时代，我国就将步入快速发展的黄金时期。未来一段时期，我国仍将处在战略发展的机遇期，国民经济还将持续、稳定、快速发展，居民收入稳定增长，消费水平不断提高，道路交通基础设施现代化建设等，将为我国汽车工业发展提供坚实的基础保障。据统计，截至2010年末全国民用汽车保有量达到9086万辆（包括三轮汽车和低速货车1284万辆），其中私人汽车保有量6539万辆，民用轿车保有量4029万辆，其中私人轿车3443万辆。以13.41亿人口计算，2010年中国千人汽车拥有量为67.7辆。与国际发达国家相比，千人汽车保有量仍较低，所以汽车市场远未达到饱和状态。从汽车保有量的角度看，汽车第二个增长期是从千人20辆到千人100辆。按照国外的规律，这是一个国家汽车销售量、普及率快速增长的时期。进入21世纪，我国汽车需求量和保有量进入快速增长期，从2000年至2010年，全国汽车保有量由1608.9万辆增长到了9086万辆。随着我国经济发展、人民收入水平提高、汽车工业技术发展和汽车价格降低，未来我国汽车普及化的趋势不会改变，可以预见2011年及未来相当长一段时期是中国汽车产业发展的黄金时期。

3. 广州轿车品牌竞争力较强

以日系汽车品牌为主的广州三大汽车企业延续了日系品牌在世界市场上性价比较高的品牌声誉，在国内汽车市场上多年保持较高的认同度，市场竞争力较强，尤其是中高级轿车在全国汽车市场中占据主导地位，2010年更是牢牢占据了中高级轿车销量排行榜的前三甲。其中，广汽本田的雅阁以17.17万辆的销售成绩居排行榜第1，而广汽丰田的凯美瑞以16.14万辆的销售成绩居排行榜第2，东风日产的天籁以14.08万辆销售成绩紧随其后，名列第3。2010年4月，广汽丰田发布了混合动力版的凯美瑞，这款不但低碳环保而且动力强劲的凯美瑞将在国内新能源汽车市场成为领跑者，力助凯美瑞重返中高级轿车冠军榜。此外，广汽丰田于2009年6月发布的汉兰达，自上市以来不断攻城略地，上市首月即以33.4%的市场份额夺得大中型SUV上牌冠军，2010年以8.08万辆的销售成绩挤进国内 SUV 市场的前 4 名，成为国内 SUV 市场的新宠，是 2010 年车市增速最快的 SUV 车型之一。广汽本田的奥德赛以 4.58 万辆的销售成绩居国内 MPV 销售榜第 5。此外，新飞度、锋范、新轩逸、TIIDA、骊威等也是汽车市场上的热销车型。2010 年，广汽集团发布了广州第一款自主品牌轿车——传祺。传祺是广汽以全球化视野、全球化平台，以"世界车"标杆打造的又一款精品车型。2010 年 11 月，500 辆传祺作为亚运指定接待用车，迎接来自世界各地的尊贵客人，为亚运会提供了高品质的服务；2011 年新春伊始，被选为广东省两会唯一指定接待用车，先后摘取了中国主流媒体汽车联盟的"年度最值得期待车型"奖项、第八届广州车展的"最佳（自主）首发新车"大奖等 60 多个奖项，展现出领衔 B 级车新标杆的强大实力。目前，广州汽车产业已基本形成了"三大板块、七大基地"的空间格局，北部汽车板块包括以东风日产为主体的花都汽车城和从化广汽日野生产基地，南部汽车板块包括南沙的广汽丰田汽车城和番禺广汽自主品牌研发生产基地，东部汽车板块包括广州开发区—黄埔广本、本田（中国）生产基地和增城汽车产业基地。以广州为中心的珠三角汽车市场是全国最大的汽车市场，消费的容量大，将会成为振兴我国汽车消费的重要市场。

（二）汽车产业发展的不利因素

尽管我国经济将继续保持稳定发展局面，世界经济形势也逐渐回归金融危机前的水平，但经济发展的不确定性因素仍然存在，推动汽车市场高速发展的政策因素将逐步退出，国内外汽车产业的发展日趋激烈，汽车企业的兼并重组继续上演，核心零部件仍然受外方控制。此外，来自合资自主品牌产品的压力空前巨大，我国自主品牌汽车在各方面与合资汽车差距依然较大，自主研发能力还需提升，这些因素对广州汽车产业发展有重要影响，需认真对待。

1. 国内汽车产业发展竞争日趋激烈

2010 年，国内汽车行业继续 2009 年异常火爆的态势，大部分汽车企业都提前而且超额完成预定的产能计划，纷纷创造历史最好水平。2011 年，全国各汽车企业为了瓜分和抢占国内火爆的汽车市场，将纷纷向汽车市场投放新的汽车产品和扩大有竞争力的汽车产品产销，尤其是合资汽车企业将陆续推出自主品牌车型，这些车型基本上是将已经退出市场的老款车型重新包装，目标主要瞄准 8 万元以下的市场，对牢牢占据低端市场的自主品牌企业带来巨大冲击，将使国内汽车企业及产品的竞争更加激烈。中国汽车市场优秀的表现也将吸纳国际汽车巨头扩大对中国汽车市场的产销，以此挽救汽车企业业绩下滑或亏损的现状，这使中国车市的国际竞争加剧。汽车企业产量的增加及为了扩大产品的市场份额，降价销售及"价格战"也将陆续发生，对各汽车企业产销都将带来不确定性的影响。与此同时，全球汽车产能过剩，中国汽车产能也过剩，国内不少省、市都将汽车产业作为重要的支柱产业加以发展，过去几年汽车企业陆续形成的产能希望借助中国车市良好的表现全面释放，这使国内汽车制造业发展的竞争将异常激烈。预计2011年广州整车生产企业产销的各种品牌汽车在国内车市上遇到的竞争将日益加大。

2. 汽车产业发展激励政策陆续退出

2010年，国内汽车市场继续高速增长，产销均突破1800万辆，国内经济形势稳定是一方面原因，而国家实施的一系列汽车产业刺激政策，对汽车市场也起到重要推动作用。目前，国家实施的主要汽车政策包括燃油税改革、购置税减半、汽车下乡、"以旧换新"等。根据《2009年中国车市政策影响情况及用户需求调查报告》显示，2009年购置税减半政策尤其促进二、三线城市汽车消费，29%的非刚性需求用户在政策刺激下产生购买行为，30%以上用户购买时间比原计划提前。然而对2009年和2010年的中国汽车市场销量贡献颇大的一系列鼓励政策，将从2011年开始分阶段退出历史舞台，取而代之的是促进汽车技术升级换代、节能减排以及淘汰落后产能等一系列优化汽车产业结构的政策。

3. 汽车消费环境约束明显

汽车消费是推动汽车产业尤其是汽车服务业发展的重要因素。影响汽车消费的因素很多，除居民收入水平外，还有停车场供给情况、城市空间、道路交通面积、人口、环境、汽车金融、汽车服务业发展水平等因素都将影响汽车消费和汽车产业发展。2010年，广州汽车保有量超过155万辆，每百户居民拥有汽车数为21辆，随着广州经济社会发展和居民收入的增多，广州汽车拥有量还将持续不断地增长。但多方面的因素将会制约广州汽车消费和汽车服务业的发展。首先是停车难的问题日益突出。长期以来，广州在城市和住宅建设过程中对停车场的建设不够重视，导致市区停车场建设滞后，许多办公楼宇、公共场所和住宅小区停车场配套建设少或没有停车场，导致市中心区及高楼密集的小区停车位严重不足，目前交通部门登记在册的停车泊位约63万多个，这给未来广州汽车消费带来很大的制约。其次是广州交通拥堵现象难以缓解。城市道路规划建设缺乏长远考虑，使广州城市道路长度和面积的增长速度远低于汽车保有量的增长速度，加上市区高楼越来越多，旧城及城中村改造后建筑容积率不断升高，而道路面积增加并不多，这将使城市道路交通压力越来越大。最后是汽车污染成为城市环境污染的主要元凶。近年来，随着广州汽车拥有量的大幅度增加，汽车尾气污染和汽车噪声污染对广州城市环境污染不断增加。汽车污染日益增加会给广州建设宜居城乡的"首善之区"及促进广州科学发展带来很大的负面影响。控制汽车污染和扩大汽车消费与推进汽车工业发展形成明显的矛盾。

4. 日本地震影响广州汽车零部件供应

2011年3月日本发生的大地震及其引发的海啸和核泄漏事故，给日本造成了重大的人员伤亡、财产损失和严重的经济破坏。由于广州与日本的经济关系非常密切，日本多年来一直是广州第一大进口来源地，贸易往来十分频繁，特别是在汽车产业领域，而且广州的整车生产主要以四大日系车企为主，部分关键零部件需要从日本进口，因此此次日本地震、海啸及核泄漏危机无疑对广州汽车产业的短期乃至长期发展带来不利影响。大量汽车关键零部件进口受阻直接影响了广汽本田、广汽丰田、东风日产、广汽日野等工厂的正常生产，部分工厂面临停产的风险。广汽丰田公司的零部件库存仅能支撑一个星期，日本供应商基本停产；广汽本田公司的零部件国产化率虽然已达95%，但仍有部分零部件须从日本进口，目前已有部分供应商供货中断；其他如本田汽车、广汽日野、东风南方实业等公司均受到不同程度的影响。

（三）2011年发展形势预测

展望2011年，国家经济形势将继续保持稳定态势，世界经济形势将逐步复苏到金融危机之前的水平，外贸出口形势也趋于好转。预计国内GDP增幅能够达到9%，从而给我国汽车市场的快速增长提供最强大支撑。《汽车产业调整和振兴规划》将继续实施，虽然汽车下乡、燃油税等政策退出，但是小排量汽车减征购置税政策还将继续实施。预计2011年广州汽车产业仍将呈现快速的发展态势，汽车产量可望达到150万辆，汽车制造业产值将会超过3000亿元（见表11），汽车服务业也将稳定快速发展，汽车产业在广州经济发展中的第一支柱产业地位将更加强化，广汽集团在"四小集团"中的地位会更加牢固并向"四大集团"发起冲击。

表11 2011年广州汽车制造业主要指标预测

主要指标	2010年		2011年	
	总量	增长(%)	总量	增长(%)
汽车产量(万辆)	135.84	20.2	156	14.8
其中:乘用车	135.31	20.1	155	14.55
汽车制造业产值(亿元)	2878.44	26.21	3400	18.1
其中:零部件产值	739.6	45.25	950	28.4

1. 汽车产销继续稳定增长

随着各项汽车市场刺激政策在2011年陆续退出，国内汽车厂商纷纷调整2011年的产销计划，汽车产销继续出现超过30%以上增长的可能性较小，预计国内2011年汽车产量可达2000万辆，同比增长9.5%。根据2011年广州各整车制造企业的产销计划，预计全年广州汽车产销量可达156万辆，比2010年增长14.8%，广州乘用车产量可达155万辆，同比增长14.55%。广州汽车工业作为支柱产业的地位进一步强化，广州轿车产量有望继续稳坐全国前三甲的位置，汽车产业的综合竞争力继续增强。其中，预计东风日产将产销汽车77.2万辆，比2010年增长16.8%；广汽本田产销目标为45万辆，比2010年增长16.6%；广汽丰田将引进新的凯美瑞和汉兰达，同时计划导入全新车型——逸致，是款较为适合家用的紧凑型MPV产品，产销总目标为28万辆；国内重卡市场虽受到保障房建设、城市化进程等因素影响，广汽日野在2010年仍然逐渐站稳脚跟，2011年将进一步拓展市场，产销目标为1万辆；广汽乘用车作为广州汽车产业阵营的新成员，2011年将主要凭借传祺这单一车型冲锋陷阵，通过新的"4S + S"营销模式（即品牌专营的4S店 + 卫星店Satellite的集群网络销售模式），在提供全方位服务的同时，鼓励同一经销商布局、建立若干卫星店或快修店，逐次扩大网络覆盖，产销目标为3万辆。

2. 汽车制造业产值再创新高

2010年，广州的汽车产业出现自主品牌元素，广汽乘用车凭借传祺轿车在品质和价格方面的综合优势，在2011年将会对广州汽车产业有重要的贡献。广汽本田也在行业内首开先河，国内首款合资企业自主品牌"理念"的上市将成为广州乃至中国汽车工业发展的一个里程碑。同时，在汽车销售市场快速扩张和四大日系车企同时发力等有利因素的推动下，广州汽车制造业经济指标将冲击新的历史纪录,预计产值可超3400亿元,其中汽车零部件制造业可达950亿元,分别比2010年增长18.1%和28.4%。规模以上汽车制造业产值占广州三大支柱产业产值的比重可达44%,汽车制造业作为广州经济发展的第一支柱产业地位将更加牢固,并为广州打造先进制造业基地提供强大支撑。随着广州整车生产企业发展和产能扩充,特别是自主品牌汽车的发展,众多汽车零部件企业将集聚于广州发展,如广汽丰田发动机厂、东风日产发动机厂、广汽本田发动机厂、福耀汽车玻璃厂、华南轮胎厂等将陆续建成投产或增资扩产,预计2011年广州汽车零部件制造业将承接2010年快速发展的态势,保持28.4%以上的增长速度,新增产值将超过210亿元。广州的摩托车及零部件企业也将在2011年进一步释放产能和扩大生产,摩托车工业产值也将有所增加。

3. 广汽集团将开创全新局面

广汽集团通过收购香港骏威汽车而在香港H股整体上市在2010年顺利完成,成为继东风、上汽、重汽之后第四家实现整体上市的汽车企业。此外,广汽自主品牌轿车——传祺和国内首款合资自主品牌——理念的成功入市,使广汽集团终于摆脱基本靠合资汽车支撑局面的历史。广汽集团成功兼并重组浙江吉奥,将大力开拓微车市场,其新增成员广汽汇理汽车金融公司、广汽日野、广汽菲亚特等也将相继发力,预计2011年广汽集团将迎来腾飞发展的一年,向"四大集团"发起有力冲击。国家出台的《汽车产业调整和振兴规划》明确支持广汽集团等汽车企业实施区域性兼并重组,这将使广汽集团在更大的区域空间范围优化配置资源、扩充资本和迅速做大做强,广汽集团将成为跨区域的大型汽车企业。2010年,广汽集团和三菱汽车缔结合作备忘录,计划以原各自出资29%、14.59%的广汽长丰汽车股份有限公司为基础,设立广汽集团和三菱汽车各出资50%的合资企业,同时将原来长丰汽车旗下的猎豹品牌分离,作为广汽集团的又一个自主品牌汽车加以发展。加强结构调整,将重点培育广汽乘用车及其配套企业,全面提升以广汽日野、广汽客车为代表的商用车企业的市场份额,通过吉奥汽车开拓提升皮卡、SUV和微车市场,将集中投资自主研发、自主品牌、广汽日野、新产品引进、兼并重组项目和部分技术改造等,兼顾部分现代服务业项目,形成集乘用车、商用车、客车、摩托车、汽车零部件、汽车商贸、汽车金融、汽车物流、汽车研发、汽车保险等于一体的完整的汽车产业链。

4. 新能源汽车发展将取得突破

目前，低碳发展已成为世界的共识，最有望成为低碳先锋的产业就是汽车产业。随着国家"十二五"节能目标陆续公布，各地区都将面临节能压力，2011年国内汽车行业将成为低碳经济的引领行业。2010年3月，广东省政府在全国率先出台有关新能源汽车的专项规划——《广东省电动汽车发展行动计划》，将电动汽车产业列为未来三大支柱产业之一，广州新能源汽车迎来发展的大好时机。广州成功入选国家节能与新能源汽车示范推广试点城市之后，随即计划于2010～2012年间安排8亿元推广新能源车2600辆，其中节能与新能源汽车运营补贴约2亿元，基础设施建设补贴约5亿元，科研和产业化资金约1亿元。目前，广州新能源汽车示范区域主要在亚运城，今后将逐步扩大示范区域，在越秀区、天河区、海珠区、荔湾区、番禺区等区域规划建设新能源汽车示范区，在白云区、黄埔区、南沙区、萝岗区、花都区、增城市、从化市选择部分区域建设示范城区，在示范区域内优先安排新能源汽车示范线路和车辆。广汽丰田于2010年4月发布国内首款有望成为领军者的新能源汽车——深度混合动力版凯美瑞，通过采用丰田全球独有的发动机和电动机深度混联方式，可以根据行驶条件不同，仅靠电动机的驱动力行驶或者利用发动机和电动机来行驶，它比同排量汽车车型可节省燃油达40%，二氧化碳排放量也可以降低40%。凭借这款混合动力版凯美瑞，广州汽车工业将率先向新能源汽车迈出有力的一步。广汽乘用车也将在传祺的基础上开发混合动力版的轿车，目前国家的新能源汽车相关的产业规划和个人购买新能源汽车的补贴政策还没有出台，一旦这些政策出台，广州新能源汽车发展将有望率先取得突破。

四 促进广州汽车产业发展的对策建议

自从2006年起，汽车产业一直是广州的第一支柱产业，同时也是广东省九大支柱产业之一，在国家层面上广州也是中国汽车工业"四大四小"格局中的重要一员。2011年作为下一个五年计划的开局之年，广州在"十二五"规划中将汽车产业作为打造国家先进制造业基地以及推动广州制造业结构升级的重要引擎之一，围绕东部、南部、北部三大汽车产业板块以及零部件产业基地，依托国家汽车及零部件出口基地，发挥广汽乘用车、广汽本田、东风日产等整车企业的辐射带动作用，打造综合性国家汽车产业基地。随着广汽乘用车内资自主品牌轿车的上市和广汽本田合资自主品牌理念的发布，广州的汽车工业将开启全新征途。为确保2011年及未来一段时期广州汽车产业科学发展，强化汽车产业在广州现代化产业体系建设以及中国汽车产业发展中的排头兵地位，提出如下对策建议。

（一）以广汽乘用车为重点，强化自主创新能力

汽车作为高新技术的集中载体，是国家提高自主创新能力、实现科技创新与产业跨越发展最为重要的途径。世界汽车产业在科技的推动下，伴随着经济全球化的浪潮，正朝着产业集中化、技术高新化、经营全球化、生产精益化的趋势发展。汽车产业大国的成功精髓就是自主创新。日本汽车工业和韩国汽车工业等世界汽车工业自主创新的实践多次证明，没有自主创新能力的汽车工业始终受制于人，难以取得真正突破。国家出台的《汽车产业调整和振兴规划》吹响了加快汽车产业自主创新的号角，随着广州首款自主品牌轿车传祺的成功上市，广州已具备做强做大自主品牌汽车的条件，广州要打造成为一流的国际汽车制造基地，必须着力提高自主创新的能力。为此，一要加快构建广州汽车产业自主创新体系和汽车行业公共技术平台。以广汽乘用车和广汽研究院为重点，联合广州汽车零部件行业技术中心、中国电器科学研究院及汽车零部件检测中心、摩托车检测中心等本土汽车研发中心，形成"产、学、研"相结合的汽车及关键零部件技术中心，大力吸纳国际汽车技术人才，加快广州汽车自主创新、自主品牌及关键零部件产品等的开发，使广州在发展自主知识产权的汽车方面尽快取得突破。二要积极整合和利用合资企业的汽车技术资源，加快研发生产合资品牌。以广汽本田合资自主品牌理念的发布为契机，鼓励东风日产乘用车技术中心等有条件的研发机构开发合资品牌，积极吸纳丰田技术中心、日野技术中心进入广州合作发展，强化广州引进创新和联合集成创新的能力，促进广州经济转型升级。三要加大广州汽车技术进步和技术改造投资力度，建立广州汽车自主创新专项基金，重点支持汽车生产企业进行产品升级，提高节能、环保、安全等关键技术水平，开发填补国内空白的关键总成产品，发展新能源汽车及专用零部件。四要对自主开发产品费用在税收上给予减免等优惠，对自主开发产品的销售给予减免、返还等优惠，优先保证自主品牌产品的出口退税；争取省政府的支持，鼓励在价格、性能

基本相同的情况下优先采购广州自主品牌汽车。五要出台新能源汽车产业发展的规划，加强新能源汽车的专用发动机和动力模块（电机、电池及管理系统等）的优化设计，汽车专用高性能单体动力电池、普通型混合动力汽车和新燃料汽车专用部件等关键技术的研发力度，营造电动汽车使用的有效环境，推进公交系统电动化，通过补贴鼓励政府机构和私人购买新能源汽车，充分发挥政府的主要作用，推动广州新能源汽车的发展。

（二）加强汽车服务业发展规划，重点促进汽车金融发展

根据国外资料显示：发达国家汽车服务业的利润大约是整个汽车产业的50%~60%，在国内汽车市场日趋激烈、整车厂利润逐步下降的情况下，汽车服务业有着广阔的发展空间。其中汽车金融的潜力尤为巨大，有关数据显示全球汽车销售中70%是通过汽车信贷销售，在美国则达到80%~85%，国内消费者贷款购车的比例不足7%，可见中国汽车信贷市场空间的潜力巨大。而从国外汽车产业发展规律看，整车企业生产利润降低到3%~5%时，汽车金融业务的利润率仍可保持在30%左右。据中国汽车工业协会的预测，到2025年，中国汽车金融业将有5250亿元的市场容量。国际汽车业巨头相继涌入中国市场，国内汽车企业积极寻求国际化发展道路，国内汽车市场逐渐与国际汽车市场接轨，也必将对我国及广州汽车综合服务能力提出更高的要求。作为目前我国第二大轿车产区的广州，汽车保有量增至135万辆，应充分发挥其作为国家中心城市的优势，加强汽车服务业的规划，大力发展汽车金融，形成汽车产业发展的又一增长点，也是迎接国内外汽车产业激烈竞争、促进汽车企业高效发展的当务之急。

加强汽车贸易市场、汽车物流园区和二手车市场的规划建设，发展汽车贸易和物流服务业。根据广州汽车贸易市场现状，严格控制小规模和分散的汽车专卖店和4S店建设，完善建设好黄石路—机场路—白云大道北集聚区、珠江新城集聚区、恒福路—永福路—广园东路集聚区、广州大道南集聚区等四大汽车市场聚集区，并纳入广州城市总体规划和分区规划考虑，吸纳中外汽车企业入场经营和销售；采取多种合作模式，加快引进国内外有实力的投资机构或大型汽车零部件企业，建设华南及泛珠三角地区最大的汽车零部件国际采购中心，把采购中心建设成为国内外汽车零部件产品集聚的重要平台。

发挥广物汽贸等汽车销售企业的品牌优势，鼓励其跨区域发展和扩大市场销

售网络，壮大广州汽车销售市场规模，强化华南汽车贸易中心的功能。建立新车交易市场和二手车交易市场的开业标准、经营条件以及二手车经纪公司、鉴定评估机构标准等方面的准入门槛，加强行业管理和自律，规范和引导新、旧汽车交易市场的有序发展。结合广州的区域性物流园建设，规划建设广州北部花都、东部新塘、南部南沙三个汽车仓储物流园区，带动广州汽车物流业发展。积极扶持一批骨干维修企业通过并购重组和联合扩大经营规模，组建区域性甚至全国性的大型汽车维修服务企业集团，整合和鼓励一批分散的中小维修企业走联合经营的道路，发展高质量的汽车美容连锁店。强化维修服务业的信息化、网络化管理，提升行业服务和产品供应质量。

大力推动广汽本田、东风日产、广汽丰田等企业的服务贸易体系建设，进一步利用社会资金，拓展和完善集销售、零配件、售后服务、信息反馈于一体的"四位一体"营销服务店，推进绿色采购和绿色营销活动。其他汽车企业可考虑利用大企业集团的物流网络体系，进行产品宣传、联系客户、采购零部件、产品销售以及售后服务业务，提高产品市场认知度、竞争力。

推进汽车租赁服务的发展。随着对汽车消费的增加及会开车的人增多，越来越多在广州开展商务、旅游活动的人士对汽车租赁的需求将不断增加。广州要抓住汽车租赁需求日渐增加的机遇，建立租车便捷和网络完善的品牌化、规模化、连锁化的汽车租赁服务企业，带动广州汽车租赁服务业发展。

扶持做强广汽汇理汽车金融，大力推动广州汽车金融业的发展。作为广汽集团旗下的首家汽车金融企业，由广汽集团和东方汇理个人金融有限公司各自出资50%筹建，目的是为广汽集团相关品牌的汽车终端客户和经销商提供汽车金融服务。充分利用好国内汽车市场快速扩张的大好机会，加强引导与扶持，将汽车金融培育成为广州汽车产业新的增长点。

（三）促进汽车绿色增长，大力发展汽车回收产业

经过连续两年的高速发展，我国汽车产业在迎来前所未有的发展机遇的同时，也面临着石油供应安全、环境保护、全球气候变暖等诸多因素的考验。面对我国汽车产业发展的未来之路，"绿色制造、绿色增长"将成为我国汽车产业的新选择。绿色制造包括汽车设计、生产制造、使用、维修到最后报废回收等全方位，其目的就是减少汽车对环境的污染，提高能源使用效率，让人们在享受到汽

车所带来的便利的同时，实现汽车发展与环境的和谐相处。加速发展混合动力汽车、电动汽车等新能源汽车，走汽车工业绿色低碳增长之路。此外，随着汽车保有量的急剧上升，相当数量的汽车进入报废阶段，废旧汽车回收和利用不仅具有良好的经济效益，市场前景广阔，而且具有良好的社会效益，是实现节能减排、绿色增长的有效措施。

大力发展新能源汽车方面，广州应该加快出台与新能源汽车相关的规划，以引导新能源汽车产业发展。首先发展混合动力汽车，在公交领域推广电动汽车，营造有利环境促进新能源汽车的发展。研究与汽车排放相关的清洁燃油的税收政策，制定鼓励节能环保汽车发展的税收优惠政策，出台限制燃油经济性不佳汽车发展的税收惩罚政策，从奖惩的角度来促进汽车节能环保，走最具潜力的绿色增长之路。学习丰田汽车等先进企业的汽车回收产业经验，积极发展规模化的汽车回收处理产业及企业。引导和推进广州企业通过合资、合作及技术引进等措施，消化吸收国外先进的报废拆解、旧零部件再制造和材料回收再生技术，开发应用先进的检测试验装置及设备，建立新型、高效的生产技术体系，提高汽车回收利用技术与设备水平。出台废旧汽车产品回收利用的促进政策，对提前达到产品可回收利用率或超过政策规定限值的企业、在生产中使用再生材料达到一定数值的企业、开发并应用回收技术及设备的企业和引进专用处理技术及设备并进行国产化开发的企业，要给予相应的优惠政策，鼓励企业提高汽车产品的回收利用率。广州汽车产业链各环节要加强开发和应用新技术，在生产制造、使用环节以低消耗、低排放、高效率为基本目标，实施符合可持续发展理念的经济增长模式。广州市政府和各大汽车企业，要积极营造良好的节能减排和绿色增长环境，鼓励企业通过绿色制造、技术革新、回收再利用等实际系统，为促进汽车产业的绿色增长添砖加瓦。

（四）推进广汽集团做大做强及国际化，增强辐射带动作用

2009 年，国家出台《汽车产业调整和振兴规划》要求通过兼并重组，形成 2~3 家产销规模超过 200 万辆的大型企业集团，培育 4~5 家产销规模超过 100 万辆的汽车企业集团，产销规模占市场份额 90% 以上的汽车企业集团数量由目前的 14 家减少到 10 家以内。近两年，国内汽车企业之间的兼并重组不断上演，通过兼并中航集团持有的昌河汽车、哈飞汽车、东安动力、昌河铃木、东安三菱

等汽车企业的新长安汽车集团成功跻身"四大集团"行列，而广汽集团也不甘落后，先后组建广汽菲亚特、收购长丰汽车、兼并浙江吉奥，计划与三菱汽车建立新的合资厂，向"四大集团"发起冲击。

经过近十多年的发展，广汽集团已经取得了巨大的成就，成为了广州第一个产值超千亿元的企业，2010年广汽集团在香港实现H股整体上市，成为继东风、上汽、重汽之后第四家实现整体上市的汽车企业。然而与产值超千亿美元的世界汽车业巨头丰田、大众等汽车企业相比，广汽集团的规模较小、实力较弱。2010年，广汽集团产量为72.42万辆，产销规模与国内"四大集团"的上汽集团（产销355.84万辆）、一汽集团（产销255.82万辆）、东风汽车集团（产销272.48万辆）、长安集团（产销237.88万辆）也还有不少差距。因此，推进广汽集团跨区域、跨国兼并重组及做大做强，是广汽集团成为国际化汽车企业及向世界500强迈进的必然选择。

一要继续实施国内跨区域兼并重组战略，打破主要局限于南方市场的局面，打造全国性汽车企业。要发挥广汽集团的优势，抓住国家鼓励支持广汽集团跨区域兼并重组的机遇，以兼并重组长丰汽车、浙江吉奥汽车、做强广汽汇理等为突破口，围绕广汽集团集乘用车、商用车、客车、微客、摩托车、汽车商贸、汽车研发、汽车物流、汽车金融、汽车保险等于一体的汽车产业链，对全国规模较小的整车汽车、零部件企业、汽车研发机构、汽车服务业等进行兼并重组和合资合作，以此延伸加长和完善汽车产业链，实现跨区域的规模化扩张。二要依托组建广汽菲亚特项目积极实施"走出去"及跨国兼并重组、合资合作战略，打造世界性的汽车企业。抓住国内汽车业高速增长和汽车市场"井喷"的大好时机，立足国内市场，放眼未来参与国际汽车企业的竞争，开展对海外汽车品牌及汽车关键零部件如发动机、变速箱、电动车电池、技术中心等企业的收购及兼并重组，扩大与国家汽车产业的合作。三要以广汽乘用车、广汽长丰猎豹、广汽吉奥汽车为重点，以广汽研究院为依托，做强做大自主品牌。提高汽车发动机、变速箱等关键零部件的技术开发水平和生产能力，大力吸纳国际汽车企业人才，积极推动广汽自主品牌到国外建立生产基地和营销网络，从根本上提升广州汽车产业的国际化水平和竞争力。四要加强管理，拓展国内市场，提升企业的整体效益。积极应对各种挑战，坚持抓住经济效益这个中心，努力开源节流。以集团化发展为方向，积极探索和建立各关联企业之间、上下游配套企业之间的沟通协调机制，抱团应对外部环境变化的挑战。根据市场销售情况，把握好产品的生产规模，努力开拓二、三级城市市场，积极扩大强势产品的产销，减少或控制亏损产品的生产，积极开发和引进具有高附加值的新产品，大力调整产品结构；加快建立汽车金融公司，继续推进广汽集团上市融资工作，不断创新融资方式，确保企业运营和发展有足够的资金支持。

（五）丰富汽车产品，大力拓展多元化的汽车市场

往年国内汽车市场的竞争焦点在于轿车，近两年的汽车销售有了新的变化：从轿车较量转向微车的较量。据中国汽车工业协会统计，在1.6升及以下排量乘用车购置税减半征收政策的作用下，2010年1.6升及以下排量的销量占乘用车市场的份额为68.9％，比2009年69.2％的份额稍微有所下降。在这种新的格局中，汽车业第一阵营的竞争焦点，特别是在销量规模上的竞争，已经从轿车转移到微车上来。有关专家预测：从市场容量看，微车市场是仅次于轿车的第二大市场，未来五年内，在各种政策刺激和农村市场启动的背景下，微车占汽车总需求的份额将会持续上升。目前，广州的汽车以日系合资车为主，以雅阁、凯美瑞、天籁等中高级轿车为主力车型，汽车产品类型与上汽集团、一汽集团等先进汽车集团相比，显得不够丰富，特别是在微型车和商用车领域还有待加强。为了进一步加强广州汽车产业在国内市场上的竞争力，需要合资车企导入更多1.6升排量以下的微型车，完善广州微型车市场。目前，广州生产的汽车中只有雅力士、飞度、骊威、TIIDA、玛驰等5款小型车，而且市场占有率还不高，远不及比亚迪F0、奇瑞QQ、奔奔M1等。加快新能源汽车的生产步伐，推动公交系统电动化进程。2010年，广汽丰田发布混合动力版凯美瑞，使广州汽车产品阵容中率先拥有极具竞争力的新能源汽车产品。广州已成为国家新能源示范城市，应该加快出台新能源汽车相关规划，营造环境在合适地方示范推广电动公交的使用，拓展广州新能源汽车产品。继续加快广汽集团自主品牌研发生产基地建设，全面推进基地基础设施和配套服务设施建设，完善汽车产业发展环境，重点发展自主品牌乘用车、动力总成及相关汽车配件研发和生产，将传祺打造为广州又一款在中高级市场具有竞争力的汽车品牌。做强做大广汽日野商用车项目，围绕商用车整车生产吸引相关商用车零部件生产商集聚在从化明珠工业园发展，培育新的商用车产业基地，成为广州打造品种齐全的汽车产品的又一生力军。

（六）进一步加强汽车产业的引资引智，增强汽车产业发展后劲

广州的自主品牌汽车产品虽然已成功上市，但还处于起步阶段，广州汽车产业的主力军还是日系合资企业。从长远来看，国际汽车制造厂商必须与本土制造业，特别是民营企业有机结合，才能增强根植性，降低运营成本，提高综合竞争力。因此，广州在继续扩大对国外汽车及零部件企业、服务企业招商引资及合作发展合资汽车企业的同时，必须促进本土国有和民营汽车零部件企业发展，形成多种所有制共同发展的汽车产业发展格局，优化汽车产业资本结构。培养和引进人才是我国汽车产业实行自主创新战略的重要方面，缺乏人才是广州汽车产业自主创新能力低的重要原因。为提高广州汽车产业的自主创新能力和竞争力，保证广州汽车产业发展的总体目标的实现，必须实施人才战略，大力培训和引进优秀的汽车产业人才，促进广州成为汽车产业人才集聚的"高地"。为了增强广州汽车产业的发展后劲，广州必须营造良好的汽车产业招商引资和人才吸引大环境。

一是继续扩大汽车产业的对外招商引资。围绕广州的四大日系和广汽乘用车整车不断扩大生产规模之际，一方面要广泛开展专业性的汽车产业招商引资活动，继续加强对日本汽车核心零部件企业的招商引资，重点吸纳与广州整车相关和尚未落户的汽车零部件企业、研发中心和汽车贸易、物流服务、金融保险、美容服务、汽车文化等企业落户发展，延长汽车产业链条；另一方面要继续鼓励现有进入广州的汽车及零部件企业增资扩产，不断扩大生产规模和本地配套率，降低生产和时间成本。围绕广汽日野大力吸纳商用车零部件企业及研发中心落户广州，形成商用车产业链。同时招商引资要国内外并举，积极吸纳国内发达地区的中外汽车零部件企业进入广州发展，为广州整车发展提供更好的配套和精益生产服务。二是大力扶持和引导本地民营汽车企业做大做强。积极扶持和引导广州的专用车、客车、货车及零部件企业上规模、上水平，促进其由"小而全"变为"专而强"，生产格局朝着单一种类、系列化的专业化模式发展；积极引进先进技术，开发生产技术含量高、高附加值的专用车和特种车产品；积极发展改装车企业，按照客户的需求，改装形成个性化的汽车产品，以满足日益多样化的个性汽车的需求。三是创造公平的发展环境。要创造条件，争取在资金利用、技术引进、土地使用、对外贸易、兼并重组等方面，使国有及民营汽车企业获得更多的发展机会。积极引导民营汽车零部件制造企业加强自主创新，提高产品质量和技

术水平，通过牵线搭桥及多方协调，促进民营企业不断地与广州的整装厂和大型零部件商进行沟通、合作，逐步融入广州的整车总装厂的零部件供应体系。四是进一步推动广汽集团及其他汽车企业的上市行动，利用证券市场募集发展资金，做强做大广汽汇理汽车金融，建立广州汽车产业投资基金，扶持创新型汽车及零部件企业加快发展。五是加快汽车专业人才的培养和引进。推进广州汽车学院的建设和发展，围绕汽车产业链条及自主研发方向，增设新的汽车专业，不断扩大招生规模，培养汽车及零部件技术、管理、生产、营销和服务人才。依托广州三大汽车产业基地建设与汽车企业发展机遇，吸纳国内外各类汽车人才；通过建设汽车工程研究院、汽车及零部件企业研发中心、国家级汽车零部件专业孵化器、博士后流动工作站、零部件检测中心等多种途径，引进各类汽车及零部件专业人才投身于广州汽车产业基地建设。以吸引人才、培养人才、开发人才和用好人才为重点，积极探索开展国内外智力和技术合作的新途径，建立形成事业激励、利益驱动和公平竞争的人才激励机制与合理的用人机制，不断完善和优化人才创业和生活环境，创造良好的人文环境，形成人才发展的社会环境氛围，吸纳汽车生产、研发、教育、贸易、服务等人才来广州发展和创业。通过融智与融资并举的方针，进一步增强广州汽车产业的发展后劲。

（七）重视汽车消费环境优化，科学引导汽车消费

广州汽车工业经过十几年的高速发展，汽车保有量也迅速增加，车主或准备购车者对汽车消费条件的要求越来越高；汽车社会的到来，使人们的购车心理越来越趋于理性和成熟。大多数消费者把汽车看成代步工具，良好的消费环境、成熟可靠的品牌及高质量的售后服务成为购车的第一要素。近年来，广州在道路交通建设、城市交通规划、交通基础设施建设以及交通管理水平等方面都得到了提高和加强，但随着广州汽车保有量快速增长，城市交通运转面临更大的压力，汽车消费环境还不尽如人意。因此，广州市及有关汽车企业要以创新的精神，进一步优化汽车消费的环境，促进广州汽车市场及汽车产业持续快速发展。

一要完善交通管理，规范汽车出行。2010年，广州汽车保有量增至155万辆，广州交通也面临严峻挑战。目前，广州道路建设速度远远跟不上汽车增长速度，如何提高通行效率，是改善交通状况的一个关键。而文明出行，更是交通顺畅的重要保证。广州市有关部门要加强交通的科学管理，联合社会工作组织及自

愿者队伍,继续贯彻落实《广州市民文明驾驶礼仪》,倡导"安全出行、礼让出行、文明出行";倡导有车一族平时上下班多坐公交和地铁,倡导或适度控制上下班高峰期进入中心城区的私家车辆;号召广大市民文明出行,自觉遵守和维护交通秩序,提高广州通行效率。二要继续加大城市道路和停车场的建设。要以世界眼光科学规划广州的城市道路交通网络,继续疏通断头路、瓶颈路和开通小区封闭道路,有机衔接各种道路网络;加快实施"中调"战略,加快旧城区和城中村的改造,降低中心城区的建筑和人口密度,增大道路网络面积。在居住小区、公共场所、商业街区等大力加强停车场(包括立体停车场)的建设,在车流量不大的路段可开设限时的停车位,大力扩充停车场位。三要完善汽车售后服务网络,提升售后服务质量。随着汽车的普及,消费者切身体会到买车是瞬间的决定和行为,用车、养车则是更长远的事。所以,除了追求相对低廉的车价以外,养车、修车的经济实惠和维修保养服务质量,似乎显得更重要。广州的维修服务企业要吸纳博世(直营、加盟模式维修服务网络)、AC 德科(维快,修保养中心连锁网络)、澳得巴克斯(汽车维修和车间或皮特服务)、霍尼威尔(加盟连锁店维修)等世界汽车零部件及维修服务企业的先进经验,或与国际先进的汽车维修服务企业和供应商合作,走"汽车维修服务中心+特约维修、专营店+品牌连锁维修店"的多元化维修服务道路,完善维(快)修保养服务网络;建立包括顾客、经销商、厂商之间的服务系统,注意吸纳消费者对新车的反馈意见,努力提高维修保养服务效率和质量。制定维修服务行业服务标准和维修服务人员职业资格标准,大力培育一支素质高、技术精的维修队伍,打造售后服务的优质品牌和声誉。要充分发挥汽车维修行业协会的作用,加强汽车维修保养业的监管和引导,树立行业自律和质量观念,形成良好的汽车消费市场环境。

(八)以日本地震为契机,加快广州汽车零部件国产化步伐

地震和海啸重创了日本包括汽车产业在内的大部分产业,将会促使日本跨国企业改变过去将产业链的许多配套环节保留在日本的传统格局,加快海外产业基地的扩张和布局,分散投资风险。从吸引日本产业的客观条件来看,广州以日系车企为主的汽车行业已有很好的基础,在承接日本汽车相关产业配套环节的竞争中占有较大优势,以这次意外的日本地震为契机,进一步加快广州汽车零部件国产化的步伐。需要考虑进一步加强与日本汽车企业在零部件配套方面的沟通和对

接，特别是采取相关措施，加大招商引资力度，吸引日本汽车零部件企业来华、来粤、来穗设厂投资；推动本地汽车零部件进入配套体系，召开专项政策说明会、产业对接会等，加强本地汽车零部件企业与整车厂的对接，沟通信息。

参考文献

李江涛等：《中国广州汽车产业发展报告（2010）》，社会科学文献出版社，2010。
李江涛等：《中国广州汽车产业发展报告（2009）》，社会科学文献出版社，2009。
胡梅娟、张泽伟：《"绿色制造"将成为我国汽车产业的新选择》，2007年9月20日《经济参考报》。
广州市统计信息网：http://www.gzstats.gov.cn/。
中国汽车工业信息网：http://www.caam.org.cn/。
广东省汽车流通协会网：http://www.gada.org.cn/。
凤凰网汽车版网站：http://auto.ifeng.com/。
搜狐汽车网站：http://auto.sohu.com/。

宏观背景篇
Macro Background

B.2 国内汽车产业"十二五"时期面临的机遇与挑战

陈来卿　张小英[*]

摘　要："十一五"时期，受国内平稳经济形势发展的影响，国内汽车产业呈现高速发展态势，开始进入飞速发展的黄金时期，自主品牌汽车全面发展，新能源汽车的发展稳步推进，"十二五"时期是国内汽车产业调整升级、由大变强的关键时期。本文对于国内汽车产业发展中的几大问题深入探讨，重点分析国内汽车产业未来发展面临的机遇与挑战。

关键词：汽车产业　"十二五"时期　机遇　挑战

一　"十一五"时期国内汽车产业发展情况

"十一五"期间是我国汽车工业发展进程中的重要时期。在这一时期，国民

---

[*] 陈来卿，广州市社会科学院区域所副研究员；张小英，广州市社会科学院区域所助理研究员。

经济平稳较快发展和人们生活明显改善，为我国汽车工业创造了良好的发展环境。国家出台一系列汽车产业激励政策，2009年国务院颁布实施的《汽车产业调整和振兴规划》对刺激汽车产业快速发展起到明显效果。虽然遇到了历史上最严重的金融危机，我国汽车产业还是出现了较高速度的增长，产业规模、产品开发、结构调整、市场开拓、对外开放及法制化管理等诸多方面都取得了很大成绩。

1. 产销量保持高速增长，跃居全球最大汽车市场行列

"十一五"时期是我国汽车工业历史上发展最快的一个阶段，国内汽车产销量从2005年的570万辆和576万辆增加到2010年的1826万辆和1806万辆，年均增长均超过25%（见表1）。特别是2009年和2010年，增长幅度超过33%，我国汽车产销量双双排名世界第一，摩托车产销量连续17年世界排名第一，成为世界汽车产销大国。

表1 "十一五"时期我国汽车产业发展情况

单位：万辆，%

年份	国内汽车产量	世界汽车产量	占世界产量比例
2005	570	6648	8.6
2006	728	6922	10.5
2007	888	7327	12.1
2008	935	7503	13.3
2009	1379	6300	21.9
2010	1826	7761	23.5

2. 汽车工业国际地位逐年提升，成为世界汽车工业的重要组成部分

我国汽车产量占全球汽车产量比重由2005年8.6%上升到2010年23.5%，摩托车产量占世界总产量的一半。汽车工业成为国家重要支柱产业。汽车工业增加值在GDP中比例处于上升趋势，2005~2010年，完成工业增加值分别为2772亿元、3566亿元、5034亿元、5832亿元、7637亿元和10406亿元，占GDP比重分别为1.50%、1.65%、1.89%、1.86%、2.27%和2.61%。

3. 自主创新能力逐步提高，自主品牌产品取得长足发展

"十一五"时期是我国汽车工业自主创新能力提高最快和自主品牌发展最快的五年。企业普遍加大了研发投入，全行业研发投入占销售收入的比例由2005

年的1.66%提高至2009年的1.93%，一些重点企业的研发投入远高于行业水平。在自主创新较为薄弱的乘用车领域也取得了很大进展，2010年末乘用车自主品牌数量达到208个，较2005年末增长1.8倍；销量达到627万辆，是2005年末的2.6倍，占乘用车总销量的45.6%。其中轿车自主品牌数量达到100个，较2005年末增长2.7倍，销量为293万辆，是2005年末的3倍，占轿车总销量的30.9%。

4. 产业结构调整成效显现，产品结构进一步优化

乘用车和商用车比例，2005年为68.9：31.1，2010年为76.1：23.9。载货车重、中、轻、微比例，2005年为15：13.1：56.3：15.6，2010年为27：6.8：50.3：15.9。产品结构明显趋于合理，1.6升及以下乘用车数量占乘用车比例较5年前提高4.4个百分点，达到68.8%；产业结构不断优化，行业内联合重组取得新的进展，通过上南合作、兵装和航空合作，长安整合哈飞、昌河等联合重组，大大提升了汽车企业的整体实力。

2010年，整车前5家企业产量集中度比5年前提高5个百分点，从65%提高到70%；私人购车已成为汽车消费主流。2009年，私人汽车拥有量占总保有量的比重为72.8%，比5年前增加10个百分点；汽车零部件工业已形成较大规模、较好水平、门类齐全的工业体系，为我国汽车生产配套及维修提供基本保障，零部件产值及出口值居世界第四位。

5. 面向国际市场，海外战略取得初步成效

2005年我国汽车出口为17.3万辆，首次实现出口量超过进口量，2010年达到了56.7万辆，出口量年均增幅为26.8%。汽车零部件出口额2005年为85亿美元，2010年达到了414亿美元，年均增幅为37.3%。从2006年开始，我国汽车产品贸易由逆差转为顺差，彻底扭转了持续几十年的逆差状态。以奇瑞汽车为代表的国内汽车企业开始在海外投资建厂，一些企业则主动参与国际兼并重组，最具代表性的就是吉利汽车成功收购沃尔沃，在国外设立研发中心等。

6. 节能减排工作有序推进，新能源汽车取得新突破

"十一五"期间，国家实施了一系列的政策措施，汽车排放达到国Ⅲ标准。新能源汽车被国家列为战略型新兴产业，国家正在制定规划和相关政策措施，大力发展节能与新能源汽车行动已经在全行业迅速展开。自2001年启动电动汽车重大科技专项以来，我国形成了以燃料电池、混合动力和纯电动汽车为"三纵"，多能源动力总成控制、驱动电机和动力蓄电池为"三横"的开发格局。为了推动电动汽车产业化发展，科技部在全国设立了4个电动汽车试验示范城市和1个试验示范区，分别是北京、天津、武汉、威海和汕头。通过示范运营，共投入电动汽车近千辆，完成100多处电动汽车运营的基础设施建设，为电动汽车的产业化进行了有效的探索。2009年1月，我国正式启动了"十城千辆"工程，开始了节能与新能源汽车大规模商业化示范运行。据统计，仅2009年，中央财政对公交系统新能源汽车的补贴额就达10亿元，带动民间85亿元资本对电机、电池规模化生产投资。

二 "十二五"时期国内汽车产业面临的机遇

温家宝总理在《政府工作报告》中指出："综合判断国际国内形势，我国发展仍处于可以大有作为的重要战略机遇期。"因此在"十二五"时期，汽车工业仍然面临大发展的重要战略机遇。

1. 汽车产业的全球化进程加快

国际主要汽车企业为适应各国、各地区不同政策环境和市场需求，纷纷采用全球采购、模块化供应方式，应用通用部件和平台，实现资源优化配置。这有利于我国进一步引进国外汽车及零部件企业，开展技术研发、金融等领域合作。国内的自主品牌汽车也能加快海外布局，加大汽车出口量，在国外建立生产基地，大力实施"走出去"战略。

2. 国家经济形势继续稳定增长

根据"十二五"规划纲要，今后5年，我国经济增长预期目标是在明显提高质量和效益的基础上年均增长7%。按2010年价格计算，2015年国内生产总值将超过55万亿元。55万亿元大约相当于美国2010年GDP的60%，这将上一个新台阶。

3. 居民收入增加，国内市场潜力巨大

"十二五"期间，随着我国国民经济的发展和人民生活水平的提高，居民消费升级对汽车的需求仍将不断增长。2010年，我国汽车保有量为7802万辆，千人汽车保有量为58辆，仅为发达国家的十分之一。2008年，全球平均千人汽车保有量为144辆，而当年我国为38.4辆。二、三线城市汽车市场逐步成熟，需求潜力不断显现。国外的发展经验表明：当人均 GDP 达到 3000 美元的时候，汽车开始成为人们首选的机动化个体交通工具；人均 GDP 在 3000~5000 美元之间时，大部分国家的小汽车千人拥有水平在 100 辆左右；随着人均 GDP 的增长，小汽车的拥有量呈上升趋势。权威部门预测：2015 年中国人均 GDP 将超过 5000 美元，2030 年约为 1.23 万美元。因此，可以肯定国内汽车消费市场的潜力非常大，远远没有释放。对于国内汽车产业来说，这无疑是一个巨大的推动力。

4. 新能源汽车发展进入普及期

随着"转型升级"成为"十二五"发展的主旋律之一，国家要求加快培育发展战略型新兴产业，目前国务院已经把新能源汽车列为七大战略型新兴产业之一。以节能与新能源汽车为主攻方向的新一轮国际产业竞争已全面展开。各主要汽车生产国，一方面通过法规约束、政策激励等综合措施，提出绿色汽车、低碳汽车等概念，大力发展和应用汽车先进节能技术，同时设置并进一步强化技术壁垒；另一方面将发展新能源汽车上升为国家战略，大幅增加研发投入，实施一系列扶持政策，加快推进产业化。

三 "十二五"时期国内汽车产业面临的挑战

虽然中国已经连续两年成为全球最大汽车市场，然而中国还远不是全球汽车强国，国内汽车产业在"十二五"时期将面临诸多挑战。

1. 汽车产业规模集中度低

目前我国规模最大的汽车集团的年产销量也仅有 350 万辆，与世界主要跨国公司相比，仍属中等企业。除了西藏、新疆等少数几个自治区外，几乎每个省市都将汽车产业作为支柱产业之一，没有规模集中就难以形成具有世界影响力的大企业。"十二五"期间，如何有效实现规模相对集中，是我们面临的巨大挑战。从世界汽车工业发展史可以看出，不管公司采用什么竞争战略，不管公司产品定位如何，凡是规模较大的企业，其品牌影响力就较大，长期抗风险能力就较强，在价值链各环节获取和利用资源的优势就多。可以预见，在未来五年里，我国汽车工业面临的竞争形势不仅不会好转，压力反而会大大增强。这种压力一方面来源于外国竞争对手更大力度的挤压，另一方面来源于自身在成本等传统优势上的弱化。因此，在新的竞争压力面前，我们更需要借助国内市场的巨大优势，充分

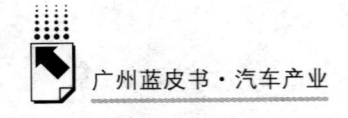

获取规模效益，以扩大生存空间。

2. 自主品牌影响力不足

自主品牌影响力小是我国汽车产业的一个明显弱点。没有国内著名品牌，就难以获得良好的市场盈利能力；没有世界著名品牌，将失去在全球市场健康发展的根基。一个没有世界著名品牌的产业，就不能称之为强大的产业。由于国内汽车工业发展历史的独特性，决定了汽车品牌整体优势偏弱。其主要表现，一是普遍缺乏长期的市场积累，还有不少品牌是近几年才刚刚创立的，影响力特别是国际影响力较小；二是缺乏与企业品牌战略愿景相适应的产品能力。能否在"十二五"期间更好地树立品牌、建设国际知名品牌，是任何一家中国汽车企业都必须面对的巨大挑战。

3. 核心技术积累不足

作为建设汽车强国的关键支柱，掌握核心技术是我们在"十二五"时期发展的重中之重。其挑战在于如何突破跨国公司的技术专利封锁，为今后发展奠定坚实基础。近年来，自主品牌汽车的市场份额提升明显，发展势头迅猛。然而在产品技术水平，特别是在发动机、变速器，以及与新能源汽车"三电"相关等方面，我国和发达国家的技术差距仍然明显。如果今后5年不能在汽车核心技术领域实现系统突破，中国汽车工业的发展后劲和潜力将受到严重制约，更会影响新能源汽车这一战略新兴产业的发展。

宏观层面上，核心技术的突破需要政府加大对汽车企业研发的支持力度，建立合理的财税制度，促进企业加大投入。微观层面上，企业需要有长远眼光，既不能畏首畏尾，更不能盲目投入，要通过制度设计激发工程技术人员的主观能动性，通过流程保证研发工作的顺利推进，形成更强的创新能力。

4. 产品及服务质量有待提高

如何看待产品及服务质量，是一种经营理念，是一国汽车产业界"软实力"的外在表现。而这恰恰是中国汽车工业的短板，如果它不能在"十二五"期间被补齐，将会拖发展的后腿。世界汽车业的竞争是产品及服务质量的竞争，这已被无数商战证实。近10年来，国内市场的高速增长和市场不成熟，在一定程度上弱化了它的重要性。随着消费者的逐渐成熟，对它的重视程度必将越来越高。这就要求我们在今后几年从根本上进行改变。产品质量反映的是企业在设计、制造、供应链管理等多方面的能力，服务质量则与企业在网络开发、经销商管理、配件供应等方面的能力密不可分。因此，只有企业竞争力得到全面提升，产品及服务质量才能真正得到提高。在产销量超高速增长的阶段，如何把握好它与快速上量之间的平衡是关键，值得每个企业重视。

5. 新能源汽车发展面临诸多问题

新能源汽车是国务院确定的七大战略性新兴产业之一，未来5年将是它能否顺利实现产业化的关键时期。发展新能源汽车产业的关键在于真正掌握核心知识产权并率先实现产业化。新能源汽车是汽车业技术的升级和发展方向，美、日及欧洲多国政府纷纷加大对新能源汽车的投入和扶持力度。国外主要汽车厂商也加快其产业化进程，并加大了在全球范围推广其技术路线的力度。在我国原材料、关键零部件、整车等领域均已出现外国公司的身影，这给我国以自主创新为特征的新能源汽车产业的发展带来巨大的竞争压力。要在"十二五"期间推动新能源汽车发展，我们要解决新能源汽车价格高、产品种类相对单一、配套设施建设滞后、商业模式不完善等问题，提高国内市场对新能源汽车的接受度，使之达到足以推动产业正常运转的要求。我们还需要克服在技术向产品的转化、示范运行向大规模商业运行的转化等方面出现的新问题。这要求我们持续推动科技创新，为新能源汽车产业化提供强有力的技术支撑，在提高科技创新的深度、广度和强度等方面作出更大努力。

6. 交通拥堵等社会问题凸显

随着汽车产业的快速发展，国内汽车的保有量猛增，2010年民用汽车保有量达到9086万辆。由于汽车保有量的增长，同时国内很多城市的道路规划、道路建设等不尽合理，汽车拥堵、停车难等问题越来越突出，北京、上海、广州、深圳等四个大城市的交通拥挤现象最为严重，而且这种拥堵现象已经开始向二、三线城市蔓延。此外，汽车排放的尾气已经成为国内的主要污染源之一。针对这种情况，北京、上海等城市已经出台了各种汽车治堵方案，尤以北京的限牌政策最为严厉，每年仅发放24万张牌照，消费者需要通过摇号获取，购买二手车也需要参与摇号获取车牌。这种政策的出台严重打击了北京的汽车市场，二手车市场接近瘫痪状态。随着陆续有城市出台类似的政策，国内汽车产业将面临重大挑战。

7. 国际化发展进程缓慢

面向国际市场是深化改革开放的必然要求，也是通向汽车强国的必由之路。

国内汽车企业现阶段的国际化进程并不顺利，而战略不清是其最主要的原因。目前，国内汽车企业的国际化发展存在许多问题，主要原因在于国内市场是全球最大的汽车市场，各大车企的日子并不难过，因此开拓海外市场并非迫切之举，这导致许多企业并没有将国际化发展上升到战略层面加以考虑。要想实现真正的国际化发展，最重要的是在战略高度加以重视。在此基础上，无论是产品出口、技术合作还是海外收购、海外建厂，都需要根据自身实力和发展规划进行，不能一蹴而就。只有这样，国际化发展才真正能给企业带来益处。

8. 国家政策过于干扰市场

如何坚持科学发展，尊重市场经济内在规律，减少行政力量对汽车市场的干预和控制，是"十二五"期间汽车业政策环境建设的重点。经过多年的发展，汽车业已成为国内市场化程度最高的产业之一，产业整体实现帕累托改进的难度也随之增加。此外，汽车保有量高速增长在交通、环保等领域的负外部效应，也有可能阻碍产业发展。这一切，对政府的行政能力提出了更高要求。要想让汽车业能够在"十二五"期间有更好的政策环境，需要政府和产业界共同努力。党中央已明确要求，"减少政府对微观经济活动的干预，加快建设法治政府和服务型政府"。对于市场竞争中出现的资源配置不合理甚至浪费现象，政府不应盲目干预企业运营，而应尊重市场经济内在规律。汽车企业则应加快转变经济发展方式，继续优化结构，提升全要素生产率；提高全产业链环保水平，使汽车业成为资源节约型、环境友好型的产业，将产业发展对社会的负面效应降至最低。

四　国内汽车产业"十二五"时期的发展重点

通过对以上汽车产业面临的机遇和挑战的分析，可以看出总体上我国汽车产业发展面临很多困难，但是有利因素也很明显，尤其是拥有潜力巨大的汽车消费市场。推动汽车产业结构调整和产品优化升级、大力提高自主品牌企业自主创新能力、大力发展新能源汽车、加快零部件发展、提升汽车服务业发展水平、大力实施"走出去"战略等，将是"十二五"时期国家汽车产业的发展重点。

1. 着力推动产业结构调整和提升品牌知名度

"十二五"期间,继续实施《汽车产业调整和振兴规划》,针对我国汽车生产企业数量多、规模小的特点,应充分发挥市场机制作用,积极推动企业组织结构调整,鼓励一汽、上汽、东风、长安、广汽等大企业集团整合要素资源,提高全行业规模效益和竞争实力。要积极调整产品结构,开发适用二、三级市场及农村市场的汽车产品,引导和扩大农村市场需求,提升下乡产品的质量和服务水平。汽车品牌凝聚着产品性能、技术水平、企业文化和用户对产品的认同感,需要较长时间的培育和巨大资金、人才的投入。要形成具有较强国际竞争力的汽车企业,必须建立在具有较高知名度的汽车品牌基础之上。汽车品牌已成为汽车产业发展的战略性资源和具备国际竞争力的核心要素。目前,我国汽车企业与国际跨国公司相比,自主品牌轿车起步晚,产品主要集中于中低端市场,在中高端品牌领域只有上汽荣威750、奔腾B70、吉利帝豪EC8、广汽传祺等少数品牌,而且市场影响力偏小,用户对自主品牌轿车在技术水平、性能质量、销售服务等方面的认同度与外资品牌相比差距巨大,发展自主品牌汽车是一项长期的艰巨任务。

2. 大力提高自主品牌汽车企业的自主创新能力

我国从汽车制造大国迈向汽车强国转变的关键在于自主创新和自主研发能力的提高,这也是我国汽车产业和国外同行的主要差距所在。因此在"十二五"期间,我国汽车工业要努力完成产品结构和技术结构优化升级,完善各领域人才梯队建设,建立合理的研发布局,打破技术瓶颈,基本实现发动机、变速器、汽车安全等关键技术的自主研发,形成持续的创新能力,逐步创立具有国际竞争力的自主品牌。要加强引进消化吸收再创新,全面提高整车研发设计水平,建立整车设计开发流程。要尽快提升发动机技术水平,尤其是突破高效低排发动机技术,重点攻关实现涡轮增压、缸内直喷等先进技术。要加快实现先进的自动变速器、转向系统、制动系统、传动系统、悬挂系统、汽车总线控制系统中的关键零部件自主化。要大力推进信息化与汽车产业的深度融合,充分运用信息技术提升汽车产业水平,积极推动智能电子控制技术在汽车上的广泛运用。要强化企业在技术创新中的主体地位,完善以企业为主体、市场为导向、产学研相结合的技术创新体系。完善对自主创新的财政税收政策等激励机制,引导企业不断加大研发投入,加强自主创新能力建设,为持续创新打下坚实基础。

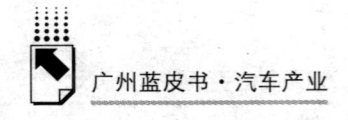

3. 通过实施兼并重组做大做强企业集团

具有国际竞争力的汽车企业集团的形成是汽车强国的重要标志。针对我国汽车生产企业数量多、规模小的结构特点，应按照"由专业化到规模化"的原则，通过横向并购实现资源的整合。在整车市场上，针对不同车型的市场结构采取横向并购的方式，淘汰劣势企业，组建大型汽车企业集团，提高整个行业的规模效益和竞争实力。同时，争取通过并购培育 5~10 家初具国际竞争力规模的零部件大型企业集团。到 2015 年，争取形成具有国际竞争力的跨国企业集团，并有两家以上进入全球前十强，在国际市场上占有重要地位，企业营利能力、经营规模和研发水平处于世界前列。

4. 积极发展节能与新能源汽车产业

面对日益严重的能源和环境约束，要坚持节能汽车与新能源汽车并举，进一步提高传统能源汽车节能环保和安全水平，加快新能源汽车发展。组织实施节能与新能源汽车创新发展工程，掌握先进内燃机、高速变速器、轻量化材料等关键技术，突破动力电池、驱动电机及管理系统等核心技术，逐步建立和完善标准体系，稳步推进节能与新能源汽车试点示范，加快充电设施建设，完善新能源汽车准入管理，健全汽车节能管理制度。

在传统汽车节能方面，建立完善的汽车节能管理制度，适时提高并严格执行乘用车和轻型商用车燃料消耗量限值标准，抓紧出台重型商用车燃料消耗量限值标准；完善强制性汽车燃料消耗量申报、公告、标示制度，引导消费者选择节能汽车产品；研究并逐步建立财税政策与汽车燃料消耗量相挂钩的约束、激励机制，对乘用车生产企业实施以企业平均燃料消耗量目标值为基础的收费制度；完善汽车产品油耗核查制度，切实保障消费者权益。

5. 加快零部件发展及其制造体系完善

零部件产品相对于整车的同步研发甚至超前研发是汽车产业技术创新的重要保证，汽车零部件产业发展是我国汽车工业由大变强的基础。我国汽车零部件发展远远滞后于整车技术的发展，零部件行业产值规模虽大，但中小企业多、产业集中度低、创新能力弱、开发投入不足。汽车零部件行业百强企业的市场份额仅占整个行业的 50%，内资零部件企业 90% 的市场份额和制造能力集中在低端零部件产品上。"十二五"期间，要进一步提高汽车安全、环保、节能水平，积极发展先进汽车发动机总成及其零部件，加快发展汽车电子控制系统和车载电子装置,积极支持发展新能源汽车零部件。要鼓励拥有核心技术并具有一定规模经济效益的汽车零部件骨干企业进行跨地区兼并重组扩大规模,形成大型零部件企业集团,提高国内外企业配套市场份额。支持有条件的地区发展汽车零部件产业集群。鼓励整车企业与零部件企业联合开发汽车零部件产品,打破区域之间或企业集团之间汽车零部件配套的障碍,建立开放、公平竞争的多层次多渠道零部件配套体系。

6. 着力发展汽车服务业

汽车服务业是连接汽车生产和消费、惠及千家万户的基础性服务,是汽车产业价值链的重要组成部分,已成为国外汽车制造商的主要利润来源。因此,大力发展生产性服务业,不断提高我国制造业的服务水平,是"十二五"期间工业转型升级的重要任务。加快汽车服务业发展,就要以品牌营销为主体,建立新车销售、配件供应、售后服务、旧车交易等服务体系,要大力发展汽车金融、汽车保险,以及汽车租赁等高附加值的现代汽车服务业,支持有条件的大型汽车企业由制造业向服务领域延伸,在推动研发、设计等环节发展的同时,拓展汽车金融服务和售后服务,提高服务业的比重和水平。大力促进汽车产业聚集地生产性服务业的发展,强化汽车制造业与服务业的互动机制。完善汽车服务业标准体系和行为规范,完善与汽车服务相关的法规、规章、管理制度。

7. 提高对外开放的层次和水平

要继续加强与国外的合资合作,加强引进技术消化吸收再创新,更好地利用全球科技成果和智力资源,努力掌握一批自主知识产权和技术。要继续积极引导汽车及零部件企业实施"走出去"战略。一方面,要不断扩大整车及零部件产品的出口规模,增加品种、优化产品结构,在进一步巩固发展中国家整车市场的同时,稳步进入发达国家整车中低端市场。拓展汽车零部件国外配套市场和发展中国家的中高端市场,逐步提高进入跨国公司全球供应链配套市场的比例,推动零部件出口从以机械类为主向机电类、电子类产品为主转变。另一方面,推进企业向外向型、国际化发展,积极引导企业海外投资设厂、实施跨国并购、带动技术和服务出口。要构建境外自主营销体系和配套物流服务体系,建立出口产品的零配件供应和服务体系。鼓励企业在境外设立研发机构,吸引国外技术和人才,加快开发具有自主知识产权的新技术、新产品,提升汽车产业的国际竞争力。

参考文献

师建华:《汽车行业"十二五"期间重点问题分析》,2001年4月中国汽车工业协会培训资料。

苏波:《"十二五"我国汽车产业发展面临的形势和任务》,2011年5月18日《中国工业报》。

王澈:《中国做汽车强国还剩多少时间》,2011年7月13日《北京青年报》。

久陵:《汽车产业发展政策的新理解》,《轿车情报》2011年第7期。

B.3
中国汽车产业发展形势分析与预测（2010～2011）

巫细波*

摘　要：2010年，在国民经济继续向好、购置税优惠、以旧换新、汽车下乡、节能惠民产品补贴等多种鼓励消费政策叠加效应的作用下，国内汽车市场产销两旺，汽车产销均突破1800万辆，再次蝉联全球车市第一。本文主要阐述国内汽车产业在2010年的发展概况并分析预测2011年国内汽车产业的发展形势。

关键词：政策拉动　自主品牌　汽车企业兼并重组　汽车出口

一　2010年国内汽车产业发展的情况

1. 产销量蝉联全球第一

由于国内经济形势良好以及各种产业刺激政策，加上消费者担心政策在2011年退出而引发的提前消费，在多重因素的影响下，国内汽车产业再次延续2009年的高速增长态势。2010年，国内汽车产销再创历史新高，其中汽车产量达到1826.47万辆，累计销售汽车1806.19万辆，同比分别增长32.44%和32.37%，虽然增幅较2009年有所下降，但还是再次刷新全球历史纪录。

由于2009年走势前低后高，而2010年上半年产销水平较高，造成2010年以来增速呈逐月回落态势，同比增长由年初80%回落至32%；与2009年产销增长48.30%和46.15%相比，增幅分别回落15.86个百分点和13.78个百分点

---

*　巫细波，广州市社会科学院区域经济研究所助理研究员。

（见图1）。各类车型销量全面增长，乘用车产销1389.71万辆和1375.78万辆，同比增长33.83%和33.17%，增幅有所回落；商用车产销分别为436.76万辆和430.41万辆，同比增长28.19%和29.9%，增幅与2009年大致相当。

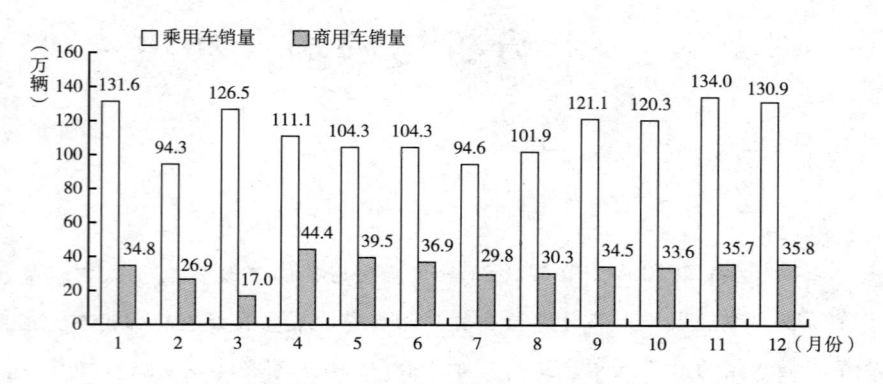

图1　2010年国内各月份汽车销售情况

2. 自主品牌汽车市场份额继续扩大

随着中国自主品牌汽车阵营扩大，2010年自主品牌乘用车销量增长可观，同比增长高于行业同比平均增长，市场份额有所提升。2010年，乘用车自主品牌汽车累计销售627.30万辆，同比增长37.05%，占乘用车销售总量的45.60%，比2009年提高1.30个百分点；自主品牌轿车销售293.30万辆，同比增长32.28%，占轿车销售总量的30.89%，比上年提高1.22个百分点。2010年，国内狭义乘用车的市场份额以33%位居第1，超过日系狭义乘用车市场份额约9个百分点，德系车的市场份额居第3，美系车位列第4（见图2）。

3. 经济型乘用车受政策影响导致增幅下滑

2010年，由于优惠政策力度有所减弱，1.6升及以下经济型汽车市场份额开始下降，7月落至最低点。随着消费者对购置税优惠政策退出的预期，2010年第四季度该类车型销售火爆，11、12月市场份额均超过70%。从整体上看，1.6升及以下经济型乘用车销售受政策影响非常明显。2010年，国内经济型轿车累计销量达到214.31万辆，实现同比增长27.25%，略低于行业32.37%的整体增幅（见图3）。2010年，1.6升及以下经济型乘用车销售占乘用车总量的68.77%，比同期下降0.88个百分点；1.6升及以下轿车销售占轿车总量的69.85%，比同期增长0.51个百分点。

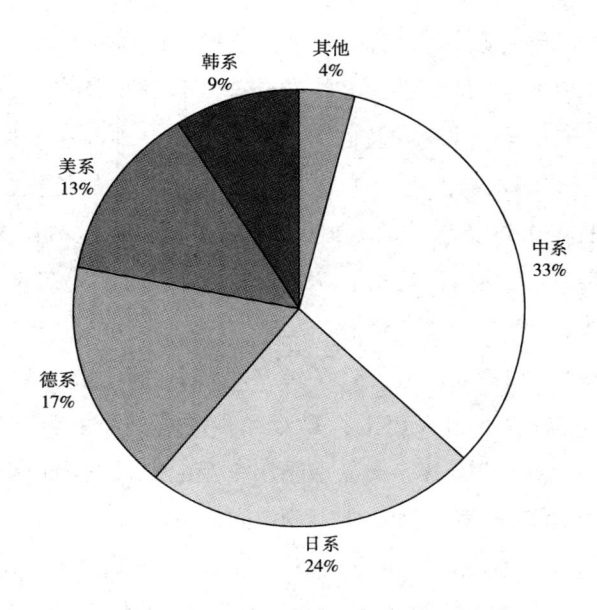

中国汽车产业发展形势分析与预测（2010～2011）

图2　2010年狭义乘用车市场份额对比情况

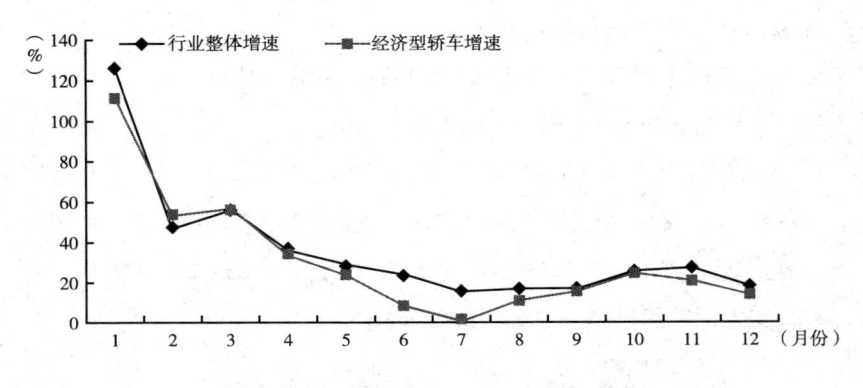

图3　2010年各月份整体市场与经济型轿车增幅对比

本来有一系列的优惠政策作支撑，经济型轿车市场的表现应该不错。但从2010年市场表现来看，其逐月增速基本均低于整体市场增速，经济型轿车市场的发展并不令人满意。这一方面说明，国家有关引导小排量消费的政策还有改进空间；另一方面，也说明国人汽车消费观念与成熟汽车市场略有不同。

4. SUV和MPV快速增长

随着国内汽车市场的持续高速增长，购车代步已经不是消费者购车的主要目的、个性化需求日趋明显，因此消费者对传统轿车以外的 SUV、MVP 等车型的关注日益高涨。2010 年，SUV 销售 132.60 万辆，同比增长 101.27%，高于乘用车平均增速 68 个百分点。2.0 升及以下车型销量仍呈现高速增长态势，保持了市场占有率第 1（市场份额占到 SUV 销售总量的 60%）的位置，其中 2.0 升及以下四驱车型销售 30.11 万辆，两驱销售 49.87 万辆，同比增长均超 1 倍。2010 年，MPV 销售 44.54 万辆，同比增长 78.92%，增幅高于同期 52.80 个百分点。从分排量看，1.6 升及以下增速最高，2010 年销售 15.10 万辆，同比增长 3.9 倍；2.0～2.5 升继续占最大比重，销售 16.74 万辆，同比增长 47.47%，占 MPV 销售总量的 37.58%；2.5 升及以上大排量品种需求有所下降，共销售 3.31 万辆，同比下降 2.94%。2010 年，交叉型乘用车受购置税优惠政策力度减弱等因素影响，增幅明显减缓。销售 249.21 万辆，同比增长 27.77%，增幅与同期相比减缓 55.62 个百分点。细分看，排量小于 1 升车型需求依旧旺盛，销售 133.02 万辆，同比增长 59.60%，1～1.6 升增势大幅下降，销售 115.61 万辆，同比增长 3.83%，增幅较上年减缓 79.13 个百分点。

5. 汽车集团产销规模整体提升

2010 年，国内主要汽车大企业集团产销规模整体提升，上汽、一汽、东风和长安等"四大集团"汽车产销均突破 200 万辆。上汽集团的汽车销量由 2009 年的 270.55 万辆提升至 355.84 万辆，同比增长 42.8%，净增 85.29 万辆。东风集团、一汽集团和长安集团同时跨入 200 万辆阵营，其中东风集团销售汽车 272.48 万辆，同比增长 37.36%；一汽集团销售汽车 255.82 万辆，同比增长 26.1%；长安集团销售汽车 237.88 万辆，同比增长 23.27%。

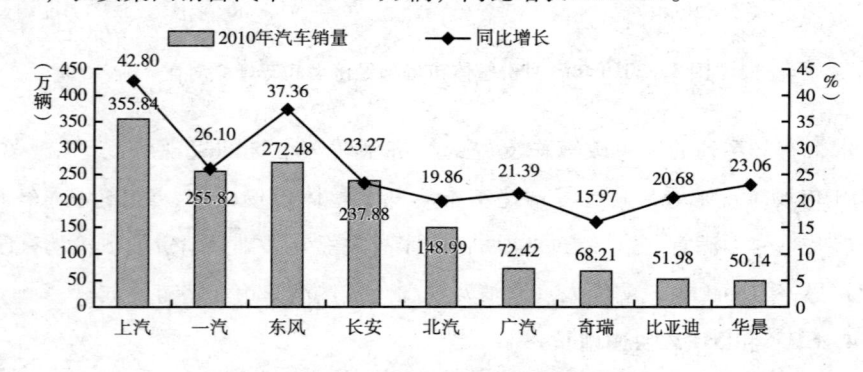

图 4　2010 年国内主要汽车企业销量情况

上汽集团、东风集团、一汽集团、长安集团和北汽集团等五大汽车集团共销售汽车1271.01万辆，占汽车销售总量的70%。其中，乘用车共销售1005.69万辆，占乘用车销售总量的73%；商用车销售265.32万辆，占商用车销售总量的62%。2010年销量前十家企业共销售汽车1559.60万辆，占汽车销售总量的86%。

6. 汽车企业经济效益明显提高

在国家一系列利好政策的拉动下，2010年国内汽车工业重点企业主要经济指标快速增长，利润、利税总额增长显著，企业盈利水平普遍提高，但随着2009年同期基数逐月提高，增速逐渐趋缓，增幅呈逐月回落走势。其中利润、利税总额同比增长分别超过70%和50%，但增幅回落较大。2010年，国内汽车工业重点企业（集团）累计实现营业收入20993.95亿元，同比增长37.87%，增幅同比提高8.11个百分点；累计实现利润总额1987.83亿元，同比增长74.14%，增幅同比回落8.05个百分点；累计实现利税总额3284.58亿元，同比增长50.75%，增幅同比回落17.59个百分点。从汽车工业重点企业（集团）实现利润总额的具体情况看，2010年多数企业利润增长率呈较快增长。有16家企业实现利润总额超过上年，1家企业低于上年。其中，长安汽车、华晨集团、江淮集团和奇瑞公司实现利润增长率超过1倍，一汽集团、上汽集团、东风公司、北汽公司、东南公司、金龙公司和陕汽集团实现利润增长率在60%~85%之间，重汽集团、吉利公司和宇通公司实现利润增长率均超过40%，广汽集团和庆铃公司实现利润增长率在10%~25%之间；只有比亚迪公司利润低于上年。

7. 汽车出口走出低谷

随着国际经济形势的恢复，我国的汽车外贸出口快速回升。2010年，我国累计整车出口54.48万辆，同比增长63.94%。其中，出口乘用车28.29万辆，同比增长89.18%；出口商用车26.19万辆，同比增长43.28%。相比2009年出口33.24万辆的水平，自2008年下半年以来出现的中国汽车出口下降的局面在2010年得到根本扭转，中国汽车企业已经走出汽车出口低迷的谷底。在汽车企业出口的主要品种中，轿车和载货车仍是两大主要出口车型。2010年，轿车累计出口17.8万辆，同比累计增长64.66%；载货车累计出口20.39万辆，同比累计增长44.44%。上述两大品种全年共出口38.19万辆，占汽车企业出口总量的70.10%。2010年，汽车生产出口企业出口量依次是奇瑞、长安、长城、东风、北汽、华晨、广汽、江南、力帆、江淮（见表1）。

表1　2010年汽车生产企业出口排名

排名	汽车企业	出口量（辆）	增幅（%）
1	奇瑞	91986	92.71
2	长安	65492	60.73
3	长城	55415	57.84
4	东风	47964	110.54
5	北汽	37253	35.69
6	华晨	30725	50.84
7	广汽	25134	-11.65
8	江南	23186	0
9	力帆	22686	127.79
10	江淮	21722	79.18

8. 新车推出步伐不断加快

近几年，随着国内车市的持续火爆，各大合资车企纷纷引进新车型以期在各细分领域抢占市场份额，而自主品牌也纷纷加大产品线布局（见图5）。

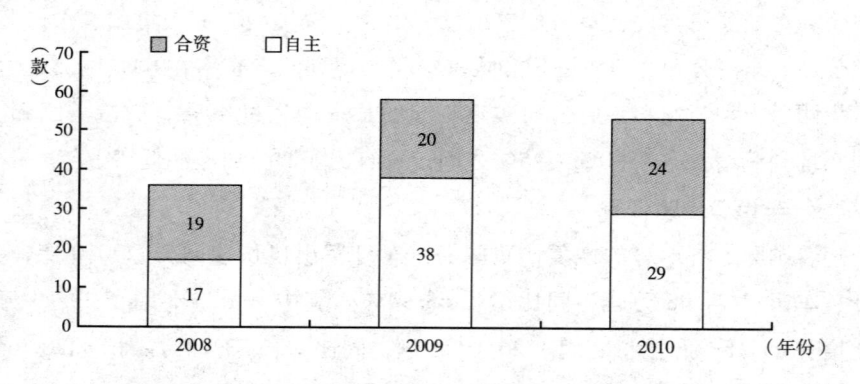

图5　2008~2010年自主品牌和合资品牌新车投放情况

2010年，国内上市全新乘用车型共53款，除了在A级车市场加强新车型投入外，自主品牌和合资品牌共同对SUV领域的进攻值得关注。这主要是由于国内的SUV市场发展快速，而合资品牌除稳固在中高级市场优势外，对小型车和MPV领域也增加投入，各级别均衡投放，自主品牌在优势区域投放，开拓MPV等空白市场。

表2 2010年国内投放新车情况

汽车类型	自主品牌	合资品牌
A00级	海马王子	
A0级	瑞麒M5、威志V2、英伦SC5-RV、长安CX20、全球鹰GX2、悦悦	新赛欧、新赛欧两厢、玛驰
A级	长安CX30、腾翼C30、比亚迪L3、朗悦、福美来三代、风神H30两厢、风云2两厢、荣威350	别克英朗XT、标致408、新阳光、瑞纳两厢、新POLO、高尔夫GTI、瑞纳
B级	帝豪EC8、华泰B11、传祺	一汽大众CC、歌诗图
C级		奔驰E级加长、新宝马5系加长
SUV	哈佛M2、乐睿CVT、威麟X5、森雅S80、海马骑士、2008EV电动车、驭胜、奥轩G3	奥迪Q5、途观、ix35、智跑
MPV	比亚迪M6、朗悦	维亚诺、新途安、威霆、马自达8、NV200

二 2010年汽车产业发展分析

2010年，国内汽车市场再创历史纪录，产销均破1800万辆，这主要得益于国家经济形势良好以及一系列产业刺激政策。从宏观层面上考虑，主要有四大因素。

1. 经济稳定增长为汽车产业提供良好支撑

2010年，国内生产总值达39.79万亿元，同比增长10.3%，国内经济继续保持平稳增长，为国内汽车产业持续高速增长提供强有力的支撑。工业增加值16万亿元，同比增长12.1%，规模以上工业增加值增长15.7%，交通运输设备制造业增长22.4%，其中汽车制造业增长24.8%，在各大主要工业行业中仅低于铁路运输设备制造业25.4%的增幅。数据表明，经济形势的好转带动了汽车市场的持续飘红，而汽车工业对于经济的增长同样功不可没，宏观经济同作为支柱型产业的汽车工业实现了良性互动。

2. 产业政策刺激汽车产业快速增长

我国自2009年开始执行的汽车下乡、车辆购置税优惠、汽车以旧换新给予补贴等政策在2010年继续发力，为我国汽车产销量稳步增长提供了政策保障。2010年6月，新出台的对新能源及节能环保汽车给予补贴等政策，更是兼顾节能减排、结构调整和拉动消费的功能。新老政策相得益彰，有效地落实了《汽车产业调整和振兴规划》，对促进我国汽车行业健康可持续发展有重要影响。其中，汽车下乡政策在财政部、国家发改委、工信部等部门联合印发的《关于继续实施汽车下乡政策的通知》中明确，汽车下乡政策实施延长至2010年12月31日止；车辆购置税优惠政策延续并调整，对2010年1月1日至12月31日购置1.6升及以下排量乘用车，暂减按7.5%的税率征收车辆购置税；汽车以旧换新补贴政策延续并提高标准，将汽车以旧换新的补贴金额由3000元至6000元提高到5000元至1.8万元，汽车以旧换新政策实施期限由2010年5月31日推迟至2010年12月31日。

3. 潜力巨大的消费空间得到持续释放

在国家宏观经济形势连续多年保持稳定增长的情况下，国内消费者的购车能力已积蓄到了爆发阶段。这种爆发已由东部沿海向西部内陆转移，由一线城市向二、三线城市转移。数据显示，2009～2010年，国内一线城市汽车销量在全国市场中的总体份额明显下降，二、三、四线城市却呈现出比较旺盛的态势。2009年，汽车市场一线城市增长46.6%、二线城市增长56.5%、三线城市增长67.7%、四线城市增长79%，从增长的贡献度来讲，2009年全国乘用车增长300万辆，一线城市占了27%，大概80万辆左右，其他200多万辆都是二、三、四线城市的贡献；2010年在整体汽车市场中，一线城市份额继续下降，而二、三、四线城市则进一步上升，这已成为国内汽车消费市场结构调整非常明显的特点。由于人口基数庞大、人均汽车保有量低，这就隐藏着惊人的购买力，所以二、三、四线城市拟将成为未来车市的主战场，目前不少汽车品牌已经开始在二、三、四线城市布局。此外，购车主逐渐年轻化，"80后"这一庞大的购买人群也逐渐形成，消费理念的超前、经济能力逐渐加强、处在成家立业的人生阶段等都是促使其汽车消费的因素。

4. 自主品牌汽车品质有所提升

近年来，自主品牌汽车产销量快速提升，奇瑞、比亚迪、吉利、华晨等车企都能活跃于销量10强排行榜，特别是2010年比亚迪F3以27万辆的成绩成为年度销量之王。除了销量提升之外，自主品牌在进军高端汽车市场、打造高端品牌、提升汽车品质等方面也有了突破性进展。吉利的帝豪品牌、奇瑞的瑞麒品牌都已不仅仅停留在纸上规划，而是真正走向市场。中国民族汽车工业取得了长足的进步，自主品牌自身的形象也得到了稳步的提高。根据权威汽车质量调查机构 J. D. Power 发布的《2010 年中国新车质量研究（IQS）报告》显示，国产自主品牌与国际品牌之间的新车质量差距降至历年最小，中国自主汽车品牌的品质日益提高。中国自主品牌与国际品牌之间的新车质量差距，从 2009 年百辆车问题数 116 个降低到 2010 年的 89 个。2010 年，自主品牌整体新车质量的百辆车问题数平均为 224 个，较 2009 年减少了 34 个。2010 年，对国际品牌整体新车质量而言，其百辆车问题数平均 135 个，较 2009 年百辆车问题数减少了 7 个。数据表明，我国国产新车整体质量在过去 11 年里稳步攀升，质量最好和质量最差品牌之间的新车质量差距在 2010 年显著缩小，这是自启动该研究 11 年来两者间的最小差距。虽然在高端及豪华车型市场，合资品牌仍处于领先趋势，但随着近年来产品力的不断提升，自主品牌已经取得突破。在紧凑型、入门级高档中型车和微型客车这三个细分市场中，自主品牌车型获最高评价。其中，奔腾 B70 荣获了入门级高档中型车的第一名，能够在中高档车细分市场斩获奖项对于一直主打微型车、小型车的中国自主汽车市场来说尤为可贵。随着中国汽车市场日趋成熟，消费者对高品质车型日益重视，新车质量方面的竞争日益激烈。车辆的品质稳步攀升，也将使中国自主品牌高品质首选的地位被越来越多的消费者认可。

三 2011 年中国汽车产业发展的有利因素和不利因素

有关专家指出，要成为世界汽车强国需要具备三个条件：一要有具国际竞争能力的世界知名企业和品牌；二要在国际市场占有一定的份额；三要掌握核心技术和新技术的发展趋势，支撑和引领世界汽车产品的技术进步，并在这一过程中培育起自主的创新能力。1965 年美国汽车销量达到 1000 万辆时，其本土品牌汽车已占据了 90% 的份额；而中国 2010 年汽车产销突破 1800 万辆的时候，自主品牌汽车所占据的份额还不到一半。从这些方面来看，中国汽车大国仍处于起步阶段，要实现由量变到质变的飞跃，道路仍很漫长。随着世界经济的逐步回升和复苏，对原油需求增加导致油价上涨，城市为治理交通拥堵而采取的限行、限牌照等政策，无论对汽车制造企业，还是对汽车消费者，都将有一定的负面影响。2011 年，中国汽车产业依然面临着很多机遇和挑战。

（一）有利因素

1. 经济持续高增长与需求空间巨大

2010年，国内生产总值达到39.79万亿元，同比增长10.3%，继续保持稳定增长的格局，2011年国家虽然有些汽车产业刺激政策退出，但对于汽车工业的支持从根本上没有改变，稳定发展的宏观经济形势为国内汽车产业的发展将提供良好的整体环境。根据世界汽车产业的发展规律，汽车产业发展一般有两个高速增长期：一是千人保有量从5辆到20辆的阶段，二是千人保有量从20辆到100辆的阶段，中国目前正处在第二个阶段。从全世界范围来看，千人汽车保有量为128辆，而2010年中国的千人汽车保有量只有52辆，不到世界平均水平的一半。2010年可以看做是中国汽车第二个高速增长期的第二年，2011年中国汽车产业也将再上新台阶。

2. 自主品牌汽车品质逐渐提升

自主品牌汽车随着销量的提升，品质水平也逐渐提高。从2010年发布的一些自主品牌新车可以看出，不论新车的大小、发动机排量的高低，在动力配置上大多数自主品牌所匹配的发动机几乎皆为每缸4气门、双顶置凸轮轴的发动机，并且其中许多是CVVT或DVVT可变气门结构。在底盘和悬架系统上，许多自主品牌新车型已经应用四轮独立悬架，从同等车型的使用比例上看，自主品牌车型底盘及悬架的配置水平并不输给合资品牌。自主品牌新车在体现汽车水平的几项主要配置上，尤其在安全与舒适性方面达到了较高的水准。在安全方面，奇瑞瑞麒G5、广汽传祺、奇瑞A3、上汽MG6等在高配车型上均出现了ESP、倒车影像等功能，前两款车还配备了自动大灯开闭功能，MG6则匹配了胎压监测功能。传祺这一全部价格区间落在十几万元内的中级车，除最低配置车型外ESP几乎成为标配，高配车型更是具备了大灯清洗的功能；在经济型车领域，比亚迪L3也匹配了倒车影像和大灯自动开闭功能，而吉利全球鹰GX2这一车长只有3815毫米的A级小车也匹配了倒车影像功能，并且在其顶配车型上出现了侧安全气囊。在汽车的舒适性与便利性方面，GPS导航功能在多款车型上均有配置，特别是比亚迪的汽车更是装备了多种电子产品。在舒适性的另一大侧面，多挡自动变速器显然也使自主品牌新车提升了档次，如传祺、MG6、G5以及荣威550的5挡AT，L3的CVT等。在提升配置水平的同时，众多自主品牌厂商在汽车最为关键的动力总成上普遍深下工夫,许多厂家的发动机已上升到增压、可变气门等较高的水平,并开始出现双离合变速器。与此同时,一汽、东风这样的国家主力军,对其乘用车自主发动机系列也均进行了很好的规划,上汽、一汽、奇瑞、吉利等多家自主品牌厂商的各种形式的自动变速器也走过了试制测试阶段,大批量装车只是时间问题。

3. 新能源汽车产业扶持力度较大

2010年6月,为加快汽车产业技术进步,着力培育战略性新兴产业,推进节能减排,财政部、科技部、工业和信息化部、国家发展改革委联合出台《关于开展私人购买新能源汽车补贴试点的通知》,确定在上海、长春、深圳、杭州、合肥等5个城市启动私人购买新能源汽车补贴试点工作。中央财政对试点城市私人购买、登记注册和使用的插电式混合动力乘用车和纯电动乘用车给予一次性补贴(见表3)。试点期内,每家企业销售的插电式混合动力和纯电动乘用车分别达到5万辆的规模后,中央财政将适当降低补贴标准。

表3 新能源汽车补贴标准

类型	补贴方案	补贴金额	代表车型
混合动力汽车	乘用车和轻型商务车需节油5%以上,客车节油率必须10%以上;节油率分为五档补贴标准。	5万元	比亚迪F3DM
纯电动车	—	6万元	比亚迪E6、奇瑞S18
燃料电池汽车		25万元	

除了国家层面对新能源汽车产业出台政策外,作为试点城市的深圳、北京更是制定了额外的新能源汽车产业扶持政策。深圳市政府宣布在原有国家补贴基础上,对双模电动车追加地方补贴3万元,而对纯电动汽车追加补贴6万元,补贴款项将直接补贴给车企,再由车企在销售时降价返还给消费者。而北京方面,如果购买电动汽车,则可以直接获得汽车牌照。这些政策无疑将成为新能源汽车发展的加速器。

(二)不利因素

1. 自主品牌竞争力有待提升

从市场占有率来看,尽管2010年自主品牌轿车共销售293.30万辆,占轿车销售总量的30.89%，比上年提高1.22个百分点；但这与《中国汽车工业"十一五"发展规划》中定下的目标——2010年自主品牌轿车国内市场占有率力争达到50%还相距甚远。2010年，仅有比亚迪、奇瑞、吉利3家自主品牌企业荣登2010年销量前十的轿车生产企业榜单，分别以51.71万辆、50.21万辆、41.62万辆的销量位居第6、第7、第8位。反观合资车企，仅通用、大众、丰田三大品牌的5个车企市场占有率就高达30.49%，接近自主品牌轿车的市场占有率。

自主品牌轿车的市场占有率上升之所以艰难，主要有两个方面的原因：一是自主品牌轿车没有找准市场定位，盲目冲击中高端汽车市场，但自身的竞争力又不足，技术、安全等标准难以与合资品牌轿车媲美；在小排量区间轿车也没有推出精品车型，尽管小型车不断地推陈出新，但是真正赢得消费者美誉的汽车产品甚少，导致车型寿命都很短。二是全国大中城市汽车升级换代的步伐加快，这些汽车的消费者很少在购买第二辆车时选择自主品牌轿车。若只能靠廉价来抢占汽车市场，自主品牌汽车的市场竞争力将越来越弱。

自主品牌轿车的排量仍主要集中在1.6升及以下的车型，1.6～2.5升排量的自主品牌轿车很少，而这之中的畅销车型又几乎全被合资或外资品牌包揽，2.5升以上排量的车型则是清一色的合资或外资品牌。可见自主品牌轿车的低市场价值，直接导致了规模收入与经济效益的低下。加上合资品牌进一步加快排量下移的速度和下调轿车价格，自主品牌轿车在低端车市场的生存空间也受到挤压。

自主品牌汽车的出口与高端车型的进口总量以及金额形成鲜明的对比。2010年，汽车整车进口81.36万辆，同比增长93.33%，整车进口金额为306.40亿美元，同比增长99.73%；汽车整车出口56.62万辆，同比增长53.17%，整车出口金额为69.86亿美元，同比增长34.68%。在欧、美、日三个发达地区，自主品牌汽车被重重设置的技术和认证门槛完全拒绝在外，这说明自主品牌汽车在技术指标和造型设计上，仍然和6年之前的情形类似，没有获得根本性的突破。

2. 汽车使用成本日益上涨

目前，国内的汽车使用成本大致可以概括为6项，即燃油费、车船使用税、车险、维修保养费、过路过桥及停车费和其他费用（验车费、美容装饰费及交通罚款等）。在以上费用中，各地区的车船使用税较为固定，而车险、维修保养费用、油费以及停车费等费用则存在较大的地区差异性。目前在北京一类地区每年汽车的使用成本已达到3万多元。根据搜狐调查推出的《2010年您的用车成本上涨了吗?》①，86.67%的投票者认为2010年的用车成本上涨，已有超过20%的投票者的平均每月汽车使用费用达到1600~1800元。在全球流动性宽裕的背景下，2011年国内油价继续攀升已成定局，只是涨幅高低。买了车的，要做好油价10元/升的心理准备；打算买车的，每个月要多预留300~400元的油钱；不打算买车的，也要多预留点打车钱，因为燃油附加税已不是1元，而是2元或更多。

3. 汽车带来的社会问题开始凸显

中国人口众多，能源和土地资源相对短缺，虽然千人汽车保有量还不及世界平均水平的一半，但是快速增长的汽车保有量已经对能源供应、环境保护、交通通畅和城市秩序带来巨大压力。全国1/5的大城市由于汽车尾气排放，空气污染严重。由于同样原因，全国110个大中城市达不到二级空气标准。过去5年，中国新增1亿吨炼油能力，全部被新增的3500万辆汽车吞噬掉。如果中国千人汽车保有量达到美国的水平，全世界的石油都供应不起。对全国几乎所有大城市来说，堵车已经成为常态，几乎所有国内大城市都面临停车难的问题。汽车与行人、汽车与社会、汽车与环境的矛盾日益突出。因此，北京、上海等城市都开始出台一系列措施限制汽车保有量的增长，以缓解汽车带来的社会问题。从2011年1月1日起北京限量购买汽车，并用摇号的方式获取车牌。有业内专家预计，2011年北京市场销售的新车数量将比2010年下降50%左右。继北京治堵政策出台后，国内其他城市也纷纷酝酿类似措施，这些措施的实施将对汽车产业带来较大的不利影响。

4. 零部件产业集中度小

2010年，国内汽车整车市场的快速增长，极大地带动了汽车零部件产业及后市场（即汽车销售以后围绕汽车使用过程中的各种服务，涵盖了消费者买车后所需要的一切服务）的飞速发展，成为未来汽车产业的新增长点，未来包括汽车维修养护、旧车交易、汽车金融、文化服务等11大类近400项服务的"后

---

① 搜狐调查《2010年您的用车成本上涨了吗?》，http://survey.sohu.com/poll/result.php?poll_id=37708。

市场"产值将是汽车制造业的近7倍。中国汽车工业协会统计显示，2010年汽车零部件工业总产值达到1.6万亿元，而2011年零部件市场将保持强劲增长势头，预计增长会达到15%以上。2010年整车市场的火爆却难掩国内零部件产业相对弱小的局面。外资企业在中国汽车市场一直把持着汽车核心零部件的大部分供应，而自主品牌零部件企业只能选择在"后市场"发展。据统计，国内占据89%以上市场份额的零部件企业是民营企业，绝大多数销售收入在1亿元以下，难觅10亿元销售额以上的大规模企业，市场份额的过于分散无形间削弱了中国零部件产业的整体竞争力。在这种情况下，博世、德尔福、电装等国际汽车零部件巨头却在加快分食中国市场的步伐，这是阻碍中国汽车工业强大的极为不利的因素。

四 2011年中国汽车产业发展形势分析与展望

1. 2011年车市增幅放缓：产量将增10%~15%

虽然我国宏观经济仍处于较为稳定的增长期，国际环境对国内汽车产业的影响有限，2011年国家对于作为支柱产业的汽车工业的支持从根本上没有改变，但是随着购置税优惠、以旧换新、汽车下乡三大政策的退出，以及2010年底购车热潮导致的消费透支，北京市限购政策的示范效应和用车成本的增加，这些都将对2011年的汽车市场产生影响，国内汽车市场将可能恢复到相对平稳的增长速度。预计2011年汽车产量增速在10%~15%之间，有望达到2000万辆。

2. 国家大力支持新能源汽车产业

工信部牵头制订的《节能与新能源汽车产业发展规划》，已会同国家发改委、财政部等多部门联合上报国务院，此规划提出政府财政将投入超过1000亿元人民币，用于打造新能源汽车产业链，建议其中500亿元为节能与新能源汽车产业发展专项资金，重点支持关键技术研发和产业化；300亿元用于支持新能源汽车示范推广；200亿元用于推广以混合动力汽车为重点的节能汽车。另外，还有100亿元用于扶持核心汽车零部件业发展，50亿元用于试点城市基础设施建设。2010年，新能源车试点城市由13个增至20个，并向其中的5个城市推出了私人购买新能源汽车的补贴政策，根据混合动力、纯电动、燃料电池汽车三类新能源车型，政府政策补贴额度分别为5万、6万、26万元。2010年，我国有42家

表4　2011年部分汽车企业的计划产量

单位：万辆

企 业	2011年目标	增幅预期(%)	企 业	2011年目标	增幅预期(%)
上海通用	115	11	长安马自达	11	18.53
上海大众	120	20	东风悦达起亚	43	29.13
一汽大众	100	16.28	东风标致	20	30
北京现代	85	20.9	奇瑞汽车	80	17.28
东风日产	77.2	28.7	比亚迪	60	15.38
一汽丰田	55	10	吉利汽车	49	16
广汽本田	45	16.5	天津一汽	30	20
神 龙	42.5	13.94	上海汽车	23	44
东风本田	28	7.44	东风柳汽	18	71.4
一汽马自达	28	20	长城汽车	55	38.43

资料来源：各大车企网站。

企业、47种新能源汽车产品被列入中国生产企业和产品公告，这其中包含了电动车、混合动力车等。而政策鼓励的混合动力车、电动车、燃料电池汽车三种发展模式将同时发展，相互竞争，并加大每年的技术研发投入。

3. 汽车集团竞争更为激烈

在产业激励政策的推动下，2010年我国汽车市场继续高速增长，产销量蝉联全球第一，大企业集团产销规模整体提升，上汽、东风、一汽和长安进步较大，同时跨入200万辆阵营，大集团集体"跃进"的动力来自2009年初颁布的《汽车产业调整振兴规划细则》。该《细则》鼓励一汽、东风、上汽、长安等大型车企在全国范围内实施兼并重组，支持北汽、广汽、奇瑞、重汽等车企实施区域性兼并重组。因此，市场竞争日趋白热化，兼并重组之声不绝于耳。一汽、东风、上汽、长安等四大集团虽然地位巩固，但内部竞争加剧，除上汽一枝独秀霸主地位确立外，一汽、东风、长安销量接近，一汽地位受到后两者的挑战。而北汽、广汽、奇瑞、重汽市场地位受到比亚迪、吉利等民营汽车企业的威胁，若不能利用产能扩张和规划赋予的"实施区域性兼并重组"的特权而快速成长，则很可能被民营汽车企业超过。

从竞争手段看，各主要汽车集团之间并没有太多的不同，占据一线城市、深耕二三四线城市成为大多数汽车企业扩大销量的重点。2010年，长安集团不仅与法国标致雪铁龙签署了合资协议,还与北京市房山区政府和安徽合肥市政府正式签署了战略合作协议,计划建设两个产能为50万辆的新工厂。东风汽车也在2010年连续发布扩张战略,不仅与标致雪铁龙签署了为期5年的合作战略,还与裕隆成立了合资公司。广汽集团与三菱汽车组建新的合资公司。2011年,在车市稳步发展的前提下,车企并购大潮还将延续,特别是地位相对尴尬的车企为保住车市地位更有意愿进行并购。通过一系列积极的扩张,汽车集团之间的竞争在2011年将更加激烈。

4. 小排量和微车车市将减速

购置税优惠、汽车下乡等产业刺激政策对于小排量和微车市场的影响非常明显。购置税优惠政策始于2009年1月,为了应对金融危机风险、刺激车市,由国务院牵头、多部委联合实施的《汽车产业振兴规划》于2009年1月出台并实施。该项规划的重要内容是刺激汽车消费,包括对1.6升及以下排量乘用车购置税减半按5%征收,1.3升以下微型车享受一定金额的国家财政补贴等。此政策对车市起到立竿见影的效果,2009年我国成为全球第一大汽车市场。2010年,虽然1.6升以下排量乘用车购置税政策略微调整,税率上调为7.5%,国内车市仍然创造新的世界纪录。因此,随着购置税优惠、汽车下乡等政策的退出,微车市场必然出现严重低迷。农民对购置成本上升较为敏感,微型车的购置税优惠数额本来不多,但叠加10%的下乡补贴后的组合力度较大。如果这些政策退出,农民感觉肯定有落差,2011年的微客农村消费比例将下降。此外,受大城市汽车限行、限牌照的影响,私车消费受阻,低端群体购车热情下降,必然导致小排量市场走势低迷,对车市的增长肯定有严重影响,导致微车市场增速下降。

5. 合资自主品牌汽车加入竞争行列

随着国内车市的持续火爆,各大车企想方设法抢占市场份额,而合资自主品牌的推出就是其中的重头戏。国内第一款合资企业自主品牌——广汽本田"理念"首款量产车型S1终于在2010年广州车展上亮相,这标志着合资自主品牌汽车离正式上市的时间越来越短了,理念的正式上市时间将在2011年5月。除了广汽本田的理念之外,其他合资车企也不甘落后。东风日产推出"启辰"合资自主品牌,在2010年推出了概念车和量产车型,将于2012年上半年正式上市。上汽通用五菱宝骏品牌,2011年将在其总部所在地柳州的西部工厂投产。这些合资自主品牌车型虽然是具有历史意义的车型，却没有在车型开发方面给人太多新意。理念 S1 直观上看就是老款思迪的一个改款车型，整体设计没有太大变化，依然采用了 L13A3 和 L15A1 发动机，5MT 和 5AT 的搭配也与思迪一样。尺寸方面，理念 S1 的长度为 4420 毫米，比思迪长了 30 毫米，但宽度和轴距相同，二者的内部空间也基本相同。宝骏 630 主要是基于凯越平台打造，而东风日产的启辰首款车主要是基于轩逸平台。这一切都意味着合资里的自主，已经开始成为新的竞争点。

6. 贷款购车比例将上升

随着消费观念的转变，年轻人的购车热情持续高涨，"80 后"的一群年轻消费者队伍逐渐形成，贷款购车的比例将会持续上升。2010 年，贷款购车比例在 13% 左右，随着 2011 年一线城市的购买力下降，二线城市的贷款购车群体更加突出，此外女性消费群体的购车比例上升也促进了贷款购车的热潮升温。从贷款消费层面上看，主要以中高档车为主，包括宝马、奔驰等高级车，而且以工薪阶层为主。一线城市的消费者经济实力较为雄厚，贷款比例严重偏低，随着二、三线城市成为主导，贷款购车比例将进一步上升。

7. 经济型城市 SUV 有望成为市场主力

随着国内汽车市场的成熟发展以及经济消费水平的提高，消费者的购车需求不再仅局限于单纯的代步，而在兼顾产品实用性和经济性的基础上，更强调优异的驾驭感和操控性、驾乘的舒适性。SUV 既有轿车的舒适性，又具备某些越野车的功能，还能像 MPV 一样有出众的车内空间和载客载货的能力。根据新华信国际信息咨询（北京）有限公司发布的《2011 年中国汽车流行趋势调查报告》可以看出，SUV 车型的关注度逐年大幅度上升，消费者对 SUV 车型的关注已经超过三厢轿车而跃居消费意向首位。2010 年，中国 SUV 市场以 132.6 万辆的销量和高达 101.27% 的增长率，成为增速最快的汽车细分市场。销售规模的快速增长使 SUV 在国产乘用车市场的份额已经接近中型车市场，成为了主流类别车型之一。目前，奇瑞、吉利、比亚迪、长城、一汽吉林、华泰、江淮等众多自主车企均涉足于 SUV 市场，而且车型较为丰富。而随着一汽吉林在新年即将来临之际推出首款 SUV 车型森雅 S80 之后，2011 年的相关汽车报告也揭示，上半年即将上市的自主经济型城市 SUV 车型已接近 10 款，竞争异常激烈，有望成为新的市场主力。

参考文献

汽车工业统计信息网，http：//www.auto-stats.org.cn/。
中国汽车工业协会网，http：//www.caam.org.cn/。
人民汽车网，http：//auto.people.com.cn/。
凤凰汽车网，http：//auto.ifeng.com/。

B.4
国内自主品牌汽车"十二五"时期的发展形势分析

陈亚鸥*

摘 要："十一五"期间，随着国内汽车市场连续两年成为全球最大市场，自主品牌汽车在这种浪潮中迅速成长，市场占有率不断提高。然而由于核心技术的缺乏，导致自主品牌竞争力不足，在中高级汽车市场难以与众多合资品牌正面抗衡。本文论述发展自主品牌汽车的重要性，回顾了国内汽车产业在"十一五"期间的发展情况，分析未来发展面临的形势，最后提出自主品牌的发展对策。

关键词：自主品牌 "十二五" 发展形势

只有自主品牌汽车强大了，中国汽车工业才是真正的强大。随着汽车市场的持续快速发展，全球汽车产业已经形成了"7+2"的格局：通用+上汽、福特+马自达+长安、丰田、富士重工、大众+铃木、标致雪铁龙+宝马、雷诺+日产+戴姆勒、菲亚特+克莱斯勒+三菱，本田和现代起亚，这些品牌占领了国内近70%的市场份额。特别是2008年的金融危机使跨国汽车巨头在海外市场收益锐减，而异军突起的中国汽车市场则加速了跨国汽车巨头在国内市场的扩张步伐，合资自主品牌的推出正是这种扩张的凸显。这必然会挤压我国自主品牌尚在成长的发展空间，给自主品牌汽车发展带来巨大的挑战和压力。进入"十二五"时期，自主品牌汽车面临众多的机遇和挑战，需要充分利用机遇实现真正的自主和强大。

---

* 陈亚鸥，广州市社会科学院区域所副研究员。

一 发展自主品牌汽车的重要意义

近来合资汽车企业也推出所谓的自主品牌汽车,这种汽车的性质和传统意义上的自主品牌汽车有什么区别?究竟什么是自主品牌汽车?自主品牌汽车简单地说是指国内汽车生产企业拥有自主知识产权的产品品牌。具体来说,自主品牌必须具备以下五点:第一,自主品牌汽车的技术必须是完全具有自主知识产权的;第二,自主品牌汽车的企业和品牌名称必须源于我国本土,在我国境内和国外进行商标注册并完全拥有产权;第三,自主品牌汽车的销售领域必须是全球性的,如果仅在国内生产和销售,就没有了自主的概念;第四,自主品牌汽车要有强大的国际化研发团队和研发能力,使产品能够与世界同步;第五,自主品牌汽车的零部件应立足于本土供应,尤其是关键的核心零部件——发动机和变速箱,供应率要达到100%本土化。从中可以看出,合资企业推出的汽车产品也可以算自主品牌,但是和以往的自主品牌还是有差别,特别是在技术方面,真正的核心技术基本还是掌握在外方手中。

国内的自主品牌汽车可以简单地分成两种,内资自主品牌和合资自主品牌,显然中国汽车产业的真正强大还得依赖内资自主品牌。因为自主品牌汽车的发展关系到中国汽车产业的前途。汽车工业是国民经济的支柱产业,发达国家无一不是牢牢地掌握汽车工业的控制权。如果没有强大的自主品牌作为支撑,在市场开放的条件下,面对世界经济一体化和国内竞争国际化浪潮,中国汽车产业继续依赖合资模式将只能导致其彻底丧失独立的可能。改革开放后,中国的汽车工业采取的是"以市场换技术"为主导的策略,然而,二十多年"以市场换技术"为我们带来的不是技术的成熟和自主研发的飞速发展,而是在"奉献"本国市场的同时,中方越来越没有话语权。在今天的合资企业当中,尽管外方的投资都不超过50%,但他们拿到的利润却远远超过50%,双方之间的权益完全是不对等的。由于自主品牌的缺失,我们缺乏和合资方讨价还价的底气,我们不但要支付昂贵的品牌使用费、技术转让费、工业产权费、设计改进费,而且在生产领域、管理领域、销售领域逐渐丧失了控制能力。一个国家的汽车产业必须要有自己的核心,这个核心包括自主品牌、设计制造能力和完整的零部件配套体系。

培育并发展自主品牌汽车产业,是中国制造崛起的标志。航天、造船、飞机和汽车制造是体现一个国家制造能力的重要标志，制造能力是国家实力的重要因素。中国想成为制造大国，如果没有自主品牌的汽车工业，是名不副实的。目前，后起国家汽车工业的模式主要有两种：一种是巴西"国际汽车巨头的组装工厂"，完全没有自主品牌的汽车；另一种是韩国"国产自主品牌汽车的模范"。我们应该以史为鉴，以免重蹈覆辙。借鉴韩国的经验，拥有强大的自主开发能力，才能在全球化条件下获得持续的发展权力，不断得到壮大。拥有自主品牌是汽车生产企业自主发展的主要标志。对于中国汽车工业来说，不断提高自主研发能力，发展自主汽车品牌，是实现汽车工业自主发展的前提条件，更是提高国际竞争力的核心所在。

二 国内自主品牌汽车发展现状及存在问题

（一）发展现状

1. 自主品牌市场份额不断提高

随着中国自主品牌汽车阵营不断强大，市场份额也不断提高，由2005年的23.6%提升至2010年的30.89%（见图1）。2010年，乘用车自主品牌汽车累计销售增至627.30万辆，占乘用车销售总量的45.60%，而2005年这一数据仅为93.7万辆，增长了近5.7倍；自主品牌轿车销售293.30万辆，占轿车销售总量的30.89%。2010年，国内狭义乘用车以市场份额33%位居第一，超过日系狭义乘用车市场份额约9个百分点。

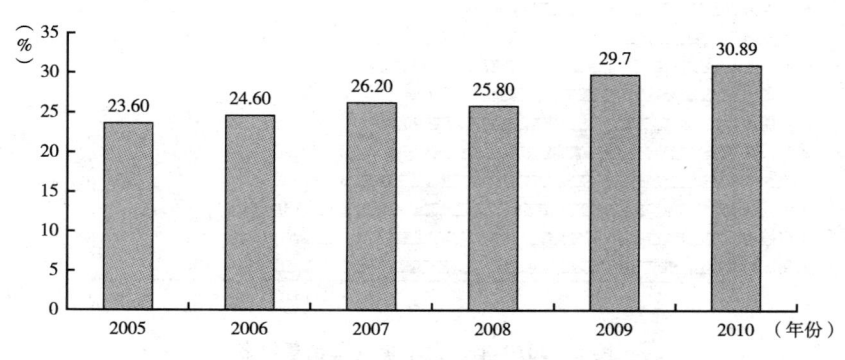

图1 "十一五"期间自主品牌汽车市场占有率情况

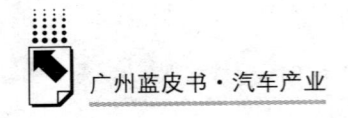

2. 自主品牌汽车企业发展迅速

随着国内汽车市场的持续高速增长,奇瑞、比亚迪、吉利、长城等自主品牌汽车企业发展迅速(见表1),主要在中低端市场集中发力,占领了10万元以下的绝大部分市场份额。2003年才进军汽车领域的比亚迪更是快速发展的典型代表,凭借F3这一经典车型攻城略地,迅猛崛起,连续几年实现超过100%的增长速度。2009年,F3的销量接近29万辆,成为国内年度销量最高的车型。

表1 主要自主品牌汽车企业

单位:万辆

车企名称	代表车型	特点	2010年销量
奇瑞	旗云系列、QQ、东方之子、瑞麒G5	发展较早,受国家和地方政府扶持,研发能力较好,拥有多个品牌,自主品牌方面的老大	67.48
比亚迪	F0、F3、F6、G3、S6	近年来发展最为迅猛的民营车企之一,汽车电子和新能源汽车方面的实力强劲,拥有"年度销量之王"车型F3	51.98
吉利	自由舰,远景,帝豪EC7、EC8	1997年进入轿车领域,开始产品质量和品质较低,近年发展较快,旗下拥有帝豪、全球鹰、英伦三个品牌,成功收购了沃尔沃	41.5
长城	哈弗系列、腾翼C30	以稳健经营而著称,长城两大系列皮卡已连续多年保持了市场占有率、产销量、出口数量等多项第一	39.73

2010年,年度十大车企汽车销量排行榜中,奇瑞和比亚迪成功跻身其中,奇瑞以67.48万辆位列第7位,而比亚迪以51.98万辆位居第9位(见图2)。

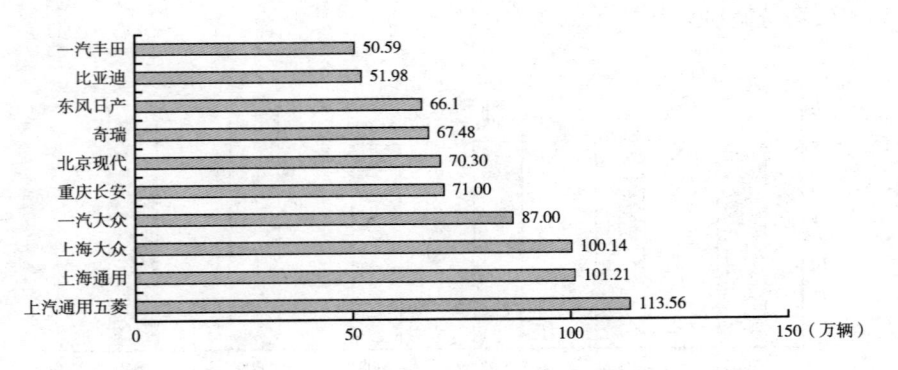

车企	销量(万辆)
一汽丰田	50.59
比亚迪	51.98
东风日产	66.1
奇瑞	67.48
北京现代	70.30
重庆长安	71.00
一汽大众	87.00
上海大众	100.14
上海通用	101.21
上汽通用五菱	113.56

图2 2010年十大车企汽车销量排名

3. 自主品牌畅销车型不断涌现

虽然在中高级汽车市场，自主品牌竞争力不足的状况一直没有得到改观，但是在 10 万元左右及以下的市场中，自主品牌汽车的表现越来越出色。2005 年，销量表现较好的自主车型中，只有 1.0 升排量以下的夏利和 QQ 等车型，而 1.0 升以上的市场中，几乎难以看到表现良好的自主品牌车型。而在 2010 年，前十位轿车品牌销量排名中，比亚迪 F3 以 26.39 万辆的销量位居榜首，长城哈弗以 15.01 万辆的销量位居 SUV 市场首位，江淮瑞风以 6.47 万辆的销量位居 MPV 市场首位。

4. 发展策略多元化和技术取得明显进步

由于特殊国情，国内自主车企难以纯粹依靠自身力量发展，因此形成多元化的发展策略（见表 2）：联合开发，在"市场换技术"策略宣告失败后，中国汽车企业开始与国际著名设计公司合作开发以获得需要的产品技术，比如奇瑞联合博世开发了威麟 V51.9TDDI 高压共轨柴油机，江淮与奥地利 AVL 和日本 MIM 共同开发系列发动机；设计外包，为了避免以往模仿设计带来的法律纠纷，越来越多的自主品牌企业开始聘请国际专业设计公司帮助设计汽车外形。奇瑞汽车的瑞麒 G6 轿车由意大利的博通设计公司开发，中华的骏捷轿车来自宾夕法尼亚设计公司；海外并购，国内汽车企业力图通过海外并购，兼并近年来陷入困境的国际汽车企业来获得核心技术和高端品牌，2004 年底上汽集团以 6700 万英镑收购英国罗孚的部分知识产权，包括罗孚 25、罗孚 75 车型平台和全系列发动机，2005 年 7 月南汽集团以 5300 万英镑收购了破产后的罗孚、名爵全部图纸和组装厂，2009 年吉利以 4740 万澳元并购了世界第二大自动变速器公司——国际动力系统公司（DSI），2010 年吉利以 18 亿美元收购了沃尔沃汽车的 100% 股份。通过这些策略，国内的一汽、上汽等企业通过引进、消化、吸收国外先进技术和自身积累，逐步形成了相对独立的研发能力。这是一种通过合资合作积累资本、人才和经验，渐进式发展的自主创新类型。而奇瑞、比亚迪、吉利等企业都是通过逆向开发、模仿成熟技术迈出第一步，然后与发达国家的汽车设计公司进行技术合作，认真学习借鉴国内外汽车企业的先进生产技术，吸引国内外汽车人才，广泛利用国际国内两种资源，经过 10 年来的跨越式发展，奇瑞、比亚迪、吉利等自主品牌车企初步具备了整车造型、车身、底盘、汽车附件、发动机、变速箱、整车电子电器等开发设计能力，实现了从完全模仿到正向开发再到自主创新的跨越。

表2　自主品牌研发模式及特点比较

最初开发模式	主要内容	代表厂家	特　　点
逆向开发	从模仿起步,自己主导开发	吉利、奇瑞、比亚迪	品牌低端化
委托开发	和国外设计公司合作	华晨、哈飞	持续开发能力低
联合开发	整合国内外优势资源	长安、江淮	产品认可度高
集成开发	购买国外汽车知识产权,消化创新	上汽、北汽	产品高起点

5. 自主品牌汽车品质有所提升

早期的自主品牌汽车产品大部分价低质劣,近年来自主品牌汽车除了销量提升之外,自主品牌在进军高端汽车市场、打造高端品牌、提升汽车品质等方面也有了突破性进展。吉利的帝豪品牌、奇瑞的瑞麒品牌都已不仅仅停留在纸上规划,而是真正走向市场,自主品牌自身的形象也得到了稳步的提高。根据权威汽车质量调查机构 J. D. Power 发布的《2010年中国新车质量研究(IQS)报告》显示,国产自主品牌与国际品牌之间的新车质量差距降至历年最小,中国自主汽车品牌的品质日益提高。虽然在高端及豪华车型市场,合资品牌仍处于领先趋势,但随着近年来产品质量的不断提升,自主品牌已经取得突破。在紧凑型、入门级高档中型车和微型客车这三个细分市场中,自主品牌车型分获最高评价。其中,奔腾B70荣获了入门级高档中型车的第一名。能够在中高档车细分市场斩获奖项,对于一直主打微型车、小型车的中国自主汽车市场来说尤为可贵。随着中国汽车市场日趋成熟,消费者对高品质车型日益重视,新车质量方面的竞争日益激烈。车辆的品质稳步攀升,也使中国自主品牌高品质首选的地位,被越来越多的消费者所认可。

6. 逐步实施"走出去"战略

虽然国内汽车市场是全球最大的市场,但从长远看,国外汽车市场同样不可忽略。以奇瑞为代表的自主品牌车企开始推进销售市场国际化,努力耕耘新兴的发展中国家市场。目前,奇瑞已在埃及、巴西等多个国家设立了工厂,而长城已经同俄罗斯、印尼、伊朗、越南和埃及的当地合作伙伴建立 KD 组装厂,并计划3年内在菲律宾、塞内加尔、保加利亚、委内瑞拉和马来西亚建立海外合作项目。尽管面临贸易保护政策和技术壁垒,国内汽车企业一直没有放弃进入欧洲市场的努力。2008年奇瑞的A5和瑞虎SUV在俄罗斯罗斯托夫州塔甘罗格汽车厂实现本地化生产,2009年10月吉利在俄罗斯切尔克斯克市的戴维斯工厂本地化生产金刚轿车。长城汽车进军意大利，销量由 2008 年的 2700 辆上升到了 2009 年的 6000 辆。奇瑞与意大利汽车经销商 DR 汽车集团合作，2008 年在意大利销售了 1953 辆挂 DR 标的瑞虎。

（二）存在问题

1. 自主品牌产品利润较低

靠低价占领市场份额是目前自主品牌成长的最主要手段，而这一策略获得的临时繁荣最终将导致企业赢利能力低，无法保证良好的持续发展。自主品牌汽车的市场主体和增长集中在 10 万元以下的 A00、A 级车市场，在中级车市场有些产品，如奇瑞的东方之子、比亚迪的 F6、吉利的帝豪 EC8、一汽奔腾 B70、广汽传祺、上海荣威 750 等，车型数量不多而且市场份额也偏小。与合资品牌产品相比，自主品牌汽车在关键技术、性能、质量上差距较大，尤其是在发动机、变速箱、汽车安全系统等技术环节，均未达到行业平均水平。虽然目前自主品牌车的销量提升很快，但主要集中在利润低的微型车和紧凑型车，10 万元以上的市场中，自主品牌的份额相当小。中级车市场对技术和品牌的两大要求，成为自主品牌产品结构晋升的两大瓶颈。2010 年，比亚迪销量大主要靠销量超过 10 万辆的紧凑型轿车 F3 和微型车 F0，但是 F3 的销售价格一度跌破 6 万元，F0 的终端售价则一度跌破 3 万元，因此整体利润难以提升。

2. 缺乏真正实力强劲的自主品牌车企

目前国内自主品牌汽车的现状是：数目众多，规模普遍有限，难以形成有效的行业规模经济。自主品牌面对数目多、规模小的狼藉局面，市场集中度低，出产规模达到 50 万辆左右的自主品牌企业只有奇瑞和比亚迪，而作为汽车产销大国的美国只有 3 家汽车企业，我国现有的汽车企业总数超过美国、日本和西欧汽车企业的总和。而我国一年的汽车总产量却只相当于国外一家大汽车公司几个月的产量。我国大大小小几千家汽车企业在行政上有不同的隶属关系，因此存在着不同的利益关系和利益驱动的分割与保护形式，这种分割与保护严重制约了资源的公道活动，工业内很难通过纵向和横向合并的途径，把众多的汽车企业组建成具有国际竞争力的大型企业团体，使企业自主开发的效率过低、成本过高。

3. 自主品牌售后服务水平亟待提高

目前在 4S 店的收入中，售后的收入远远多于销售，导致售后服务出现很多损害消费者的事情，主要原因是没有全国性的管理法规和行业标准的规范。目前主要的投诉问题有：配件收费过高、诱导不必要的消费、保修期内维护和保养敷衍了事、可以修复的零配件只换不修、维修保养技术不过关、拒不承认质量问题、服务态度差、不兑现售前承诺、夸大或制造故障、扩大维修范围、没有收费标准或不按收费标准收费、检测和保养设备简陋、保修期内问题拖到保修期后、以次充好或偷工减料、配件供应减少、实际维修时间比承诺时间长、自作主张更换配件、没有收费明细、否认权威机构检测报告等等。

4. 自主品牌创新动力不足，核心技术缺失

靠单个企业的自发研制难以在技术上取得重大突破，这需要政府的宏观调控和鼎力挽扶。根据国外汽车发展经验：一个成熟汽车自主品牌的研发，一般要求企业达到200万辆的生产规模，10亿美元的固定投入，10亿美元的运转用度，同时还需要8000~10000人的技术研发队伍，约30个实验室，且平均每两年能开发一款新车等。显然，国内还没有这种规模的自主品牌企业，因此靠模仿创新成为国内实现自主品牌的主要手段。目前国内汽车行业中，先进发动机技术（缸内直喷技术 CDI、分层燃烧技术 FSI、高压共轨技术等）、动力控制技术（先进自动变速器 AT、无级变速器 CVT、双离合器自动变速器 DCT、电控机械式自动变速器 AMT、电动助力转向 EPS 等技术）、电子控制技术（电子防抱死系统 ABS、电子制动力分配 EBD、牵引力控制 TCS、电子稳定程序 ESP 等技术）绝大多数被控制在欧美日等发达国家的跨国企业手中。例如口碑较好的奇瑞 A3 轿车搭载的 ESP 由美国的天合公司提供，EPS 由美国的德尔福公司提供。

5. 缺乏整体品牌规划，品牌差距较大

国内汽车自主品牌的整体品牌形象缺乏产品品质的有效支撑，导致品牌认知度、美誉度、忠诚度低，缺乏中高端产品有效支持，导致品牌形象差，最终导致品牌溢价能力低、含金量低，难以与国际品牌抗衡，影响其可持续发展。这与缺乏清晰的品牌定位和系统的品牌规划有重要关系，导致品牌的延续性不强，有时甚至随意更改品牌名称，损伤品牌的历史沉淀和文化继承性。目前，奇瑞、吉利等企业积极推进多品牌战略，试图在从低到高的多个细分市场有所收获。由于中国汽车厂家数目众多，旗下品牌不计其数，自主品牌汽车企业集中推出多个新品牌，可能会由于品牌影响力不足和营销宣传力度不够而淹没在浩瀚的品牌汪洋中，不但不能塑造高端品牌和提升整体形象，反而导致消费者对企业本身的认知混乱和模糊。

三 面临的发展环境

进入"十二五"时期，国内汽车产业进入了一个调整升级的关键时期，由于国内庞大的市场潜力还远远没有释放，新能源汽车的发展也即将抛锚起航，因此未来国内汽车产业将迎来一个较长时间的上升发展阶段。面对新的发展形势，既有机遇也有挑战，自主品牌应该迎难而上，杀出合资品牌围剿的重围。

（一）不断出台一系列扶持政策

为了扭转国内汽车市场增长乏力的现状，扩大国内市场的消费，促进国民经济的发展，政府推出了一系列的刺激政策，这些政策在未来非常有可能继续实施。包括1.6升及以下排量乘用车按5%征收车辆购置税（原车辆购置税的税率为10%），国家安排50亿元人民币，对农民报废的三轮汽车、换购轻型载货车及购买1.3升以下排量的微型客车等，给予一次性财政补贴，对综合工况油耗均比现行标准低20%左右的入围车型，中央财政将对购买的消费者给予每辆3000元的补助。2010年8月，发改委、工信部和财政部发布节能汽车推广目录的公告，进一步扩大了享受节能汽车补助的车型范围，还有以旧换新等。政府推出了采购自主品牌汽车作为公务车的扶持政策，这是政府的一项重要举措。奇瑞等自主品牌的车型，早在2005年起就开始进入政府采购目录。2007年，《自主创新产品政府首购和订购管理办法》的出台也让不少自主品牌车企感到欢欣鼓舞，然而实际订单并没有随之大增。2009年6月颁布的中央国家机关政府采购中心文件规定：在汽车采购工作中，各单位新配备、更新汽车，自主品牌汽车比例应达到50%。由于一直没有出台具体的实施细则，还有待相关政府部门尽快落实。

（二）国家将大力支持新能源汽车产业

工信部牵头制订的《节能与新能源汽车产业发展规划》即将出台，以比亚迪为代表的自主品牌汽车将迎来契机，并将以此为突破口提升企业竞争力。此规划提出未来10年，政府财政将投入超过1000亿元人民币，用于打造新能源汽车产业链，建议其中500亿元为节能与新能源汽车产业发展专项资金，重点支持关键技术研发和产业化；300亿元用于支持新能源汽车示范推广；200亿元用于推广以混合动力汽车为重点的节能汽车。另外，还有100亿元用于扶持核心汽车零部件业发展，50亿元用于试点城市基础设施建设。2010年，新能源车试点范围由13个增至20个城市，并向其中的5个城市推出了私人购买新能源汽车的补贴政策，根据混合动力、纯电动、燃料电池汽车三类新能源车型，政府政策补贴额度分别为5万、6万、26万元。2010年，我国有42家企业、47种新能源汽车产品入列中国生产企业和产品公告，这其中包含了电动车、混合动力车等。而政策将鼓励混合动力车、电动车、燃料电池汽车三种新能源车同时发展，相互竞争，并加大每年的技术研发投入。

（三）合资品牌的规模越来越大

由于我国汽车市场的高速发展，导致各大跨国公司在中国的汽车产量迅速提升，外资规模越来越大，不断挤压自主品牌的生存空间。东风日产在广州花都原有36万辆产能的基础上，再建一个24万辆产能的新工厂，总共60万辆的产能已经是全球最大的整车生产基地；通用汽车在中国生产235万辆汽车，占它全球产量的28%；大众在中国的产量2010年是192万辆，占它全球产量的62.9%，这都是全球最大的市场，已经超过了本土。迅速提升的规模给降低成本带来了非常明显的优势，像丰田汽车公司在通用件上使用的比例非常高，一个零部件在各种车型上都可使用，因此规模扩张对成本下降就非常明显。虽然国内自主品牌现在规模扩张也有成本优势，但不这么明显，因为国内自主车企在开发新车型的时候，很多企业都是一个车型接一个车型地开发，虽然规模扩张了，也带来了成本下降，但不像外资下降得这么明显。而目前国内企业的人工、原材料等主要成本都在提升，这对于自主品牌相比合资品牌的成本下降，是一个很大的挑战。

（四）合资车企推出自主品牌

由于国家出台了一些扶持本土自主品牌发展的政策，合资车企不甘心无法享受这些扶持政策，纷纷主动推出自主品牌汽车。以前合资车企搞自主品牌大部分是在中国政策下推动起来的，现在很多合资车企出于自身利益的考虑也在主动推进合资车企里的自主品牌。合资车企推出自主品牌的做法，往往是重新启用一些淘汰的平台，重新设计一个外观和新的Logo，以较低的价格冲击原本属于自主品牌的市场份额，给内资自主品牌带来巨大冲击。目前，已经上市的合资自主品牌有广汽本田的理念，即将上市的还有上汽通用五菱的宝骏、东风日产的启辰、一汽大众的开利等等。合资品牌的成本不断往下走，而自主品牌的成本在不断上升，这两个因素导致国内自主品牌的成本优势在明显削弱，国内自主品牌的压力将越来越大。

（五）国内自主品牌汽车使用成本在提升

随着汽车保有量的迅猛增长，各大中城市纷纷出台治理拥堵方案，给汽车产业带来巨大打击，特别是国内自主品牌。其中，北京出台的限牌政策最具代表性，一年限制车牌供应量为24万张，购买二手车也需要通过随机摇号获取，消费者好不容易获得牌照后一般不会选择购买价格便宜的自主品牌汽车，导致北京市场上的自主品牌经营店严重萎缩。此外，技术法规的不断提升，油价、路桥费、停车费的不断上涨，也导致了汽车的综合使用费在提升。而汽车消费人群可以分为两类，一类是买合资产品的人群，这类人群收入比较高，使用成本的承受度比较高，对价格敏感度比较低；而买自主品牌产品的人群，一般来讲对使用成本很敏感，对成本提升接受的程度可能会差一些，这种情况下，综合使用成本提升对自主品牌也是一种影响。自主品牌成本和费用上升是快速的，而性能、质量，特别是品牌上的提升是缓慢的，这两者不完全匹配，这给自主品牌企业带来新的挑战。

四 政策建议

从总体上看，国内自主品牌汽车应以质量高、效益好、管理精、技术进步为目标，努力走出一条科技创新、稳健高效、可持续发展的道路，持提出以下政策建议。

（一）加大研发投入，强化自主创新体系

目前，制约国内自主品牌汽车发展的重要瓶颈之一依然是自主知识产权，只有掌握了汽车核心技术，我国才能从"汽车大国"上升为"汽车强国"。目前，我国自主品牌研发投入占销售收入的比重仍然处于较低的水平。从研发投入占销

售额的比重看，大部分国外大企业的研发投入占比是3%～6%，而国内行业只有1%～2%。在车企研发人员配置上，包括如通用汽车、丰田企业在内的跨国企业集团，其研发人员占公司雇员比例一般在10%左右，但在国内真正从事研发领域的比例不到5%。在自主研发上，国家可以考虑给予正在成长中的自主品牌汽车更多政策支持，而且力度也可以更大一些，鼓励和支持自主品牌车企在研发上投入更多的资金和人力。自主品牌车企在研发费用支出上可以享有更优惠的税收政策。比如，被认定为生产自主品牌产品而投入的研发、生产设备，可以享受进项税抵扣；加大企业自主创新和自主研发投入的所得税前抵扣力度；自主创新和自主研发的产品可享受消费税优惠。另外，要合理分配资金来提高自主研发技术。比如，日本人花1元钱引进技术，但会花7元钱来消化这个技术。虽然我国在引进技术上花费巨大，但是在消化技术上却花费很少。为此，我国有关政府部门可以推出更多有利于自主品牌车企尽快形成自主开发和创新能力的政策。

（二）打造消费者信赖的品牌形象，提升产品竞争力

品牌营销是汽车市场的主角，品牌影响力取决于产品性能与质量，制造商、经销商的承诺和诚信取决于服务用户到位。对自主品牌企业，抓质量是生存发展的核心。只有拥有产品先进、制造精良、使用可靠、服务到位的产品，才能打造信得过的品牌，才能得到消费者的青睐和信赖，这是自主品牌企业取得成功的关键之举。自主品牌车企应依据自身的技术和资金实力合理定位，推出具有市场竞争力的产品，车型品种不在多而在精，要不断提高市场份额。自主品牌的产品开发应跟踪世界汽车技术发展趋势，采用新技术，了解竞争对手的动态信息，同时调研市场变化和消费者的需求，在这种基础上开发出来的产品，才可能形成企业的核心竞争力。如果只是跟在人家后面，没有自己的特色、不能领先一步，就摆脱不了被动、落后甚至被淘汰的困境。

（三）拓宽市场领域，提升客户服务水平

自主品牌汽车产品，应当最适合中国国情和国内汽车消费用户的需求，也应能适应国外汽车消费用户的需求；关键是开发、生产不同国家、不同地区、不同用户需求的各类产品，而且一定要比引进品牌产品下更大工夫搞好服务用户到位，才能更务实、更有效地拓宽海内外市场领域，才能让用户接受、让用户喜

爱，也才能让拥有知名品牌和驰名商标的自主品牌汽车成为中国汽车产业可持续发展的中流砥柱。

（四）建立政府采购自主品牌汽车长效机制

目前，政府采购的汽车大多数是合资企业所生产的中高级车，绝大多数的政府采购部门都会把所有在中国生产的汽车纳入政府采购范畴，再加上长久以来的公务用车"奥迪"化、"宝马"化思维，真正如奇瑞、比亚迪、江淮、吉利等自主品牌难以成为政府采购对象。我国在2009年发布的《汽车产业调整和振兴规划》中首次提出实施自主品牌战略，并配以具体的政策措施，即一是调整政府公用车配备标准，使有关排量和价格的规定更有利于采购节能环保和自主品牌汽车；二是从2009年开始，各级政府和公共机构配备公务用车自主品牌汽车所占比例不得低于50%；三是对自主创新的新能源汽车实施政府优先采购。而最新的政策是要求公务车的排量在1.8升以下，价格在18万元以下。目前，上述政策的效果并没有真实体现出来。在政府实际采购中，自主品牌数量大约仅占总量的5%，而且这只是中央政府机关公务用车中自主品牌占的比例，各级地方政府的公务用车中自主品牌的比例更低。要落实自主品牌汽车采购比例的规定，必须要建立政府采购自主品牌汽车的长期有效机制，包括明确自主品牌汽车界定标准、降低政府采购公务车的参照标准、不断提高自主品牌采购比例、建立严格的监督机制。奇瑞汽车总经理助理金弋波表示，政府采购自主品牌汽车比例不应少于规定中的50%，而且这一比例还应提高到60%，甚至更高。为此，在政府带头坐自主品牌汽车的同时，各级政府应大力鼓励和宣传国民首选自主品牌汽车，为自主品牌汽车营造良好的市场环境和品牌影响力。

（五）实施国际化战略，建立自主品牌汽车出口振兴规划

2010年，中国汽车出口54.49万辆，同比增长63.94%，汽车出口呈现逐步恢复态势，其中奇瑞、长安、长城、东风和北汽分列汽车出口前五名，占2010年全年我国汽车出口量的近55%。由于国际经济仍没有恢复到金融危机前，汽车出口还没有回到危机前水平。根据我国汽车行业的"十二五"规划草案，我国汽车业将从依靠内需市场转向大规模走出国门，2015年自主品牌汽车出口占产销量的比例要超过10%。为了加快恢复我国汽车出口水平，不断提高我国自

主品牌汽车企业的国际知名度和它们在国际竞争中的综合实力，以及增强我国在全球汽车领域的话语权，我国有必要建立长期的自主品牌汽车出口振兴规划，积极落实 2009 年六部委发布的《关于促进我国汽车产品出口持续健康发展的意见》的具体措施。鼓励和支持自主品牌汽车出口作为一项国家战略来考虑，将自主品牌汽车有重点、有步骤、有针对性地输入到海外。我国可以在海外市场管理上制定相关政策，让中国自主品牌汽车企业在海外进行有序竞争、良性发展，在海外树立良好的自主品牌形象。此外，国家还可以鼓励金融机构及其海外分支机构积极为自主品牌汽车出口和在海外投资建厂以及兼并重组提供融资便利。

B.5
国内汽车产业空间格局分析

杨再高*

摘 要：21世纪以来，国内汽车产业空间格局发生了明显的变化。根据各省区汽车产业数据，利用ArcGIS软件计算并分析各省市汽车制造业工业总产值的全局Moran's指数以及局部自相关指数判断汽车产业在省区之间分布的格局及其变化趋势。分析结果发现：21世纪以来，国内汽车制造业趋于集中而且集中的程度逐渐提高，逐步形成了以北京、上海、湖北、广东等省市为集聚区的汽车产业格局，东西部汽车制造业空间集聚程度的差异越来越大。文章最后简要分析汽车产业空间格局形成的因素以及空间自相关统计模型的有些不足之处。

关键词：汽车产业 空间全局自相关 空间局部自相关

汽车产业是产业关联度高、规模效益明显、资金和技术密集型的产业，汽车产业不但和钢铁、冶金、橡胶、石化、机械、电子等产业休戚与共，而且延伸到商业、维修服务业、保险业、运输业和公路建筑等行业。汽车产业已是国际公认的能够带动整个经济迅速发展、最能代表一个国家工业水平的少数产业之一，是现代工业文明的重要标志，具有就业容量大、工业波及效果强等行业特征。汽车产业的发展直接关系到国民经济的工业结构、运输结构、外贸结构、就业结构和消费结构。几乎所有发达国家和新兴工业国都把汽车产业作为支柱产业重点发展，如美国、德国、日本、韩国的经济起飞都是伴随着汽车产业的高速发展而带动起来的，其发展速度远远超过国民经济整体水平和其他行业。

目前我国31个省市区中，有28个省区把汽车产业确立为支柱产业，27个

---

* 杨再高，广州市社会科学院副院长，研究员。

省区具备整车生产能力。重复建设的分散格局,增大了成本,不适宜于汽车产业的发展,也不可能形成具有强大竞争力的汽车产业。中国要承接世界汽车产业中心的转移,必须具有一个合理的空间结构。但目前多数研究仅局限于对汽车产业某个方面或某个区域的研究,特别是各地如何发展产业集群等方面,而对于整个汽车产业在地理空间格局的研究较少。分析汽车产业地理格局,探讨其变动原因,对于促进汽车产业进一步在空间上整合具有十分重要的意义。

一 计量方法与数据说明

空间计量经济学(Anselin,1988)理论认为,一个地区空间单元上的某种经济地理现象或某一属性值与邻近地区空间单元上同一现象或属性值是相关的。几乎所有的空间数据都具有空间依赖或空间自相关的特征,空间依赖的存在打破了大多数经典统计和计量分析中相互独立的基本假设。

(一) 空间自相关统计

检验经济要素集聚现象的空间相关性存在与否,在实际应用研究中常常使用空间自相关指数 Moran's I,其计算公式如下所示:

$$Moran's\ I = \frac{\sum_{i=1}^{n}\sum_{j=1}^{n}W_{ij}(Y_i-\bar{Y})(Y_j-\bar{Y})}{S^2\sum_{i=1}^{n}\sum_{j=1}^{n}W_{ij}}$$

其中,$S^2 = \frac{1}{n}\sum_{i=1}^{n}(Y_i-\bar{Y})$;$\bar{Y} = \frac{1}{n}\sum_{i=1}^{n}Y_i$,$Y_i$ 表示第 i 地区的观测值(在本文为汽车工业总产值);n 为地区总数(本文为28);W_{ij} 为二进制的邻接空间权值矩阵,表示其中的任一元素,采用邻接标准或距离标准,其目的是定义空间对象的相互邻接关系,以便于把地理信息系统(GIS)数据库中的有关属性放到所研究的地理空间上来对比。一般邻接标准的 W_{ij} 为:

$$W_{ij} = \begin{cases} 1 & \text{当区域}\ i\ \text{和区域}\ j\ \text{相邻}; \\ 0 & \text{当区域}\ i\ \text{和区域}\ j\ \text{不相邻}; \end{cases}$$

式中 $i=1,2,\Lambda,n$;$j=1,2,\Lambda,m$;$m=n$ 或 $n\neq m$。习惯上,令 W 的所

有对角线元素 $W_{ii}=0$。

Moran's 指数可看做各地区观测值的乘积和，其取值范围在 -1 到 1 之间，若各地区间经济行为为空间正相关，其数值应当较大；负相关则较小。

根据 Moran's 指数的计算结果，可采用正态分布假设进行检验 n 个区域是否存在空间自相关关系，其标准化形式为：

$$Z(d) = \frac{Moran's\ I - E(I)}{\sqrt{VAR(I)}}$$

根据空间数据的分布，可以计算正态分布 Moran's 指数的期望值及方差：

$$E_n(I) = -\frac{1}{n-1}$$

$$VAR_n(I) = \frac{n^2 w_1 + n w_2 + 3 w_0^2}{w_0^2(n^2-1)} - E_n^2(I)$$

式中，$w_0 = \sum_{i=1}^{n}\sum_{j=1}^{n} w_{ij}$，$w_1 = \frac{1}{2}\sum_{i=1}^{n}\sum_{j=1}^{n}(w_{ij}+w_{ji})^2$，$w_2 = \sum_{i=1}^{n}(w_{i\cdot}+w_{\cdot j})^2$，$w_{i\cdot}$ 和 $w_{\cdot j}$ 分别为空间权值矩阵中 i 行和 j 列之和。

如果 Moran's 指数的正态统计量的值大于正态分布函数在 0.05 水平下的临界值 1.96，表明要素集聚在空间分布上具有明显的正向相关关系，正的空间相关代表相邻地区的类似特征值出现集群趋势。

（二）局部空间自相关

Anselin（1992，1995）将空间自相关分析发展到了局部自相关范围，这样可以为每一个空间单元计算一个指标，用来衡量该单元与邻居的关系。局部统计适用于识别小的空间相关，验证假设以及确定一个距离，超过这个距离空间单元将不存在相关（Getis & Ord，1996）。局部自相关可以探测出高值聚集区，其被称为热点，低值聚集区被称为冷点（Sokal 等，1995）。然而，当面对全局自相关时，Ord & Getis（1995）和 Anselin（1995）都意识到空间自相关分析存在偏差，Ord & Getis（1995）得出一个结论：局部统计的解释应该根据全局空间自相关的数据，否则 I 类型可能会发生错误，即热点（冷点）一定要位于全局值很高（低）的区域（Ord & Getis，2001）。在这种情况下，很多作者建议在一种探索和指示的方式下使用局部空间自相关指数。目前，比较常用的局部空间自相关统

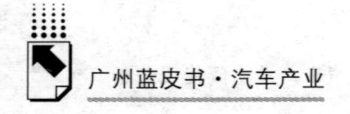

计主要有 Getis-Ord G_i^* 和局部 Moran's I 统计。

1. Getis-Ord G_i^* 统计量

局部 G_i^* 是一种基于距离权矩阵的局部空间自相关指标，能探测高值聚集和低值聚集。公式为：

$$G_i^* = \frac{\sum_{i=1}^{n} w_{ij} x_j}{\sum_{j=1}^{n} X_j}$$

其中 w_{ij} 表示权重，反映的是空间单元之间的影响程度。

根据地理学第一定律，空间上离得越近的对象，相互联系越密切。计算出的 G_i^* 值通常要将其标准化（Z-Score）。计算公式如下：

$$Z = \frac{G_i^* - E(G_i^*)}{\sqrt{Var(G_i^*)}}$$

其中 G_i^* 是理论期望，$\sqrt{Var(G_i^*)}$ 是理论标准方差。

Z 值大，说明该单元的邻居的观测值大；Z 值小，说明该单元的邻居的观测值小；Z 趋向于 0，说明该单元的邻居的观测值不存在聚集现象（表示要素在空间上随机分布）。G_i^* 能探测出高值和低值的聚集情况（见图 1），高值聚集区被称为热点，低值聚集区被称为冷点。

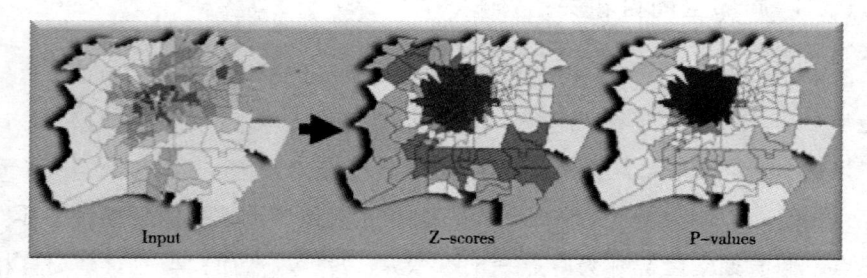

图 1 G_i^* 统计示意图

2. 局部 Moran's I 统计

Anselin（1995）将局部空间聚集定义为相邻位置的集合，这种局部空间自相关指标很有意义。局部空间关联指标（local indicators of spatial association）并不特指某一个统计量，对于任何统计，Anselin（1995）定义的 LISA 必须满足以下两个条件：

(1) 能给出衡量每个空间单元自相关显著性程度的指标；

(2) 所有空间单元的指标之和与全局空间自相关指标之间成比例。

这样，LISA 可以表达某个位置 i 上的观测值与周围邻居观测值之间的关系。具体表示如下：

$$L_i = f(y_i, y_j)$$

局部 Moran's I（Anselin，1992）公式如下：

$$I_i = z_i \sum_{j=1}^{n} w_{ij} z_j$$

当观察值 Zi、Zj 背离平均数时，局部 Moran's I 可以解释为从局部和全局统计之间的关系得出的一个局部不稳定指标。具体来说，I_i 的平均数等于全局 I 的一个比例。z 是 xi 的标准化变换，$z_i = \frac{x_i - \bar{x}}{\sigma}$，按照行和归一化后的权重矩阵（每行的和为1），非对称。

(1) $I_i = 0$：不存在空间自相关。

(2) $I_i > 0$：存在正的空间自相关，且 i 的绝对值越大表示空间分布的相关性越大，即空间上有聚集分布的现象。

(3) $I_i < 0$：存在负的空间自相关。

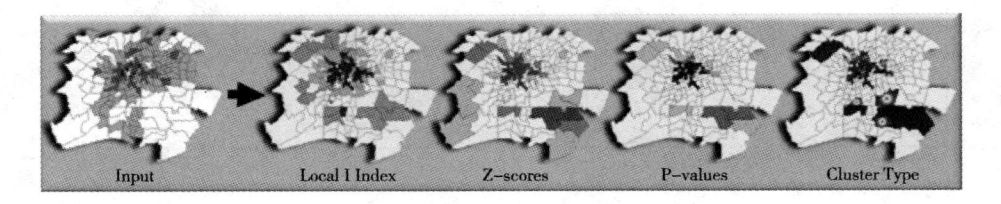

图 2　局部 Moran's I 统计示意

（三）数据说明和软件工具

在数据方面，选取 1999~2008 年全国各省市的汽车制造业工业总产值（当年价）数据进行分析，统计数据取自《中国汽车市场年鉴》（1999~2008）。其中使用的空间自相关统计软件是 ArcGIS Desktop 10。ArcGIS Desktop 由世界上最

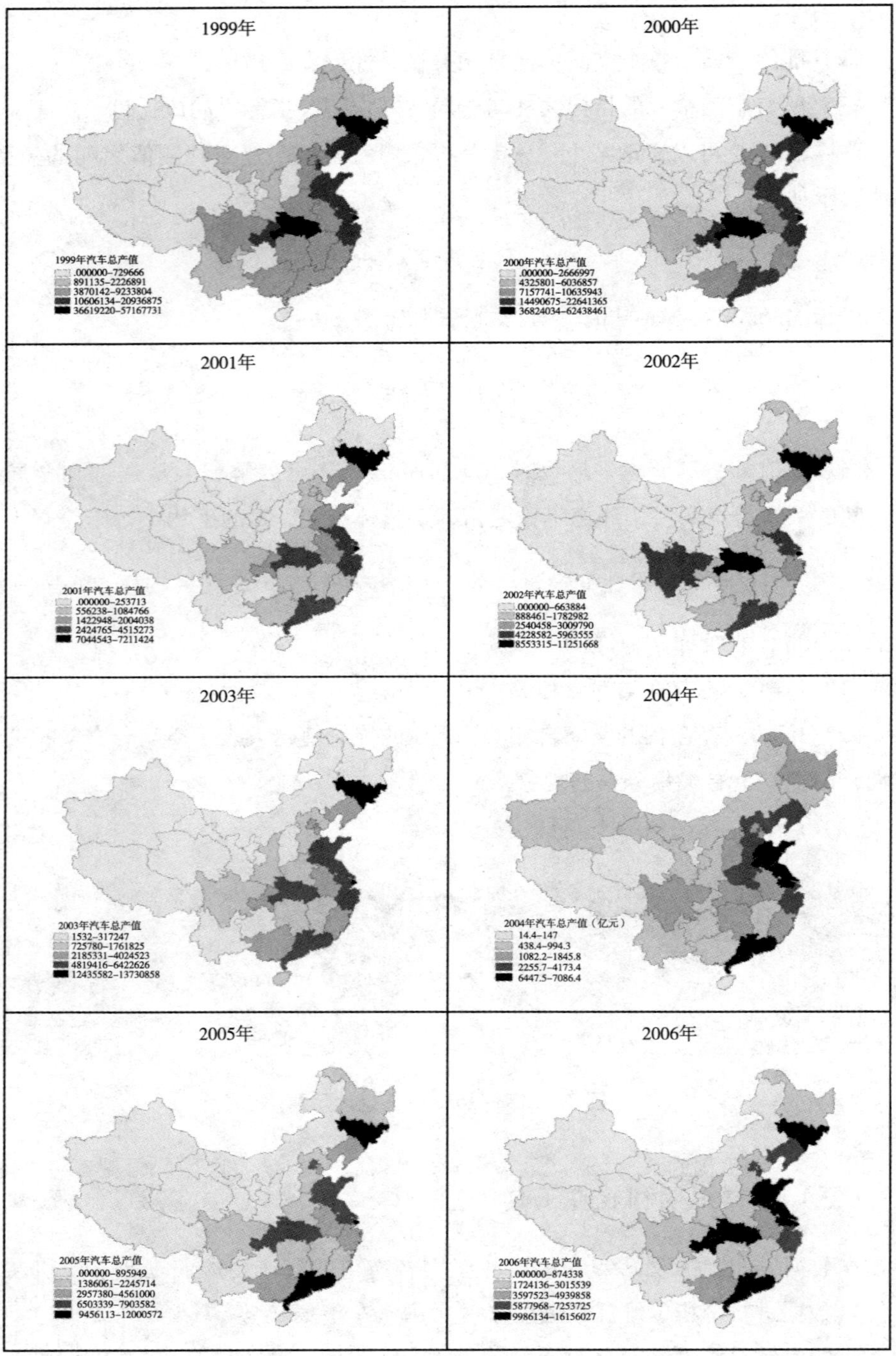
1999年
1999年汽车总产值
.000000-729666
891135-2226891
3870142-9233804
10606134-20936875
36619220-57167731
2000年
2000年汽车总产值
.000000-2666997
4325801-6036857
7157741-10635943
14490675-22641365
36824034-62438461
2001年
2001年汽车总产值
.000000-253713
556238-1084766
1422948-2004038
2424765-4515273
7044543-7211424
2002年
2002年汽车总产值
.000000-663884
888461-1782982
2540458-3009790
4228582-5963555
8553315-11251668
2003年
2003年汽车总产值
1532-317247
725780-1761825
2185331-4024523
4819416-6422626
12435582-13730858
2004年
2004年汽车总产值（亿元）
14.4-147
438.4-994.3
1082.2-1845.8
2255.7-4173.4
6447.5-7086.4
2005年
2005年汽车总产值
.000000-895949
1386061-2245714
2957380-4561000
6503339-7903582
9456113-12000572
2006年
2006年汽车总产值
.000000-874338
1724136-3015539
3597523-4939858
5877968-7253725
9986134-16156027

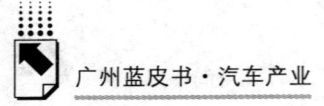

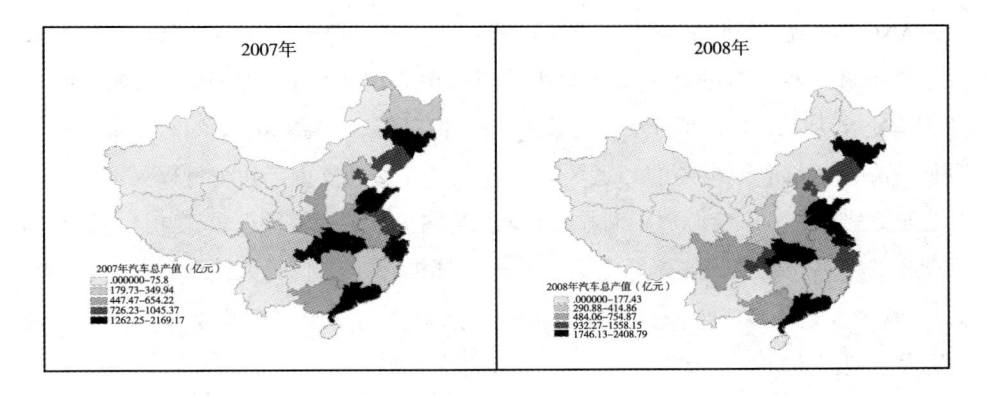

图3 1999~2008年国内各省市汽车制造业工业总产值情况

为专业的地理信息技术供应商 ESRI 开发，目前最新的版本是 10。ArcGIS Desktop 是一系列整合的 GIS 应用程序的总称，包括 ArcCatalog、ArcMap、ArcGlobe、ArcToolbox 和 ModelBuilder。通过协调一致的调用应用界面，可以实现任何从简单到复杂的 GIS 任务，包括制图、地理分析、数据编辑、数据管理、可视化和空间处理。本研究主要应用了 ArcGIS Desktop 中的空间统计模块。

二 全局 Moran's 指数计算

各省市汽车制造业总产值的全局 Moran's 指数主要反映汽车制造业在空间上是否存在自相关现象，其计算采用 ArcGIS 中 ArcToolbox 中的 Spatial Autocorrelation (Moran's I)，将评估 1999~2008 年国内的汽车工业总产值在空间上是呈现聚类模式、离散模式还是随机模式，使用 z 得分或 p 值指示统计显著性，如果 Moran's 指数值为正则指示聚类趋势，如果 Moran's 指数值为负则指示离散趋势。使用这个工具计算全局自相关指数需要注意其中几个重要的参数，这些参数影响计算的结果。这些重要的参数包括要素空间关系的概念化方式（空间权重）、每个要素与邻近要素之间的距离的方式、要素的行标准化等等。其中要素空间关系的概念化方式这个参数最为重要。

ArcGIS 中空间权重的定义方法主要有以下几种：以距离倒数为权重（1/d），即 INVERSE_ DISTANCE，与远处的要素相比，附近的邻近要素对目标要素的计算的影响要大一些；以距离平方的倒数为权重（$1/d^2$），与 INVERSE_

DISTANCE 类似，但它的坡度更明显，因此影响下降得更快，并且只有目标要素的最邻近域会对要素的计算产生重大影响；以距离阀值定义权重（比如在阀值范围内定义为 1，阀值范围外的定义为 0），将对邻近要素环境中的每个要素进行分析。在指定临界距离内的邻近要素将分配值为 1 的权重，并对目标要素的计算产生重大影响；在指定临界距离外的邻近要素将分配值为零的权重，并且不会对目标要素的计算产生任何影响。定义权重为距离的一个连续函数：$w_{ij} = \exp(-d_{ij}^2/h^2)$，其中 h 是距离阀值范围，阀值范围的选取决定于距离影响程度，一个大的 h 值表示地区之间的相互影响距离远，影响范围较大。

以多边形的邻接关系定义空间权重，如果地区 i 与地区 j 邻接，则权重定义为 1，否则定义为 0；指定计算每个要素与邻近要素之间的距离的方式，包括欧式距离（两点间的直线距离）和马氏距离（沿垂直轴度量的两点间的距离，计算方法是对两点的 x 和 y 坐标的差值（绝对值）求和）。

当要素的分布由于采样设计或施加的聚合方案而产生偏离时，建议使用行标准化。其中，参数 NONE 表示不对空间权重执行标准化；而参数 ROW 表示对空间权重执行标准化，每个权重都会除以行的和（所有相邻要素的权重和）。

以 1999~2008 年各省市的汽车产业总产值作为计算全局 Moran's 指数的字段，空间权重选择距离倒数，其他参数采用默认参数。计算结果包括全局 Moran's 指数值、Z 统计值和 P 值，见表 1。

表 1　各省市汽车工业总产值的全局 Moran's 指数

年　份	Moran's Index	Z-Score	P-Value
1999	0.045845	1.680172	0.092924
2000	0.058188	1.923113	0.054466
2001	0.063682	2.02284	0.04309
2002	0.024551	1.182081	0.237174
2003	0.081325	2.377378	0.017436
2004	0.088146	2.471162	0.013467
2005	0.05146	1.671434	0.094636
2006	0.073053	2.096088	0.036074
2007	0.07361	2.109224	0.034925
2008	0.08799	2.380201	0.017303

从表中可以看出各年份的全局 Moran's 指数均大于 0，表示 1999 年以来国内的汽车工业总产值在空间上呈现集中，但是集中的程度比较小，而整体上看逐渐加强（见图 4）。

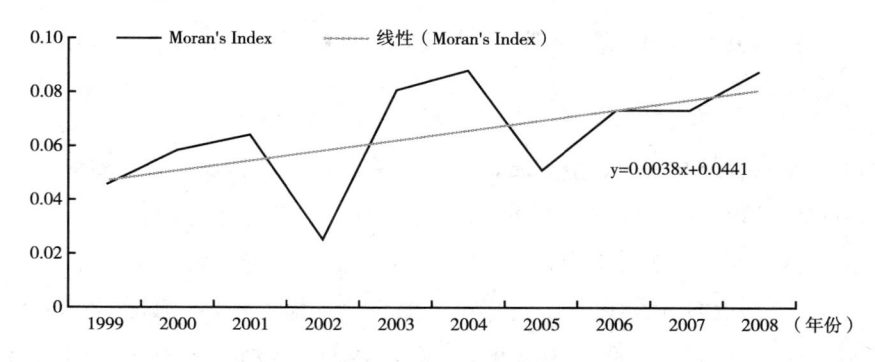

图 4　1999~2008 年国内汽车产业总产值的 Moran's 指数变化情况

1999~2008 年间，各省市汽车产业总产值的全局 Moran's 指数均为正值，表明国内汽车产业总产值在空间上存在集聚现象，但是这种集聚特性不够显著，显示国内的汽车产业集中程度较小，主要是因为大部分省市都将汽车产业作为支柱产业而大力发展，使得国内的汽车产业分布较为分散，难以集中形成更大规模的汽车产业区。在 2002 年，国内汽车产业总产值出现较低的相关性，这主要是由于国家加入 WTO 之后对国内汽车产业产生了重要影响；而汽车产业总产值的全局 Moran's 指数在 2004 年达到最大值，是由于国家在 2004 年实施了《汽车产业发展政策》，各大主要汽车产业地区的汽车产业集中程度有所提高。特别是 2009 年发布实施《汽车产业振兴和调整规划》，要求形成 2~3 家产量过 200 万辆的汽车集团，兼并重组浪潮提前在 2008 年开始上演，这从 2008 年的汽车产业总产值全局 Moran's 指数比 2006、2007 年的 Moran's 指数值大这一点可以看出。

三　局部自相关指数：Getis-Ord G_i^* 和 Local Moran's I 统计

全局自相关指数用于检测要素属性在空间上是否存在空间自相关性，即在空间上是否存在集聚现象，但是根据全局自相关指数无法得知哪些区域是集聚地区。局部自相关指数主要用于发现和检测要素属性究竟在哪些区域产生空间集聚现象，Getis-Ord G_i^* 和 Local Moran's I 统计的原理类似，但是各有侧重：Getis-Ord G_i^* 偏向于发现高值集聚区域和低值集聚区域，而 Local Moran's I 统计则偏向于找出要素属性相似（数值为正）或要素属性相异（指数值为负）的区域。

（一）Getis-Ord G_i^* 统计

在 ArcGIS 中 G_i^* 统计的工具是 Hot Spot Analysis（Getis-Ord G_i^*）。通过计算得到的结果将存储在一个新的 ShapeFile 文件中，结果将增加两个重要的新变量：GiZScore 和 GiPValue，其中 GiZScore 变量表示 G_i^* 统计指数，GiZScore 值为正数且绝对值大表示为"热点区域"，GiZScore 值为负数且绝对值大表示为"冷点区域"，即要素周边均为低值区域。GiPValue 值表示显著性水平，值越小则显著性水平越高。1999、2004、2006 和 2008 年的部分结果如表 2 所示，将 GiZScore 值通过分组渲染则可以更清楚地看出不同年份各省市汽车产业总产值在空间上如何集聚。

表2 各省市汽车产业总产值 G_i^* 统计部分结果

年份	地区	GiZScore	GiPValue	年份	地区	GiZScore	GiPValue
1999	天津	2.274	0.023	2006	上海	1.869	0.062
	河北	2.274	0.023		湖北	1.855	0.064
	北京	2.274	0.023		天津	1.765	0.078
	山东	2.229	0.026		河北	1.765	0.078
	浙江	2.086	0.037		北京	1.765	0.078
	上海	1.981	0.048		山东	1.739	0.082
	福建	1.917	0.055		西藏	-1.705	0.088
2004	浙江	3.367	0.001		浙江	2.929	0.003
	安徽	2.702	0.007		安徽	2.610	0.009
	江西	2.350	0.019		江西	2.385	0.017
	上海	2.202	0.028		上海	2.238	0.025
	福建	2.193	0.028		山东	2.207	0.027
	四川	-2.018	0.044		福建	2.119	0.034
	江苏	1.997	0.046	2008	天津	2.042	0.041
	湖北	1.992	0.046		河北	2.042	0.041
2006	安徽	2.639	0.008		北京	2.042	0.041
	浙江	2.613	0.009		青海	-1.984	0.047
	江西	2.346	0.019		湖北	1.895	0.058
	福建	2.112	0.035		江苏	1.812	0.070
	青海	-2.057	0.040				

（二）Local Moran's I 统计

在 ArcGIS 中 Local Moran's I 统计通过 Cluster and Outlier Analysis（Anselin Local Moran's I）工具完成。局部 Moran's I 指数只是表示属性相似（Moran's 指数为正）或相异（Moran's 指数为负）的观察值集聚在一起，并不表示属性值究竟是高还是低。

具体操作如下：在 ArcToolbox 中选择 Spatial Statistics Tools 中的 Mapping Clusters，选择其中的 Cluster and Outlier Analysis（Anselin Local Moran's I）。

空间权重度量参数选择距离倒数，其他采用默认的参数，最终产生的结果将增加 4 个新字段：LMiIndex、LMiZScore、LMiPvalue 和 COType。如果 LMiIndex 为正，则要素值与其相邻的要素值相近，如果 LMiIndex 值为负值，则与相邻要素值有很大的不同。如果 LMiZScore 为正且越大，则要素与相邻要素值越相近，相反，如果 LMiZScore 值为负且越小，则与相邻要素值差异越大（也就是相关性不强）。LMiPvalue 表示显著性水平，值越小表示显著性水平越高。COType 表示区域与周边区域的关系类型，其中 HH 表示区域本身的要素值高而且周边地区的要素值也高，LL 则相反，表示区域本身的要素值低而且周边地区的值也低，HL 和 LH 类似。计算结果如表 3 所示，若将各年份 COType 值为 HH、LL、HL 和 LH 的地区在地图上渲染，可以直观显示出汽车产业总产值的区域集聚区。

表3 各省市汽车产业总产值 Local Moran's I 统计结果

年份	地区	LMiIndex	LMiZScore	LMiPValue	COType
1999	上　海	6.56	2.66915	0.007604	HH
2004	江　苏	7.63	2.93	0.003363	HH
	浙　江	9.81	4.01	0.00006	HH
	广　东	-8.04	-3.047	0.002308	HL
2006	上　海	4.54	1.86	0.062	HH
	江　苏	0.52	2.44	0.0143	HH
	上　海	0.84	3.16	0.0015	HH
2008	山　东	8.24	3.15	0.0016	HH
	湖　北	5.569	2.33	0.0199	HH
	浙　江	6.89	2.789	0.0052	HH
	上　海	6.68	2.62	0.0088	HH

（三）结果分析

前面的全局自相关统计分析已经证明国内各省市汽车产业存在空间集聚现象，各年份较小的全局自相关统计指数值也表明国内汽车产业集中程度不高，而局部自相关统计则有效地分析出1999年以来各省汽车产业总产值的局部集聚区域。1999年，国内汽车产业总产值集聚的区域主要在北京、天津、山东、上海、浙江等区域，而2004年国内汽车产业总产值集聚的区域主要在长江三角洲地区，2008年的情况与2004年类似，长三角是我国汽车工业的主要发展区域，而西部以青海为中心的区域则在各个年份都是"冷点"区域，即汽车产业一直没有得到发展。此外还可以看出，吉林、广东两个汽车制造大省，在统计结果中表现为局部自相关统计值较低，主要是因为这两个省份周边地区的汽车产业发展较为落后。而上海、湖北、山东等三个省市形成了汽车产业集群发展的局面，以上汽、东风、长安汽车等为首的整车制造有效地带动了周边省市汽车配套产业的发展，成为国内汽车产业的发展高地。

四　不足和展望

（一）不足之处

（1）统计结果解释不够深入。本文研究过程中只分析了1999～2008年各省市的汽车产业总产值这一个数据指标，由于汽车产业还涉及很多其他指标，如汽车总产量、汽车产业主营业务收入、汽车产业研发投入、汽车产业从业人员、汽车产业企业数量等，难以全面分析1999年以来各省市汽车产业的空间变化规律。本文过于偏重从汽车产业政策的变更来研究、解释1999年以来各省市汽车产业的空间情况。

（2）空间权重不够科学。本文主要采用空间自相关这一空间统计学模型来研究各省市汽车产业总产值的空间格局变化情况，而空间权重的选择对于统计结果具有非常现实而重要的作用，本文只是简单采用了空间欧式距离作为各省市汽车产业关联程度的度量，对于解释汽车产业的空间关联过于简单，没有深入分析1999年以来各省市汽车产业之间的空间格局演变规律。

(3) 区域之间的空间距离差异过大。由于分析过程中采用距离倒数度量区域之间的关联程度，有些区域（比如北京、上海、重庆等地区）空间面积小，与周边地区的空间距离也小，相应跟周边区域的距离权重就显得较大；而有些地区汽车产业原本较为先进，但是由于区域本身面积过大，与周边地区的距离权重则显得非常小。这种空间尺度的差异给空间自相关分析带来重要影响，这种影响在局部空间自相关分析中显得尤为明显，因此需要采用新的权重矩阵。

（二）展望

本文通过采用空间自相关统计方法对1999～2008年国内各省市的汽车产业进行空间格局分析：国内汽车产业自1999年以来整体上都存在空间集聚现象，但是程度不高，特别是从国家2004年发布汽车产业政策以来，很多省市都将汽车产业作为支柱产业发展，使得汽车产业一度出现分散发展趋势，在空间上布局不够集中，这与汽车产业需要规模化大发展的需要不一致。由于空间权重选择不够科学导致在局部自相关分析中，不能够全面检测国内汽车产业高度集聚发展的区域；同时由于选择的汽车产业数据指标过少，不能够全面分析国内汽车产业空间格局的演变规律，这也是以后要进一步深入研究的工作。

参考文献

贺灿飞、谢秀珍：《中国制造业地理集中与省区专业化》，《地理学报》2006年第2期。

宁小杰：《中国汽车产业集中度研究》，大连理工大学出版社，2002。

Anselin L., *Spatial Econometrics*: Methods and Models（Dordrecht: Kluwer Academic, 1988）.

Anselin L., "Space and Applied Econometrics," *Special Issue, Regional Science and Urban Economics* 22（1992）.

Anselin L., Florax R., "Small Sample Properties of Tests for Spatial Dependence in Regression Models: Some Further Results." *New Directions in Spatial Econometrics*, ed. L. Anselin and R. Florax,（Berlin: Springer-Verlag, 1995）.

Anselin L., Rey S., "Introduction to the Special Issue on Spatial Econometrics," *International Regional Science Review* 20（1997）.

刘小平、王莹、朱盛镭：《中国汽车产业区域竞争力比较分析》，《上海汽车》2007年第1期。

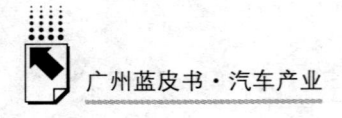

钱振为：《21 世纪中国汽车产业》，理工大学出版社，2004。

何婷婷：《我国汽车产业空间集聚的实证分析》，《汽车工业研究》2008 年第 3 期。

许咏梅、苏祝成：《中国茶产业空间分布格局及演变原因分析》，《农业现代化研究》2007 年第 5 期。

颜炳祥、任荣明：《中国汽车产业积聚程度及变动趋势的实证分析》，《工业工程与管理》2007 年第 6 期。

王兆宇：《中国汽车制造业地理集中实证分析》，《西安建筑科技大学学报（社会科学版）》2009 年第 9 期。

张志元、季伟杰：《中国省域金融产业集聚影响因素的空间计量分析》，《广东金融学院学报》2009 年第 1 期。

综合发展篇
Comprehensive Development

B.6 广州汽车产业发展浅析及战略探讨

洪云 黄坚 欧阳惠芳*

摘 要：2010年，广州汽车产量为135.84万辆，是2005年汽车产量的3倍以上，成绩喜人。但是，细分年度来看，从2009年开始广州汽车产业增速低于行业平均水平。本文简要分析广州汽车近年来发展状况并提出加快广州汽车产业发展的战略探讨。

关键词：汽车产业 自主品牌 创新

一 广州汽车近年来发展状况浅析

（一）乘用车持续快速发展，但美中亦有不足

1. 产销规模巨大，产业聚集效应凸显

2010年，广州乘用车产能146万辆，比2005年增加114万辆；产量135.84

---

* 洪云、黄坚、欧阳惠芳，广州汽车工业集团发展部。

万辆,占全国乘用车产量的7.44%,比2005年增加95.3万辆,全市规模以上汽车制造业总产值2878.44亿元,同比增长26.21%,比2005年增长2.3倍。目前,广州市是全国第二大乘用车生产基地。

广汽本田、东风日产和广汽丰田三家最具影响力的日本汽车整车项目齐集广州,带动形成了东部(开发区—增城)、花都和南沙三大汽车产业配套基地,带旺相关汽车服务业,其集群效应已经辐射到周边,乃至整个珠三角地区。北汽收购宝龙落户增城、一汽大众收购湛江三星落户佛山南海,广州已经形成了具有较强竞争力的汽车产业集群效应。

但从近年增速来看,2010年广州乘用车产量增速为20%,而行业平均增速为34%,存在一定差距。细分来看,广州三大主要乘用车整车生产企业增速差异明显,2010年,广汽本田产量为38.6万辆,同比增长5.4%;广汽丰田产量26.8万辆,同比增长28%;东风日产产量为67.4万辆,同比增长28.9%。

2. 产品竞争力强,中高级乘用车市场优势明显

广汽本田、广汽丰田、东风日产的产品在国内的品牌声誉和市场认同度很高,2010年,共有6款产品月销量过万。在J. D. Power亚太公司2010年发布的中国新车质量研究报告(IQS)中,广汽本田飞度、东风日产骐达/天籁/逍客、广汽丰田汉兰达等分别获各自细分市场新车质量研究前三名。

广汽本田雅阁、广汽丰田凯美瑞和东风日产天籁持续占据中高级轿车细分市场的前三甲,2010年中高级轿车合计销量47.4万辆,占全国中高级轿车市场的38.3%,领先优势较大(见表1)。

表1 广州汽车中高级轿车市场表现(2010年)

	雅阁	凯美瑞	天籁	合计
销量(万辆)	17.2	16.1	14.1	47.4
中高级轿车市场占有率(%)	13.9	13.0	11.4	38.3

资料来源:乘联会。

3. 产品相对不足,受惠于国家汽车产业政策有限

产品方面:截至2010年底,在乘用车主要合资企业领域,一汽大众有11款产品,上海通用有13款产品,上海大众有12款产品,东风日产有10款产品,广汽本田有5款产品，广汽丰田有3款产品，可以看出广州主要合资企业尤其是广汽本田、广汽丰田的产品款型相对不足。

表2 主要合资乘用车企业产品款型

单位：款

	一汽集团		上汽集团		东风集团			广汽集团	
	一汽大众	一汽丰田	上海通用	上海大众	东风日产	东风悦达	东风本田	广汽本田	广汽丰田
产品款型	11	9	13	12	10	8	3	5	3

资料来源：乘联会，仅统计各大汽车集团主要合资乘用车生产企业。

国家汽车产业政策方面：

一是汽车下乡政策。2009年，国家实施汽车、摩托车下乡政策，截至2010年12月底，汽车下乡政策实施22个月，全国已补贴下乡汽车、摩托车1791.5万辆，兑付补贴资金265.67亿元，其中，汽车补贴499.69万辆。在所有汽车品种中，交叉型乘用车受"汽车下乡"政策优惠最大，市场表现最为突出。2009年，交叉型乘用车销量达到195.05万辆，同比增长83.39%，高于同期汽车全行业增速37.24个百分点；2010年，交叉型乘用车销量249.2万辆，同比增长27.8%。而广州过去两年无交叉型乘用车类产品，无法享受汽车下乡政策补贴以及由此带来的汽车销量快速增长。

二是车辆购置税优惠政策。2009年，国家开始实施1.6升及以下小排量乘用车购置税减半的优惠政策，当年，1.6升及以下小排量乘用车销量占乘用车市场的比重由2008年的63%增长至69%；2010年，国家将购置税优惠政策由减半征收改为减征2.5%，即按7.5%征收。全国1.6升及以下排量乘用车共销售945.92万辆，占乘用车销量的69%，占汽车总销量的52.4%。广州1.6升及以下排量乘用车产品仅有广汽本田的锋范/飞度，广汽丰田的雅力士以及东风日产的阳光/玛驰/颐达/骐达/骊威。从表3可以看出，东风日产受惠于车辆购置税优惠政策明显，广汽本田、广汽丰田受惠相对有限。

三是"节能产品惠民工程"。2010年，国家开展"节能产品惠民工程"节能汽车推广工作。截至2011年3月，国家已经发布了5批"节能产品惠民工程"节能汽车推广目录，共341款车获得国家3000元的补贴，覆盖了大部分1.6升及以下的乘用车。年内，广州仅有广汽本田等6款车型和东风日产等12款车型

表3 主要合资企业1.6升及以下排量汽车销量与比重

	上海通用	上海大众	北京现代	东风日产	广汽本田	广汽丰田
1.6升及以下排量销量（万辆）	64.1	49	51.7	42.3	16.2	2.7
占企业汽车销量比重（%）	63.40	49.00	73.50	64.40	22.10	3.70

资料来源：中汽协。

被列入节能汽车推广目录中。

4. 由于汽车产业起步较晚，技术研发能力相对较弱

广州汽车集团成立于1998年，经过13年的经营，已经取得很大发展。2003年，东风日产乘用车技术中心成立，但仅作为整车企业的一个部门，初期承担车型的本地化简单改造；2007年6月，广汽研究院成立，广汽集团完全主导的研发平台正式开始搭建，截至2010年，广汽研究院拥有已授权专利15项；2007年7月，广汽本田研究开发公司成立，开始承担广汽本田自主品牌车型的研发工作。与早在1997年就成立泛亚汽车技术中心和上海大众技术中心的上海相比，广州汽车产业研发起步相对较晚。

目前，上海通用和上海大众研发能力强于广州三大合资企业，能根据本土需求对产品进行本地化深度研发，上海通用经过泛亚四年潜心研发的新赛欧，2010年销量达13万辆，占上海通用总销量的12%；上海大众自主开发的朗逸，其2010年销量为25万辆，成为单一车型年度销量第二。广本研发公司自2007年成立以来，已研发出首款合资自主车型"理念"，于2011年3月下线。

另外，广州汽车研发人才队伍不够强大。泛亚汽车技术研究中心共有1740人，上海大众技术中心共有1050人，而广汽本田研发公司仅有122人，东风日产乘用车技术中心有300人，广汽研究院有近400人。

5. 广州整车合资企业销售网络在二、三线城市覆盖相对不足

从表4中可以看出，从2009年4月到2010年7月，西部开发地区和欠发达地区的销售网络扩张情况：上海通用增加了87家，达到316家；上海大众增加了85家，达到359家；东风日产增加了48家，达到206家；广汽本田增加了18家，达到206家；广汽丰田增加了37家，达到92家。广汽本田、广汽丰田以及东风日产在这些地区的增量少于上海通用和上海大众，说明营销网络相对不足。

表4 2009年4月至2010年7月主要合资企业销售网络布局情况对比

单位：家

统计时间	上海通用		上海大众		东风日产		广汽本田		广汽丰田	
	2009.4	2010.7	2009.4	2010.7	2009.4	2010.7	2009.4	2010.7	2009.4	2010.7
沿海发达地区	327	407	332	382	190	207	232	240	116	134
欠发达地区	138	204	163	214	102	136	133	149	36	65
西部开发地区	91	112	111	145	56	70	55	57	19	27
合计	556	723	606	741	348	413	420	446	171	226

资料来源：FOURIN，上海通用为别克、雪佛兰、凯迪拉克销售店数合计；上海大众为大众与斯柯达销售店合计。

6. 自主品牌乘用车成绩显著，但暂未形成销售规模

"十一五"期间，广州自主品牌乘用车取得较好成绩。集团层面，2008年7月，广州汽车集团乘用车有限公司成立，是广汽集团自主品牌乘用车项目的实施载体，2010年下半年，广汽乘用车工厂建成并实现首款中高级乘用车传祺量产，同时提交了500辆传祺轿车给亚组委作为亚运会官方用车。合资层面，2008年4月，广汽本田推出合资企业自主品牌乘用车"理念"并展出首款概念车型，2011年3月，广汽本田理念S1已正式下线。2010年8月，东风日产自主品牌乘用车"启辰"发布，首款量产车型将于2012年正式上市。

2010年，全国自主品牌乘用车销售627.3万辆，占乘用车销售市场的45.6%，广州自主品牌乘用车销量若不计广汽集团的投资企业广汽长丰和广汽吉奥则基本为零。可以看出，自主品牌发展的相对缓慢对广州汽车产业发展速度产生一定影响。

（二）广州商用车初步完成重组布局，壮大尚需时日

2010年，我国商用车销量为430.4万辆，其中货车386.1万辆、客车44.3万辆；而广州商用车销售为7003辆，占国内总体销量的0.16%。

"十一五"期间，广州主要有广汽日野和广汽客车两个商用车企业，但由于货车和客车行业均已形成了较稳定的产业结构（2010年前10家重卡企业的市场份额在90%以上，前10家客车企业的市场份额为82%），商用车前10家企业在客户资源、销售网络、售后服务网络、品牌影响力和经济规模上对新进入企业建立了壁垒，故广州商用车板块的发展壮大尚需时日。

表5 中国/广州汽车历年商用车产销量

单位：万辆

		2005年	2006年	2007年	2008年	2009年	2010年
产量	全国	177.7	204.7	250.1	256.1	340.7	436.8
	广州	0.8	0.8	0.7	0.4	0.6	0.8
销量	全国	178.7	245.7	249.4	262.5	331.4	430.4
	广州	0.8	0.8	0.7	0.4	0.5	0.7

资料来源："全国"数据来自《中国汽车工业年鉴》，"广州"数据来自广东省汽车行业协会（商用车包括专用车）。

（三）广州零部件企业总体规模大，但配套体系相对独立

目前，为广州三大整车合资企业（广汽本田、广汽丰田、东风日产）配套的零部件企业有500家左右，配套金额高达近1000亿元，广东省供应商配套金额比例超过80%，配套规模相对较大，产业带动较为明显。但是，广州日系三大整车企业的配套体系相对独立，且由于发展基础和路径所限，广州零部件企业目前对外资合作伙伴的依赖度较高，零部件企业市场控制力相对较弱，对培育和发展自主零部件企业和零部件供应体系贡献相对有限。

（四）资本运营平台建立，融资渠道进一步拓宽

2010年，广汽集团实现H股整体上市，市值超过200亿元，广汽成功迈出了跨向国际资本市场的重要一步。公司通过境外上市，成为广东省市值最大的国有控股上市企业，同时也为集团搭建了一个更大的连接国际资本市场的融资平台，实现了股权多元化，大大提升了集团管理效率、企业品牌知名度、公司治理水平和公司价值。

另外，东风日产中方合作伙伴东风集团早在2005年就实现了香港H股整体上市，目前市值超过350亿元。因此，广州汽车整车产业的资金保障将得到进一步的巩固。

（五）汽车服务业持续发展，产业链逐步拓展

一是汽车销售市场持续壮大。2010年，广州的乘用车新车上牌量达到

了 21.89 万辆。至 2010 年底，广州已经发展形成 5 条"汽车销售一条街"和 5 个有相当规模的汽车城，汽车销售 4S 店超过 170 家，从业人员在 10 万人左右。

二是二手车业务不断发展。目前，广州已经形成了以广骏二手车、华南汽贸和宝利捷二手车市场为主的二手车交易市场，2010 年广骏二手车市场共销售车辆近 20000 台，华南汽贸交易的二手车总量为 32425 台，成交额为 4.4 亿元。另外，汽车整车企业逐步开展二手车业务也为二手车市场注入新的活力，至 2010 年底，东风日产"认证"二手车和广汽本田"喜悦"二手车业务已经在合计超过 300 家的 4S 店开展。

三是汽车金融/保险业务完善产业链。广汽集团投资企业广爱保险汽车保险经纪业务不断扩大，众诚汽车保险公司获批筹，广汽汇理金融合资公司成立并开业。金融保险业务延伸了广州汽车产业链和利润链。

二　加速广州汽车发展的战略探讨

（一）加强自主创新，培育自主品牌

2009 年出台的《汽车产业调整和振兴规划》中明确提出了要"加强自主创新，培育自主品牌"。

加强自主创新。一是要构建自主研发体系，以广汽研究院、广汽本田研发公司、广汽丰田技术中心、东风日产技术中心、广汽日野技术中心为载体，开展产业联盟、产学研合作，充分整合各方优势资源，积极发挥政府在自主创新中的引导和促进作用；二是要培育自主研发能力，通过加强研究院或研发中心的研发设施、研发队伍建设，逐步掌握自主品牌乘用车车型平台以及动力总成开发，具备较强、较完善的产品设计开发及试验试制能力；三是要健全研发投入体系，整车企业要确保自主研发年度经费，并通过多种形式，不断提高研发投入比例，要积极争取国家、省市政府相关专项资金扶持和政策优惠；相关政府机构要加大对广州汽车产业技术改造、技术创新的扶持力度，加大对自主品牌产品税费减免的优惠政策，加大对汽车高端核心研发人才的吸引力度。

培育自主品牌。要重点培育 2~3 家本土自主品牌和合资企业自主品牌，通

过实施品牌战略，明确品牌定位和价值，规划并执行品牌营销活动，评估和诠释品牌绩效，提升和维系品牌资产，构建企业获取超额利润的独有的持续性核心竞争力。

预计"十二五"期间，广汽乘用车将每年至少推出一款新车，快速覆盖中高级、经济型轿车以及SUV、MPV等细分市场，形成30万辆的产能，广汽本田和东风日产的自主品牌产品也将全面进入并成为各自细分市场的主流。

（二）以结构调整为主线，推进汽车企业兼并重组

一是不断调整和优化产业结构，优化整车制造业与配套服务业的比重，着力提高关键零部件、汽车服务、金融、保险和汽车后市场业务等上下游产业占广州汽车产业总体比重，促进产业结构向更加合理的方向逐步优化。

二是继续推进广州汽车产业对外兼并重组。对于潜在的投资并购项目，要根据广州汽车企业自身发展需求，关注具有产品结构互补性、地域互补性、规模效益互补性的企业。

（三）完善产品结构，满足多层次市场需求

广州汽车产业在提高产能、扩大经济规模的同时，要始终坚持引进新产品和自主研发相结合，根据企业的实际能力及时调整产品结构，增加节能、新能源产品，不断推出新车型，提高自主品牌产品的比重，提高节能和新能源汽车的比重，完善产品品种和结构。要根据市场需求，做精做细盈利产品，严格控制亏损产品，构建具有市场竞争力的产品结构体系。

（四）创新销售网络体系，提升二、三线城市网络覆盖能力

1999年，广汽本田成立之初，在国内首创"四位一体"销售模式，即4S店模式，随后被国内汽车制造商竞相效仿。2010年，广汽乘用车创新思维，提出了"4S+S（Satelite）"集群网络营销模式，即通过4S店和卫星店同步部署、逐层布局，实现最低成本、最快速度、最大限度地覆盖市场。

近几年，广汽本田、广汽丰田和东风日产的营销网络从销售店数量上来看，与上海通用、上海大众等行业前列企业的差距是客观存在的。销售网络数量和覆盖面的增长需要一个过程，要先从一线大城市开始，逐步向二、三级市场扩张，

三大整车合资企业"十一五"时期的销售网络布局是符合当时需求的。"十二五"期间,广州三大合资企业都将非常重视销售渠道的下沉,网络拓展和销售策略开始"双转移",加大对二、三线城市4S店以及二级销售网点的建设力度,加强针对二、三线城市市场的产品投放力度。

(五) 实施人力资源战略

一是汽车企业要建立完善科学规范的人才考核体制、竞争择优的人才选拔体制以及开发灵活的人才交流体制,建设关键人才梯队,规范薪酬激励机制。

二是相关政府部门要从优化人才发展环境、培养与引进科技创新人才、支持与鼓励企业吸引科技人才三方面着手,扩大科技人才规模,优化人才结构,促进高端汽车研发/管理人才向广州集聚,向企业集聚。

(六) 积极推进新能源汽车

一是推进广州市新能源汽车产业化相关配套政策、设施和消费环境建设。广州市要加快私人购买新能源汽车补贴试点城市的申报,加快制定有效的税收激励和财政补贴政策,给予新能源汽车生产企业一定的税收减免优惠,加大对混合动力汽车和纯电动汽车的财政补贴力度,加快新能源汽车配套设施(包括充电网络、维修服务网络)建设,培育新能源汽车消费环境,扩大新能源汽车在公务车、公共交通领域的使用。

二是车企要明确新能源汽车的技术开发路线,切实加快新能源汽车的研发。充分利用国际国内资源,积极开展电动汽车重大专项及整车开发平台研究,加快研发混合动力和纯电动汽车关键技术。

预计"十二五"期间,广州汽车企业在新能源汽车研发方面的投入将超过15亿元,实现各种节能和新能源汽车年产销量超过20万辆。同时,掌握整车控制系统、电机控制系统、电池管理系统等核心技术,形成电机、电池、电控系统三大产品的研发及生产能力。

B.7
广州汽车外经贸发展情况与展望

刘 旭*

摘 要： 汽车产业是广州市支柱产业之一。尤其是中国加入世贸组织以来，广州汽车产业进入了快速发展期，产业集群和辐射效应明显增强，带动了开放型经济的发展。本文重点阐述了2010年广州汽车外经贸发展的现状、前景，汽车及零部件出口基地建设情况，最后提出未来汽车产业的发展重点。

关键词： 广州汽车　外经贸发展　汽车出口

一 发展现状

2010年，广州汽车产量达135.84万辆，是"十一五"期末的3.39倍，年均增长26.86%，占全国汽车总产量1826.47万辆的7.44%，全国每生产13辆汽车就有1辆广州制造。2010年，全市规模以上汽车制造业工业总产值2878.44亿元，增长26.21%，占全市规模以上工业总产值的比重由上年的18.24%提高到19.55%，汽车制造业成为广州支柱产业中的龙头。

表1 广州市汽车制造业发展情况

年份\指标	工业总产值（亿元）	其中：汽车制造业总产值（亿元）	汽车占工业总产值比重（%）	汽车产量 数量（万辆）	汽车产量 增长率（%）
2006	8102.82	1162.23	14.34	55.52	34.27
2007	9870.00	1622.26	16.44	78.82	41.97
2008	11627.56	1849.92	15.91	88.16	11.85
2009	12502.08	2280.60	18.24	113.02	28.20
2010	14721.47	2878.44	19.55	135.84	20.19

* 刘旭，广州市外经贸局机电处。

2010年，广州汽车及零部件出口17.34亿美元，出口规模列全国汽车出口基地城市第2位。2010年，有汽车及零部件出口实绩的企业共552家，进口汽车及零部件32.81亿美元，同比增长29.12%。

表2　2006~2010年广州市汽车及零部件出口情况

单位：亿美元

年份	汽车及零部件	其中:整车		其中:零部件
		数量(辆)	金额	
2006	7.84	55309	3.01	4.82
2007	10.71	43135	4.27	6.44
2008	13.31	48173	5.89	7.42
2009	9.47	27900	3.64	5.83
2010	17.34	25934	3.40	13.94

截至2010年底，全市汽车及零部件产品共获得专利1355项，其中发明公开327项，发明授权73项，实用新型955项。研制的自主品牌"传祺"轿车达到欧Ⅳ排放水平，在2010年北京国际车展上获得"最佳（自主）首发新车奖"，被定为2010年广州亚运会专用车。广汽本田技术研发中心、东风日产乘用车技术中心和本田生产技术（中国）公司等研发机构相继成立。中国电器科学研究院和广州机械科学研究院能按国内外多项行业标准，为企业进行各类汽车及零部件检测服务。

2010年5月，广州市被国家四部委批准为"国家节能与新能源汽车示范推广试点城市"。广汽集团电动客车产业化技术升级和自主品牌混合动力轿车开发项目被列入广东省现代产业500强项目。广汽集团首款自主品牌混合动力乘用车采用电动四驱方案，油耗比传统车型下降25%~30%，百公里加速时间比传统车型减少2~3秒。广汽集团客车有限公司研制的8米纯电动城市客车已成为2010年广州亚运会专用大客车。广汽丰田搭载新一代油电混合动力系统的凯美瑞轿车已下线，节油率达40%以上。广州市与日产自动车株式会社签订了共同发展电动汽车谅解备忘录，计划从2010年到2012年，广州市将示范推广各类节能与新能源汽车2600辆，相应配套1500个以上充电站和充电桩；2013年前，混合动力公交车年产能达到1000台，纯电动公交车年产能达到400台。

广州汽车零部件企业已超过600家，涵盖了发动机、制动系统、驱动桥、变速箱、减震器、仪表、转向器、车灯总成、坐椅、轮胎、音响、汽车玻璃和汽车电子等领域。广州汽车产业的国内配套率达 70% 以上。截至 2010 年底，广州市汽车保有量已超过 210 万辆，各类汽车品牌销售 4S 专卖店 300 多家，汽车配件和用品销售店 2000 多家，汽车维修及护理店约 8000 家。

2010 年第八届中国（广州）汽车展面积达 16 万平方米。参展企业包括 87 家整车制造商、600 余家汽车零部件及汽车用品生产商，展出车辆 890 余款，参观人数 48.76 万人。广州车展已成为国内三大车展之一。

二 国家汽车及零部件出口基地

广州国家汽车及零部件出口基地实际面积约 130 平方公里，由东部、南部和北部三大汽车板块组成。2007 年 9 月，广州市被商务部和国家发改委授予"国家汽车及零部件出口基地"称号。广州市人民政府先后认定了花都区、南沙开发区、广州开发区、番禺区、增城市和从化市等 6 个"国家汽车及零部件出口基地广州分基地"。

（一）东部汽车板块

东部汽车板块由广州开发区汽车产业基地、黄埔汽车产业园和增城汽车产业基地组成，以发展轿车、商务车为重点，配套发展汽车零部件生产和贸易，以及物流配送等相关行业。规划建设汽车整车及零部件生产区、汽车研发区、汽车物流区、汽车试验场、汽车展示区等专业功能区。

广州开发区汽车产业基地规划面积 20 平方公里，2010 年有汽车及零部件企业约 120 家，已形成了为三大日系轿车（广汽本田、东风日产和广汽丰田）以及欧美的大众、福特、通用、欧宝、马自达以及韩国现代等厂家提供配套汽车零部件的供应链。

黄埔汽车产业园规划面积 5 平方公里，已建成总面积 2.77 平方公里，2010 年有汽车及零部件企业 16 家，广汽本田第一工厂和东风本田发动机厂位于该区。

增城汽车产业基地规划建设面积 22 平方公里，2010 年有汽车及零部件企业 76 家。广汽本田二厂首期已完成生产能力 12 万辆轿车的建设，二期将建成 24 万辆轿车的年生产能力。北汽集团 30 万辆商用车项目已签约落户增城。

（二）南部汽车板块

南部汽车板块由南沙开发区汽车产业基地和番禺汽车产业基地组成。南沙开发区汽车产业基地以广汽丰田汽车有限公司为龙头，以整车、零部件产品的研发和制造为发展重点，并配套发展汽车物流、贸易等相关服务产业；番禺汽车产业基地将重点支持广汽集团汽车生产基地发展自主品牌乘用车及动力总成产品。

南沙开发区汽车产业基地面积22.5平方公里，已有49家汽车零部件及配套企业。广汽丰田发动机有限公司已形成年产70万台发动机的生产能力，广汽丰田汽车有限公司已形成40万辆轿车的生产能力。该基地建有全国首个汽车专用码头——广州港南沙汽车码头，面积为42万平方米，拥有堆场面积37万平方米和48个拖车装卸区，可同时停放3600辆车，年通过能力100万辆，是目前国内规模最大、设施条件最好的专业化汽车滚装码头之一。

番禺汽车产业基地面积5.80平方公里，拥有60多家汽车及零部件企业。广汽集团乘用车有限公司一期生产能力10万辆/年，二期生产能力20万辆/年；发动机工厂一期能力10万台/年，二期能力25万台/年；首款自主品牌"传祺"轿车于2010年9月成功下线。

（三）北部汽车板块

北部汽车板块由花都汽车产业基地和从化汽车及零部件产业基地组成。花都汽车城以东风汽车有限公司乘用车公司为龙头，以零部件产品研发、制造及相关服务产业为发展重点；从化汽车及零部件产业基地将加快商用车的建设，重点发展高档重卡、牵引车、子午线轮胎、坐椅、空调、内饰件、冲压件和车灯等，将建设成为以商用车、货车及其零部件研发制造为主的现代化产业基地。

花都汽车产业基地规划面积50平方公里，已引进116个与汽车相关的项目，其中，东风日产乘用车公司已拥有年产36万辆的生产线和36万台发动机项目。2010年二期工厂开始建设，将使总产能突破60万辆。东风日产的30个一级配套商已有28个落户花都。华南理工大学广州汽车学院专业覆盖汽车生产、贸易、营销和维修等，在校全日制汽车专业大学本科生规模达1.5万人，为汽车行业提供了丰富的人力资源。

从化汽车及零部件产业基地规划面积12.67平方公里，已建成面积为6.67

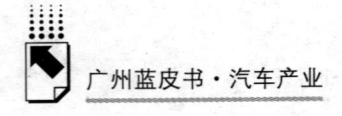

平方公里。广汽日野汽车生产项目以生产高档重卡、牵引车和轻卡为主,首期形成年产重卡2万辆、轻卡3万辆的规模。该基地已有23家汽车零部件生产企业落户。

三 发展重点

(一) 发展目标

力争到2015年,广州汽车年产量达到300万辆,汽车工业总产值达到5000亿元,其中整车产值3500亿元,零部件产值1500亿元;汽车及零部件出口达到36亿美元,年均增长15%。把广州打造成为汽车产业国际交流与合作的平台、国际汽车制造基地和物流集散地。

(二) 重点发展项目

1. 新能源汽车项目

新能源汽车项目主要是纯电动汽车(BEV,包括太阳能汽车)、插电式混合动力汽车、燃料电池电动汽车(FCEV)、氢发动机汽车、其他新能源(如高效储能器、二甲醚)汽车;车用锂离子动力电池及其管理系统;电动汽车用驱动电机,包括交流异步电机、开关磁阻和永磁电机等;电机控制器、电机传动器及控制器的一体化系统;电动汽车用整车控制系统;电控助力转向系统,能量回馈式电动助力控制系统,电动空调;锂离子电池用正极材料、高密度负极材料、隔膜和电解液材料,车用绝缘栅双极晶体管;车用LNG储罐;大功率快速充电设备,车载充电机、电池快速更换设备、智能充电管理系统;动力电池、驱动电机等关键零部件生产装备。

2. 重点发展的技术项目

重点发展的技术项目主要是汽车安全技术,汽车环保技术,汽车节能技术,汽车防盗技术,智能化交通管理系统开发与应用技术,现代汽车车身开发设计技术,客车、专用车专用底盘设计制造技术,汽车车身模具设计制造技术等。

3. 鼓励类汽车产业目录

鼓励类汽车产业目录主要是汽车整车及发动机、关键零部件系统设计开发,自动变速箱制造，汽车轻量化及环保型新材料制造，汽车重要部件的精密锻压、多工位压力成型及铸造，汽车试验及维修用检测系统开发制造，轿车用柴油发动机开发制造，城市用低底盘公共汽车开发制造，全承载式车身客车开发制造，乘用车底盘及其关键部件开发制造，高性能专用车底盘开发制造，车身模具设计与制造，高技术含量汽车电子产品的开发制造，高性能汽车防盗产品等。

4. 重点招商方向

加强对日、韩、西欧等国家的项目推介，重点围绕广汽本田、东风日产、广汽丰田、广汽日野、广汽长丰和广汽自主品牌等整车项目开展招商。积极导入新能源汽车相关项目，支持乘用车项目增资扩产；鼓励广州汽车及零部件企业与国外企业开展合资合作，围绕整车生产企业，推动汽车零部件产业链延伸，促进配套厂家在广州集聚发展，形成汽车产业集群。汽车配套招商主要涉及汽车电子芯片等元器件、控制平台、驾驶平台、信息平台、传感平台、执行平台和设计平台、汽车模具制造和整车设计等关键技术，发动机零部件、底盘零部件、车身及附件、通用零部件及满足现代汽车生产要求的安全、环保、节能等功能性零部件和汽车化工等相关产品。

B.8 构筑广州汽车产业自主创新系统探讨

陈来卿*

> **摘　要**：21世纪以来，广州汽车产业取得了快速发展，产量不断提升，成为国内三大重要的汽车产业基地之一。然而，广州汽车产业以日系合资企业为主，技术由日方控制，而且自主品牌汽车的发展较为滞后，广州汽车产业自主创新能力较弱，因此研究广州汽车产业自主创新系统的构建，对进一步提升广州的汽车产业具有重要的意义。本文回顾了广州汽车产业的发展历程和现状，对自主创新的内涵进行阐述，分析广州汽车产业自主创新系统发展的现状及面临的问题，并探讨了广州汽车产业自主创新系统的总体目标、原则以及构建具体模型的思路。
>
> **关键词**：产业自主创新系统　广州汽车产业

一　广州汽车产业发展历程

（一）产业基础薄弱，发展缓慢阶段（1949~1985年）

从新中国成立到1956年间，广州的汽车产业几乎为零，只有汽车维修厂，主要开展汽车修理和简单配件制造。1956年，广州客车厂用进口汽车底盘生产装配了第一辆木铁结构的"华南牌"客车，随后于1963年运用国产底盘制造出了全金属骨架的"越秀牌"大客车，结束了广州公交车长期依赖进口的局面。1972年，广州市汽车工业公司成立，广州汽车工业开始有了较为全面的产销体系。1978年改革开放后，在国外进口汽车的压力下广州绝大

---

* 陈来卿，广州市社会科学院区域经济研究所负责人，副研究员。

部分汽车企业被迫停产,只有羊城汽车厂在改革开放的浪潮中获得了进一步发展。

(二) 初次引进合资项目失利,遭受重创阶段 (1985~1998年)

1985年,由广州汽车厂、中国信托投资公司、法国标致汽车公司、国际金融银行、巴黎国民银行5家股东共同出资(中方持股46%,法方持股22%)组建了广州标致汽车有限公司,作为当时国内的第二个汽车合资项目,标致项目使得广州在全国轿车规划中获得了重要地位,广州成为"三大三小"轿车生产基地之一。1991年,广州标致在国内的市场份额达到16%,1993年广州标致产量已突破2万辆,销量1.2万辆。然而市场的迅速变化、滞后的管理体制让广州标致难以应对,1997年亏损高达29.6亿元并最终被迫破产。1998年,广州汽车终止了与法国标致汽车公司的合作,广州汽车产业遭受重创。

(三) 在"广本模式"驱动下迅速崛起,冲击国内第一军团阶段 (1998~2010年)

在1998年终止与标致合作之后,广州汽车集团与日本本田技研工业株式会社各出资50%成立了广州本田汽车有限公司,这一合资项目的成功使广州轿车工业重现生机,并吸引了日产、丰田、日野等汽车公司到广州投资。2000年,日本日产汽车公司与东风公司合资的轿车项目落户广州花都。2004年9月,广汽集团与丰田汽车公司共同投资38.21亿元的广州丰田汽车有限公司成立,年生产能力达到10万台。2007年11月,由广汽集团和日野公司按各占50%股权比例共同投资建立的广汽日野于从化明珠工业园成立。至此,日本本田、丰田、日产和日野四大汽车制造商云集广州,带动众多汽车零部件企业、汽车研发中心、汽车贸易、汽车物流等汽车企业和汽车人才齐聚广州,广州汽车产业进入一个前所未有的高速发展时期。

(四) 首款自主品牌轿车上市,迈向国际汽车制造强市阶段 (2010年~)

广州的首款自主品牌轿车——传祺于2010年12月正式上市,这款车由广汽乘用车有限公司制造生产。该公司作为广汽集团自主品牌乘用车项目的实施载体，成立于2008年7月21日。广汽乘用车的产品和技术来自广汽研究院，承担着整车、动力总成、零部件和先导技术、基础技术的研发工作，专门为广汽乘用车提供新产品和技术的支持。传祺的上市也标志着广州的汽车产业进入新的发展阶段，结束了只能依靠合资汽车品牌支撑的局面。此外，广汽本田也发布了一个自主汽车品牌——理念，掀开了国内合资汽车企业发展的新篇章。广州自主品牌汽车的崛起，为广州迈向国际汽车制造强市注入了强大活力。

二 广州汽车产业发展现状

广州汽车产业自1998年组建广州本田以来，汽车产量逐年提高。2000年，广州汽车产量仅为3.81万辆，2010年广州全市共生产汽车135.84万辆，同比增长20.2%，其中轿车112.62万辆，广州汽车产量居全国第2位，仅落后于上海市。

广州汽车产业于2006年成为全市第一支柱产业，2010年广州规模以上汽车制造业产值达2878.44亿元，高于全市规模以上工业增速3.6个百分点，占全市规模以上工业总产值的15.9%，对全市规模以上工业总产值增长的贡献率高达26.94%。随着五大整车制造企业的不断发展和汽车零部件企业不断聚集广州，汽车零部件制造业的规模不断扩大，与整车配套的能力不断增强，汽车产业集群不断壮大，这对广州未来汽车工业综合竞争力的提升及打造世界一流的汽车制造基地将产生重要影响。广州汽车制造业第一支柱产业的地位会进一步提升，对广州工业及经济发展的贡献也会越来越大。广州汽车零部件生产在满足本地需求的同时也大量出口，出口交易额逐年提升。由于受金融危机影响，2010年全市汽车及零部件出口达17.34亿美元，广州汽车及零部件出口居全国汽车出口基地城市第2位。

经过近13年的建设和发展，广州汽车产业基地建设日益完善，汽车产业基地规划面积约135平方公里，是全国汽车产业基地面积最大的城市之一。2007年9月，广州市被商务部和国家发改委授予"国家汽车及零部件出口基地"称号，广州先后认定南沙开发区、广州开发区、番禺区、花都区、增城市和从化市为"国家汽车及零部件出口基地广州分基地"。"三大板块、七大基地"的汽车产业空间格局业已形成，汽车企业不断集聚，并形成以广州整车生产为中心的珠江三角洲汽车及零部件产业圈。

随着广州汽车制造业的发展和城市汽车保有量的增加，广州的汽车销售及售后服务、汽车金融、汽车物流、汽车维修、汽车研发、汽车文化、汽车美容等汽车服务业不断发展，汽车产业链不断加强延伸。汽车研发方面，广州本田研发中心、广汽研究院的建设加快推进，自主品牌、合资新品牌汽车的开发不断推进；汽车金融方面，广汽集团和东方汇理合资建立一家名为"广汽汇理汽车金融有限公司"的汽车金融公司，为广汽集团相关品牌的汽车终端客户和经销商提供汽车金融服务；汽车物流方面，广州拥有华南地区第一座有"汽车专业滚装码头"之称的新沙港，也是世界上最大的汽车滚装船专业码头之一，可停靠现载货量最大的滚装汽车船，为广州汽车产业提供强大的物流支持；第八届广州国际汽车展览会也在琶洲会展中心顺利开幕，诸多厂商、研究机构、媒体和专业机构在展会同期举办丰富多彩的专题活动，极大地丰富了广州汽车展的内涵，进一步提升了展会品质。

三 产业自主创新系统的内涵分析

创新系统的概念首先是由美籍奥地利经济学家熊彼特在1912年出版的《经济发展理论》一书中提出的。在熊彼特关于创新主体的界定中，前期倾向于把创新主体理解为分立的个人，后期倾向于强调垄断公司的创新主体地位，而且总体上把创新空间定位于企业。20世纪70年代末期，人们注意到创新主体的复合性，开始对创新主体的理解超越了企业的界限。如1976年，冯·希培耳通过实证研究发现了用户在创新过程中的作用，提出了"使用者即创新者"的观点。尽管由于他研究的案例的特殊性使其结论未必准确，但是这毕竟拓展了他人的研究视野。80年代初期，罗斯维尔、罗森伯格等人的研究进一步表明了创新过程的动态化、集成化和综合化。如罗森伯格的创新连环模型，尽管主要是就技术创新而言的，但已经显示出创新是多种因素交互作用的过程。以这些研究为基础，至80年代后期，一种创新研究的系统范式渐趋明朗。这种系统范式可以有多层次的表现。创新从层次上看，可以分为国家层次的创新、区域层次的创新、产业层次的创新以及企业层次的创新，但无论是哪一个层次上的创新，都可以看做是由多种要素及其相互关系组成的一个系统，即创新系统。学者们在国家创新系统和企业技术创新系统等方面的研究成果较多，但在产业创新与产业创新系统方面还缺乏较为系统深入的研究。

产业创新系统理论起源于国家创新系统理论、演化论和卡尔森的技术系统理论。1987年，弗里曼首次提出了国家创新系统的概念。一般认为，产业创新系统是一个以系统视角研究产业技术、组织和制度等创新问题的新兴研究领域。产业创新系统包括了与产业创新相关的知识创新和技术创新的组织机构，这些机构既包括国内的也包括国际的，既包括国家的也包括区域的，其活动和行为促进和提高了本产业的创新能力和竞争能力。

目前，关于自主创新系统的研究主要集中在国家、区域和企业的发展层面上，而中观的产业层面的研究比较少，特别是针对产业自主创新系统的研究更是非常少，明确的概念和含义都未确定。有国内学者出于研究的需要，把产业自主创新系统理解为自主创新和产业创新系统相结合的一个整体概念，即产业自主创新系统是由企业、科研机构、高校以及政府等创新行为主体构成的网络组织系统，该系统以产业共性技术和核心技术的获取为核心，通过灵活运用自主创新三种方式，发挥科研机构和高校等主题在知识创新、技术创新方面的优势，发挥政府在政策创新、制度创新方面的优势，发挥企业在技术创新方面的优势，实现资源互补、协同开发、联合创新，进而提高产业自主创新能力和产业竞争力。汽车产业作为世界上最成熟的产业之一，在产业创新系统建设方面有其独特的优势。

四 自主创新系统现状

由于缺乏广州汽车产业自主创新系统的翔实数据资料，本文只能重点从定性方面来对广州汽车产业自主创新系统建设的现状进行描述，其主要表现在以下几个方面。

产学研合作创新资源不足。广州汽车产业科技开发力量主要由企业、科研机构和高校三部分组成，近年来，产、学、研合作创新在整车及发动机、总成及零部件等方面虽然取得了一些创新性成果，但在影响汽车企业自主创新能力的资源性因素方面，产学研合作资源最为缺乏。

创新资源整合不够，技术力量分散。目前，广州部分汽车骨干企业建立了国家级企业技术中心或开发中心，如广汽集团的研究院、广汽本田和东风日产的技术研发中心等；高校开设了汽车专业学科，如华南理工大学汽车学院等，一批重点实验室在高校陆续建成。但针对广州汽车产业共性与核心技术还没有形成长效的协同攻关机制，技术力量分散、创新资源形不成合力，加之引导不力，造成人力、设备资源浪费。整合创新资源，挖掘创新潜力，提升创新空间，共同抵御创新风险，形成合力参与国际国内市场竞争，成为广州汽车产业自主创新系统建设亟待解决的难题。

国家重大科技专项少，产业自主创新体系不完善。从广州汽车企业的自主创新开发项目来看，有关汽车产业共性与核心技术研发的政、产、学、研合作创新技术平台建设滞后，国家重大科技专项数量偏少，以重大科研项目整合自主创新体系建设发展的力量还很薄弱。因此，加强建立长效产业自主创新体系是持续促进广州汽车产业自主技术能力提升的关键。

五 构筑汽车产业自主创新系统

广州汽车产业自主创新系统总体目标就是要围绕政府、高校、科研机构、企业等创新主体，充分发挥汽车企业创新主体能动性，实现创新政策系统与汽车产业技术系统的良性运作；通过汽车产业创新资源的有效整合与创新行为主体组织网络系统功能的发挥，实现资源共享、优势互补、合作创新，推动汽车产业技术从基础研究、应用研究与开发、科技成果产业化，到产业技术扩散与推广的转化，最终实现汽车产业创新和产业竞争力的整体提升。

（一）主要措施

以企业为主，市场主导与政府引导相结合。企业是产、学、研技术合作创新平台建立的主体，是产业自主创新系统的核心，而企业运作发展又是以市场机制为核心的。因此，自主创新合作研究开发是企业、高校、科研机构之间基于创新的技术合作契约关系，为了共同研发目标投入各自的优势资源而形成的一种市场企业安排。这种关系以市场供求关系为基础，违背市场原则，由政府强行推动只能事倍功半。同时，由于自主创新存在创新不确定性和风险，在我国，汽车企业在依靠自主创新推动企业发展方面还缺乏长远的机制、动力和能力。因此，政府在创新系统中的作用十分重要，政府的引导与扶持将有助于协调系统中各组织机构的相互作用，有助于制定切实可行的创新战略，有助于完善市场机制和创造良好的外部创新环境。

以技术创新系统为核心，提高汽车产业竞争力。总体目标是通过汽车产业创新技术系统的研究与开发、科技成果产业化和产业技术扩散来实现汽车产业的创新，进而提高汽车产业竞争力和城市竞争力。因此，系统构筑必须以汽车产业技术创新系统为核心。

加强开放与合作，实现自主创新多元化。在当今国际经济一体化、科技日新月异的条件下，封闭锁国、闭门造车是不可能的，必须通过加强国际经济技术合作以实现优势互补。同时，与日资车企多年的合作经历表明，纯粹靠"拿来主义"是难以实现广州汽车产业自主发展的，更何况当前的日系外资企业的技术封锁最为明显，很多合资汽车企业利润的很大一部分被发达国家掌握的核心技术费用所占用。广州汽车产业创新系统的构建必须在开放的环境下实现，合作范围超越了国家界限，实现自主创新的方式也呈现出多元化的特点，如合资自主品牌的推出。

（二）产业自主创新模型构筑

综合考虑当前广州汽车产业现阶段的发展特征，作者认为加强广州汽车产业创新系统建设，要结合区域产业政策创新。汽车产业自主创新系统模型要由政策系统、技术系统、评价反馈系统及背景环境组成，这与熊彼特的国家创新理论是一脉相承的。模型中的技术系统主要包括技术研发平台、科技成果产业化平台以及产业技术扩散系统。政策系统包括供给政策、环境政策和需求政策三大类，主要为技术系统提供知识流、技术流、信息流以及人才、资金、各种政策法律及管制和市场需求等制度性保障。背景环境包括与产业共性技术研发、转化与扩散和国际贸易相关的经济、政治、法律、文化环境。评价反馈系统是对创新成果进行及时有效的评价并迅速进行信息反馈，在进行市场验证的基础上，要求创新政策系统和技术系统得到及时反馈并迅速作出调整，保证系统良性运作。

六 构筑汽车产业自主创新系统建议

（一）强调行业组织及中介机构的协调作用

汽车行业组织是汽车产业自主创新系统的重要组成部分，是连接企业和高校、科研机构间的纽带，是沟通企业与政府关系的桥梁。行业组织在协调各类创新资源、组织共性技术联合攻关、推动科技成果转化、搭建公共科技服务平台等方面具有得天独厚的优势。广州应在密切与广州市汽车行业协会、广东省汽车行业协会以及国家汽车行业协会联系的基础上,进一步加强本市汽车产业中介组织的建设,组建中小企业联盟,发挥中介机构在推动广州汽车产业自主创新系统运行中的重要作用,促进技术交易、科技成果产业化、技术人才培训等方面的服务优势。加强广州风险投资机构、各类生产力促进中心、科技企业孵化器、科技咨询与评估机构、创新投资服务机构及各类技术、人才市场的建设,共同推动汽车产业自主创新目标的实现。

(二) 重视企业在科技交流与合作中的主体效应

在汽车产业自主创新系统构建中,企业不仅是技术合作创新的推动主体和参与主体,也是科技成果产业化的主体。由企业推动的合作创新类型主要是与高校和科研机构之间的合作以及与跨国企业的战略合作。同时,汽车企业还是国家重大科技专项研究和跨行业产业战略联盟的重要参与主体。要实现汽车产业自主创新系统的良性运行,应加强企业的创新主体地位,鼓励企业选择与自身创新能力相匹配的自主创新模式,实现引进技术消化吸收再创新与集成创新、原始创新的有机结合,鼓励大型骨干汽车企业建立国内一流、国际先进的技术研发平台,积极开展各种类型的合作创新,最大限度地发挥自身优势,实现资源共享,提高创新效率。

(三) 加强高校和科研机构的基础作用

目前,广州地区的华南理工大学设立了汽车相关院系和专业,在汽车领域已经形成较强的知识创新能力,其下属的重点实验室是我国车辆工程学科应用基础研究、高新技术研究的重要基地,同时也为我国汽车产业培养了大量高端创新人才。在广州,以华南理工汽车工程学院、广汽研究院等为代表的公共研发机构具有专业特长,能持续提供相关技术研究和管理研究,并参与汽车产业创新平台的构建。广州除加强与国家相关汽车产业研究的高校、科研机构的联系外,还要重视本地的高等院校和科研机构在创新系统中的重要作用,重点建设一批公共创新平台,并与企业工程技术研究中心建立广泛联系及签订战略合作协议,共同推动汽车产业自主创新系统总体目标的实现。

(四) 建立整车与零部件企业协同创新机制

零部件生产企业和整车企业、高校、科研机构组成战略联盟,可以有效解决零部件企业技术产品升级问题,同时与整车实现同步开发,有利于整个汽车产业自主创新能力的提高。在日本,整车制造商通过培训和研发信息共享,帮助零部件供应商培育自己的研发能力,促进了零部件质量提升和规格标准化。同时,整车制造商与零部件供应商的协同开发减少了重复性劳动,降低了成本,缩短了开发周期。目前,广州整车企业发展势头良好,广汽丰田、广汽本田、东风日产、广汽乘用车及广汽日野等整车企业发展迅速,但是整车企业、零部件企业、高校和科研院所共同组建的战略联盟还不多,政产学研联盟就更少,相应的共性技术平台建立也不多。广州汽车产业亟待完善相应政策和环境支持,推动零部件与整车企业协同开发机制的建立。

参考文献

曾昭宁:《中国汽车产业自主创新系统构建研究》,《经济问题探索》2010年第3期。
白绪贵:《我国汽车制造企业自主创新能力形成机理的研究》,吉林大学出版社,2010。
张乃平:《中国汽车工业创新系统研究》,武汉理工大学出版社,2003。
操龙灿:《企业自主创新体系及模式研究》,合肥工业大学出版社,2006。
孙浩:《中国汽车产业自主创新能力评价》,东南大学出版社,2006。
傅家骥:《技术创新学》,清华大学出版社,1998。
柳卸林、张爱国:《自主创新、非技术创新与产业创新体系》,《创新科技》2007年第6期。
罗伟:《中国汽车工业自主创新问题初探》,《科技创业月刊》2007年第11期。
张文杰:《经济全球化条件下我国产业自主创新的分析框架和战略选择》,《生产力研究》2009年第7期。
赵树宽、李艳华、姜红:《产业创新系统效应测度模型研究》,《吉林大学学报(社会科学版)》2006年第9期。
杨杰、杨沿平、周文杰:《中国汽车产业自主创新战略》,科学出版社,2009。
赵更申、雷巧玲、陈金贤、李垣:《不同战略导向对自主创新与合作创新的影响研究》,《当代经济科学》2006年第2期。
王明明、党志刚、钱坤:《产业创新系统模型的构建研究——以中国石化产业创新系统模型为例》,《科学学研究》2009年第2期。
李梦学、张治河:《产业创新机制理论浅析》,《新材料产业》2007年第4期。
胡树华、汪秀婷、侯仁勇:《国家汽车创新工程研究》,科学出版社,2007。

B.9
广州汽车产业园区的建设和发展状况研究

蒋 丽*

摘　要： 汽车产业是广州市三大支柱产业之一，广州汽车产业园区经过几年的开发建设，已经形成北部、东部和南部三大汽车板块，七个具有规模的汽车产业园区，形成集研发、生产、销售于一体的汽车产业集群。本文对广州市汽车产业园区的分布、规划、管理和发展情况进行了描述性研究。

关键词： 广州汽车产业园区　建设　发展

一　广州汽车产业园区概况

目前，广州市汽车产业园区（基地、城）有7个，分别是位于东部的广州开发区汽车产业基地、黄埔汽车产业园和增城汽车产业基地，南部的南沙汽车产业城、番禺汽车产业基地和北部花都汽车产业城、从化明珠汽车及零部件产业基地。各产业基地基本情况详见表1。

广州市汽车产业基地主要分布在：北部，规划面积为6267公顷；东部，规划总面积为4700公顷；南部，规划面积为2830公顷。汽车产业基地都远离中心主城区，位于三个新城区的核心地带（如图1）。

自2002年以来，南部和北部汽车城的建设工作已全面铺开，东部生产基地

---

* 蒋丽，广州市社会科学院区域经济研究所。

表1　广州市汽车产业基地分布特征

单位：公顷，亿元

	项　　目 汽车产业基地	区　位	规划面积	发展定位	2011年工业总产值
东部	开发区汽车产业基地	广州开发区	2000	集整车制造和零部件生产、汽车贸易服务、汽车物流、汽车博览、汽车科技与信息、汽车文化与体育于一体的国际汽车产业基地	245
	黄埔汽车产业园	黄埔区北部	500	以广州本田为龙头企业的汽车产业及其相关产业，国内最重要、国际有影响的汽车零配件制造、汽车研发基地	734
	增城汽车产业基地	新塘镇	2200	以广本增城工厂为龙头，以汽车、摩托车及其零部件产业集群发展为主导，建成集汽车、摩托车及其零部件生产、销售、展示、服务、产品研发、物流和仓储于一体，产业规模大、功能分区明确、辐射影响广和环境优美的现代化生态型汽车产业园区	314
南部	南沙国际汽车产业园	南沙开发区	2250	围绕丰田汽车整车与发动机项目，逐步形成整车与发动机、汽车零部件、汽车研究开发、服务与贸易等完善的产业功能区	708
	番禺汽车产业基地	番禺区化龙镇工业区内	580	建成具有汽车整车、动力总成及关键零部件设计开发、试制试验和生产制造能力的综合性研发生产基地	120
北部	花都汽车产业城	花都中心城区西南部	5000	以东风日产为依托，发展整车及零部件研究开发、制造及相关服务产业，成为珠三角最大、华南区核心、对东南亚有影响力的国际汽车制造中心、贸易中心、博览中心、物流中心、研发中心、服务中心和文化交流中心之一	1068
	从化明珠汽车及零部件产业基地	从化市	1267	以商用车、货车及其零部件研发制造为主的现代化产业基地	30

资料来源：广州市对外贸易经济合作局，2011。

由于跨度范围较大，包括开发区、黄埔区和增城市三个行政区域，各项工作也正在紧张进行当中。

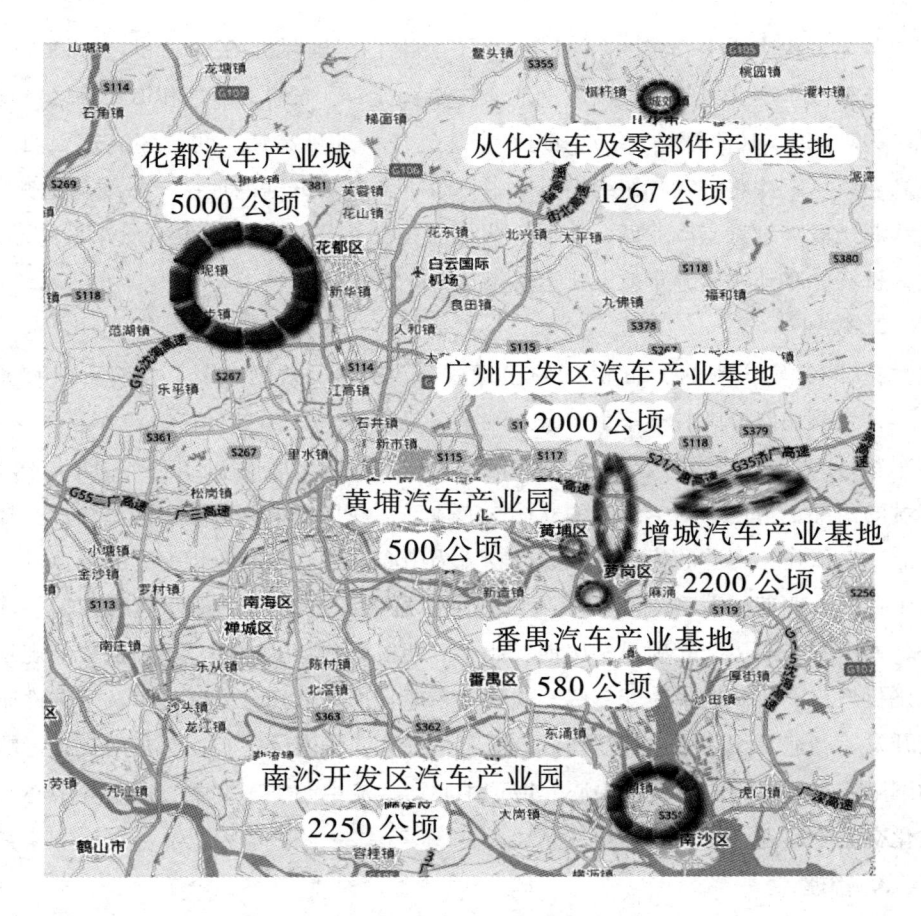

图 1　广州汽车产业园区规划

二　北部汽车产业板块

北部汽车产业板块包括花都汽车产业城和从化明珠汽车及零部件产业基地。花都汽车产业城以东风汽车有限公司乘用车公司为龙头，以零部件产品研发、制造及相关服务产业为发展重点；从化明珠汽车及零部件产业基地重点发展商用车。

（一）花都汽车产业城发展状况

1. 区位

花都汽车产业城位于广州市北部花都区中心城区西南部，是广州最大的汽车产业基地，距广州中心城区 22 公里，距广州新白云国际机场 12 公里（如图 1）。

花都汽车产业城具有独特的交通、物流、资金、人才、信息和市场等区位优势。105 国道、106 国道、107 国道、京珠高速、外环高速、北二环高速、西二环高速、京广铁路、武广快线横贯其中；2013 年即将开通的地铁 9 号线与地铁 3 号线北延段穿过汽车产业城，连接广州白云国际机场，花都港位于汽车城南端，白云机场、联邦快递等年航空货运总量达 300 万吨以上。

2. 规划

花都汽车产业城规划面积 5000 公顷，分 5 期进行规划建设。首期面积 1500 公顷，主要功能分区有整车生产区、汽车研发区、汽车零部件区、汽车科教区、汽车贸易区、文体旅游区、出口加工区、物流中心区、居住生活区。二期位于汽车城的西部，根据水陆空组成的立体交通体系，规划为集群式配套的重要产业片区。三期依托花都港的优势，形成以物流为中心、与汽车产业相配套的港口进出口工业区。四期以大型汽车企业项目为主体进行综合布局，充分利用其辐射优势，大力发展周边配套项目和房地产业。五期根据该区的地理、环境优势，规划为优化汽车产业基地整体配套区。规划以东风日产为依托，发展整车及零部件研究开发、制造及相关服务产业，成为珠三角最大，华南区核心，对东南亚有影响的国际汽车制造中心、贸易中心、博览中心、物流中心、研发中心、服务中心和文化交流中心之一。

3. 管理

2004 年，成立花都汽车城管理委员会管理花都汽车产业城。该管理委员会为区政府直属事业机构，按区属正局级事业单位管理，主管花都汽车城的规划、招商、建设和管理工作。

4. 发展

花都汽车产业城自 2003 年由广东省人民政府正式批准成立以来，先后荣获"国家火炬计划广州花都汽车及零部件产业基地"、"广东省汽车产业集群升级示范区"、"中国汽车零部件产业基地"和"国家汽车及零部件出口基地"等称号。

至 2010 年底，广州花都汽车产业基地已落户及建设中的企业共 160 多家。具有日资成分的零部件企业共 33 家；投资额达 500 万美元以上的企业共 42 家；3000 万美元以上的企业共 13 家；"世界 500 强"投资的企业共 13 家，带动本地和周边地区汽车零部件及相关企业 1000 多家，其中东风日产乘用车公司已拥有年产 36 万辆的生产线和 36 万台发动机项目，总产能突破 60 万辆，已经形成了规模较大、产业结构相对完整和产业成长速度较快的产业集群。华南理工大学广州汽车学院全日制汽车专业大学本科生 1.5 万人，专业有汽车生产、贸易、营销和维修等，为汽车行业发展提供了丰富的专业人才。2009 年，花都汽车城工业总产值约为 789 亿元，2010 年为 1068 亿元，同比增长 35.4%。

（二）从化明珠汽车及零部件产业基地发展状况

1. 区位

从化明珠汽车及零部件产业基地位于从化经济开发区明珠工业园内，近临 105 国道、106 国道、京珠高速和街北高速公路，距广州白云国际机场 30 公里，距黄埔港 70 公里，距广州市中心城区 60 公里（如图 1）。

2. 规划

从化明珠工业园规划面积 1267 公顷，首期开发建设 670 公顷。规划建设成以商用车、货车及其零部件研发制造为主的现代化产业基地。

3. 管理

从化明珠汽车及零部件产业基地归属于广州从化市明珠工业园区管理委员会统一管理。管理委员会是从化市政府的派出机构，县级事业单位，主管该基地的规划、招商、建设和管理工作。

4. 发展

从化明珠汽车及零部件产业基地重点发展高档重卡、牵引车、子午线轮胎、坐椅、空调、内饰件、冲压件和车灯，已经集中了投资总额为 4.1 亿元，以生产高档重卡、牵引车和轻卡为主的中日合资广汽日野和丰力橡胶轮胎、科昂诗汽车配件、富力达汽车配件、信业万马汽车零部件和万墩动力汽车带等 23 家汽车零部件生产企业。2009 年，从化明珠汽车及零部件产业基地工业总产值约为 23 亿元，2010 年为 30 亿元，同比增长 30.4%。

三 南部汽车产业板块

南部汽车产业带包括南沙国际汽车产业园和番禺汽车产业基地。南沙开发区以广汽丰田汽车有限公司为龙头，以整车、零部件产品和研发为发展重点，配套发展汽车物流、贸易等相关服务产业；番禺汽车产业基地则以广汽乘用车和广汽研究院为核心，重点发展自主品牌乘用车、动力总成产品以及开展技术研发。

（一）南沙国际汽车产业园发展状况

1. 区位

南沙国际汽车城位于广州市南部南沙开发区内，濒临珠江出海口，处在珠江三角洲的几何中心地带（见图1）。交通便利，广州地铁4号线可以直接到达区内，对外联系有三大交通走廊：一是广州华南快速干线—迎宾路—南沙大道，二是广深高速公路—虎门大桥—京珠高速公路，三是南沙港至仑头的南部快速干线。临近广州南沙保税港区和南沙港，具有政策和物流支撑。广州南沙保税港区可以享受保税区、出口加工区相关税收和外汇管理政策，国内货物入港区视同出口可以退税。南沙港具有全国首个汽车专用码头，面积为42万平方米，可同时停放3600辆车。

2. 规划

南沙国际汽车产业园规划面积2250公顷，由广汽丰田汽车产业园区（680公顷）和珠江（汽车）工业园（1570公顷）组成。园区内广汽丰田汽车有限公司已经具有每年40万辆轿车的生产能力，广汽丰田发动机有限公司已经具有每年70万辆轿车的生产能力，已有广汽丰田整车及发动机、日本电装、丰铁汽车部件等近50家汽车整车、零部件及配套的物流和服务企业。南沙国际汽车产业园规划围绕丰田汽车整车与发动机项目，逐步形成整车与发动机、汽车零部件、汽车研究开发、服务与贸易等完善的产业功能区。

3. 管理

广州南沙国际汽车产业园归属于广州南沙开发区管理委员会统一管理。管理委员会是广州市政府的派出机构，主管该基地的规划、招商、建设和管理工作。

4. 发展

广州南沙国际汽车产业园以广州丰田项目为龙头，包括广州丰田整车及发动机项目、广汽产业园及其配套的零部件、物流、服务企业。一批如日本电装、丰田通商、三五等与广州丰田汽车配套的20多家一级零部件企业和汽车物流企业也相继投产。2009年，广州南沙国际汽车产业园工业总产值约为564亿元，2010年为708亿元，同比增长25.5%。

（二）番禺汽车产业基地发展状况

1. 区位

番禺汽车产业基地由现代产业园汽车产业基地和东涌万州工业园组成。现代产业园汽车产业基地位于番禺区化龙镇工业区内。交通便利，区位优势明显。

2. 规划

番禺汽车产业基地规划总面积为580公顷，由现代产业园汽车产业基地（510公顷）和东涌万州工业园（70公顷）组成。规划建成具有汽车整车、动力总成及关键零部件设计开发、试制试验和生产制造能力的综合性研发生产基地。

3. 发展

番禺汽车产业基地拥有广州川电钢板制品有限公司、华南橡胶轮胎有限公司、番禺巨大汽车音响设备有限公司和广州朗晴电动车有限公司等60多家汽车及零部件企业。2009年，番禺汽车产业基地工业总产值为100亿元，2010年约为120亿元，同比增长20%。

四　东部汽车产业板块发展状况

东部汽车产业板块包括广州开发区汽车产业基地、黄埔汽车产业园和增城汽车产业基地，以发展轿车、商务车为重点，配套发展汽车零部件生产和贸易以及物流配送等相关行业。

（一）广州开发区汽车产业基地

1. 区位

广州开发区汽车产业基地位于广州市东部广州开发区内。交通便利，区位条件好，开发区码头有铁路支线连接京九铁路和广深铁路，距黄埔新港和广州保税物流园区15分钟车程（如图1）。广州保税物流园区可以使加工贸易企业在园区内完成加工结转和出口退税，实现一次申报、一次查验、一次放行、快速通关。

2. 规划

广州开发区汽车产业基地规划面积2000公顷，由永和经济区、东区、出口加工区和科学城东部地区四个部分组成。规划建设成为集汽车及零部件制造、研发、检测、贸易、保税物流于一体的国际汽车产业基地。

3. 管理

广州开发区汽车产业基地归属于广州经济技术开发区管理委员会统一管理。管理委员会是广州市政府的派出机构，主管该基地的规划、招商、建设和管理工作。

4. 发展

广州开发区汽车产业基地2010年有汽车整车生产和配套企业约120家。其中，整车生产企业为本田汽车（中国）有限公司，是国内首个产品100%出口的整车制造企业。零部件企业主要是围绕广州本田、东风日产、广州丰田等日系整车项目配套的企业，主要有日产汽车集团JATCO株式会社、丸顺、骏兴、艾帕克、霍尼韦尔、沃特威电子、昭和、德尔福派克、欧姆龙、联信、日正弹簧等知名企业，产品包括发动机、汽车电子装置、制动系统、减震器、动力传输系统等，已经形成了三大日系轿车（广汽本田、东风日产和广汽丰田）以及欧美的大众、福特、通用、欧宝、马自达以及韩国现代等厂家配套的汽车零部件供应链。现正全力打造广州汽车配件用品全球采购港，建设集聚国内外优质汽配用品品牌的现代化汽配用品交易中心和国际知名的进出口贸易平台。2009年，广州开发区汽车产业基地的汽车工业总产值为177亿元，2010年为245亿元，同比增长38.4%。

（二）黄埔汽车产业园

1. 区位

黄埔汽车产业园位于广州市黄埔区中部。交通四通八达，方便快捷，广园东快速干线、107国道、广惠高速公路、广深高速公路、广州东二环高速公路、广深铁路等从园区通过（见图1）。区位优势明显，黄埔汽车产业园距广州白云国际机场仅40分钟车程，距黄埔港和新塘港分别为15分钟和8分钟车程，为产业基地提供了便捷、低成本的物流配送体系。

2. 规划

黄埔汽车产业园规划总面积为500公顷，由广州云埔工业园区黄埔片、将军山产业基地、状元山产业基地等园区组成。黄埔汽车产业园计划以广州本田为龙头企业的汽车产业及其相关产业为主，建成国内最重要、国际有影响的汽车零配件制造、研发基地。

3. 发展

黄埔汽车产业园 2010 年有汽车及零部件企业 16 家，其中较大的企业有广州本田第一工厂和东风本田发动机厂。2009 年，黄埔汽车产业园的汽车工业总产值为 662 亿元，2010 年为 734 亿元，同比增长 10.9%。

（三）增城市新塘汽车产业基地

1. 区位

增城市新塘汽车产业基地位于广州市的东部、增城的南部，紧邻广州经济技术开发区，属于增城经济技术开发区（2010 年 3 月被批准为国家级开发区）。园区交通网络发达，区位优势明显。广惠高速公路、广园快速路和广九铁路穿过，广深高速公路、广州北三环高速公路和广深公路与周边相连，紧临黄埔港和新塘港，距广州白云国际机场和深圳宝安国际机场均不超过 50 分钟车程（如图 1）。

2. 规划

增城市新塘汽车产业基地规划建设面积 2200 公顷，首期开发面积 600 公顷，规划期限为 2006~2015 年。总体布局结构为：一带、两片、八组团。一带为生态景观带，利用区广惠高速公路将规划区划分为南北两大片区，南部片区主要为广本整车生产、发动机项目和部分一级配件项目，北部片区主要为汽车零配件、基地居住生活配套区、汽车交易功能区。

规划以广本增城工厂为龙头，以汽车、摩托车及其零部件产业集群发展为主导，建成集汽车、摩托车及其零部件生产、销售、展示、服务、产品研发、物流和仓储于一体，产业规模大、功能分区明确、辐射影响广和环境优美的现代化生态型汽车产业园区。

3. 管理

增城市新塘汽车产业基地由增城经济技术开发区管理委员会统一管理，实行现行国家级经济技术开发区的管理体制和相关政策，全面负责广州东部（增城）汽车产业基地的开发建设、招商引资以及管理、服务工作，坚持"方便、快捷、精简、高效"的服务原则，为企业投资、建设和经营创造宽松、和谐的环境。

4. 发展

增城市新塘汽车产业基地经过 5 年的发展，2010 年有北汽集团、日本电装和广州本田（增城）SP 物流中心等汽车和零部件企业 76 家。广州本田二厂首期已完成生产能力 12 万辆轿车的建设，二期将建成 24 万辆轿车的年生产能力。2009 年，增城市新塘汽车产业基地的汽车工业总产值为 256 亿元，2010 年为 314 亿元，同比增长 22.7%。

参考文献

广州市对外贸易经济合作局：《广州外经贸白皮书（2011）》，广东人民出版社，2011。
广州从化明珠工业园管理委员会：《明珠工业园汽车产业发展情况》，2011。
花都汽车城：《剑指国际一流汽车产业基地》，2010 年 1 月 8 日《南方日报》。
朱小勇：《广州花都汽车产业基地扩容 4 倍》，2010 年 3 月 30 日《信息时报》。
刘海涛：《广州南沙开发区经济建设和产业发展情况》，2008 年 3 月 25 日广州新春经贸合作推荐会发言。
朱泽君：《全力推进新塘汽车产业基地建设》，2007 年 12 月 7 日《增城日报》。
增城市城市规划局：《广州东部（增城）汽车产业基地控制性详细规划》，2007 年 7 月 20 日规划成果公示公告。

新能源汽车篇
New Energy Automobile

B.10 国内推广新能源汽车经验及对广州的启示

张小英*

摘　要：在低碳经济和绿色环保理念的时代背景下，新能源汽车成为人们关注的焦点，成为未来汽车工业发展的趋势。面临日趋紧张的能源和环境形势，各国对于新能源汽车的重视程度明显增强，我国政府也高度关注节能与新能源汽车的研发和产业化，促进新能源汽车发展的政策不断出台。本文首先介绍了广州新能源汽车推广示范的现状，并在重点总结几个国内首批节能与新能源汽车示范推广试点城市新能源汽车推广经验及未来发展规划的基础上，结合广州实际情况，对广州新能源汽车推广示范工作提出对策建议。

关键词：新能源汽车　节能与新能源汽车示范推广试点城市　推广示范　广州

---

* 张小英，广州市社会科学院区域经济研究所助理研究员。

一 新能源汽车发展的宏观环境

在低碳经济和绿色环保理念的时代背景下,新能源汽车产业发展趋势日益成为人们关注的焦点。尽管目前在价格、技术成熟度方面还不能与传统的内燃机汽车相比,但新能源汽车具有深厚的发展潜力,代表未来汽车发展方向,已成为市场新的经济增长点和战略调整制高点。在全球经济低迷、汽车行业受到影响的形势下,新能源汽车将成为汽车行业未来发展的突破口和利润增长点。

近年来,世界主要汽车生产国都把发展新能源汽车作为提高产业竞争能力、保持经济社会可持续发展的重大战略举措,制定并实施了支持各类节能与新能源汽车发展的战略规划,出台了一系列扶持新能源汽车发展的鼓励政策。奥巴马政府把推动新能源汽车发展列为其能源政策的组成部分。2009年4月初,奥巴马表示,联邦政府将购买1.76万辆包括新能源汽车在内的节能车辆,这些车辆由美国三大汽车厂商制造。在鼓励新能源汽车消费方面,奥巴马政府出台政策,购买充电式混合动力车的车主,可以享受7500美元的税收抵扣优惠。同时,政府还投入4亿美元支持汽车充电站等基础设施建设。2011年3月22日,美国可持续能源公司Beautiful Earth Group(BE)宣布在纽约建成第一座电动汽车太阳能充电站。日本为促进环保车的普及,从2009年4月1日起实施"绿色税制",对包括纯电动汽车、混合动力车、清洁柴油车、天然气车以及获得认定的低排放且燃油消耗量低的车辆实行50%减税,给予与同级别传统车差价1/2的优惠补贴,另外还给予天然气等燃料供给设备的装备费用。2010年3月12日,日本经济产业省(部)公开了名为"下一代(次世代)机动车战略2010"的日本国内机动车产业指导规划。规划指出,到2020年,纯电动汽车(EV)和混合动力轿车(HYBRID)将在整体乘用车的销售比例中占到50%,日本还将为纯电动车型建设5000个快速充电站、200万个家用普通充电设备。法国为鼓励新能源汽车的发展,出台政策规定:经销商每卖出5辆常规动力汽车,就必须卖出1辆清洁燃料汽车。同时推出"新车置换金"政策。消费者购买环保、小排量新车可享受200~1000欧元不等的补贴,反之则需缴纳2600欧元的购置税。同时,政府还制定了清洁汽车减免税额的政策。目前,法国已经有超过1万辆的各类电动汽车行驶在路上,全国建有约200座公共充电站,并已经形成一套完善的,包括研发、应用、政策支持和技术配套等在内的新能源汽车产业体系。在英国，驾车进入首都伦敦是要收费的，但如果是混合动力车进入伦敦市区，将免收进入市区的费用。

二 国内新能源汽车发展的政策环境

为了使我国自 2009 年跃居全球汽车销售第一大国后能上升为汽车强国，政府把大力发展节能与新能源汽车作为提高汽车产业国际竞争力的关键，国家连续出台了一系列支持和鼓励节能与新能源汽车发展的政策、举措和标准。2006 年 2 月，国务院发布了支持新能源汽车发展的文件，并在《国家中长期科学和技术发展规划纲要（2006～2020 年）》中将"低能耗与新能源汽车"和"氢能及燃料电池技术"分别列入优先主题和前沿技术。2007 年 11 月，国家发改委制定了《新能源汽车生产准入管理规则》。2008 年 12 月，科技部提出实施"十城千辆"新能源汽车推广应用计划。2009 年 1 月 14 日，国务院颁布的《汽车产业调整和振兴规划》明确提出要实施新能源汽车战略，启动节能和新能源汽车示范工程，并规划到 2011 年形成 50 万辆电动汽车生产能力。同月，科技部和财政部共同启动了"十城千辆"电动汽车示范应用工程。2009 年 1 月 23 日，科技部、财政部下发了《关于开展节能与新能源汽车示范推广试点工作的通知》，明确在北京、上海、深圳、重庆等 13 个城市试点，以财政补助政策鼓励在公交、出租、公务、环卫和邮政等公共服务领域率先使用节能与新能源汽车。2009 年 2 月 6 日，财政部和科技部出台了《节能与新能源汽车示范推广财政补助资金管理暂行办法》。2009 年 2 月 17 日，国家财政部、科技部、发改委、工信部为 13 个首批节能与新能源汽车示范推广试点城市授牌。2009 年 6 月 17 日，工信部发布了《新能源汽车生产企业及产品准入管理规则》，于 7 月 1 日开始实施。2010 年 5 月 29 日，工信部公布了 2011 年要完成的 11 项电动汽车类（含混合动力 1 项）行业标准。2010 年 5 月 31 日，财政部、科技部、工信部和国家发改委联合发布了《关于扩大公共服务领域节能与新能源汽车示范推广有关工作的通知》，明确进一步扩大公共服务领域节能与新能源汽车示范推广工作，在已有 13 个试点城市的基础上，又增加了天津、海口、郑州、厦门、苏州、唐山、广州等 7 个试点城市。同时，财政部联合科技部、工信部、发改委等部门也推出了鼓励电动车发展的

《新能源汽车补贴政策实施细则》，决定在上海、长春、深圳、杭州、合肥 5 个城市启动私人购买新能源汽车补贴试点工作，由中央财政对试点城市私人购买、登记注册及使用的插电式混合动力乘用车和纯电动乘用车给予一次性补贴。2010年 7 月，政府将"十城千辆节能与新能源汽车示范推广试点城市"由 20 个增至 25 个，新能源汽车进入全面政策扶持阶段。2010 年 8 月，由工信部牵头拟定的《新能源汽车产业发展规划》草案出台，提出未来 10 年，中央财政投入将达 1000 亿元，使新能源汽车保有量达到 500 万辆。2011 年，国家层面的《节能与新能源汽车产业发展规划（2011～2020）》将要公布。未来 5 年，我国新能源汽车将正式迈入产业化的发展阶段。

国家支持新能源汽车发展政策汇总

时　　间	颁布文件	内　容　简　介
2009 年 1 月 14 日	国务院原则通过《汽车产业调整和振兴规划》	首次提出新能源汽车战略，启动节能和新能源汽车示范工程，并规划到 2011 年形成 50 万辆电动汽车生产能力。
2009 年 1 月 23 日	财政部、科技部下发了《关于开展节能与新能源汽车示范推广试点工作的通知》	在北京、上海、重庆、长春、大连、杭州、济南、武汉、深圳、合肥、长沙、昆明、南昌等 13 个城市开展节能与新能源汽车示范推广试点工作，以财政政策鼓励在公交、出租、公务、邮政等公共服务领域推广新能源汽车。
2009 年 2 月 6 日	财政部、科技部出台了《节能与新能源汽车示范推广财政补助资金管理暂行办法》	由中央财政重点对试点城市购置混合动力、纯电动和燃料电池等节能与新能源汽车给予一次性定额补助。长度 10 米以上城市公交客车是此次补贴的重点。其中混合动力客车最高每辆补贴 42 万元，纯电动和燃料电池客车每辆分别补贴 50 万元和 60 万元。对乘用车和轻型商用车，混合动力汽车根据混合程度和燃油经济性分为 5 档，最高每辆补贴 5 万元；纯电动汽车每辆补贴 6 万元；燃料电池汽车每辆补贴 25 万元。《暂行办法》也要求，地方安排一定资金，对节能与新能源汽车购置、配套设施建设及维护保养等相关支出给予适当补助。
2009 年 2 月 9 日	《汽车产业调整和振兴规划细则》出台	《规划细则》对我国新能源汽车的发展提出了明确的方向：即电动汽车产销形成规模。改造现有生产能力，形成 50 万辆纯电动、充电式混合动力和普通型混合动力等新能源汽车产能，将新能源汽车销量占乘用车销售总量的 5% 左右作为 2011 年量化战略性目标。明确将混合动力车、纯电动车等作为新能源汽车的发展重点，而且提出了产业化发展目标。

续表

时间	颁布文件	内容简介
2009年2月17日	国家四部委为13个节能与新能源汽车示范推广试点城市授牌	进一步明确财政补贴的标准,并对推进试点工作作出具体部署。
2009年3月20日	《汽车产业调整和振兴规划》出台	提出未来3年新能源汽车形成50万辆产能,占乘用车销量的5%;推动新能源汽车及关键零部件产业化。
2009年6月17日	工信部发布了《新能源汽车生产企业及产品准入管理规则》,于7月1日开始实施	规定了新能源汽车企业和产品的准入条件,同时还明确了对处于不同技术阶段的产品将采取不同管理方式的原则,推动新能源汽车向规范的产业化进程迈进了一步。
2010年3月24日	工信部与六车企就新能源汽车路线达成共识	T10峰会上,工信部、科技部官员最终与国内六大企业达成共识,无论电动车、混合动力车,还是包括甲醚、天然气、乙醚等为燃料的传统汽车,只要能够达到节能的目的,国家都将给予政策支持。
2010年4月	工信部推出电动车"国家标准"	《电动汽车传导式充电接口》、《电动汽车充电站通用要求》、《电动汽车电池管理系统与非车载充电机之间的通信协议》和《轻型混合动力电动汽车能量消耗量试验方法》4项标准通过审查成为电动车国家标准。
2010年5月31日	财政部、科技部、工信部、国家发展改革委联合印发了《关于扩大公共服务领域节能与新能源汽车示范推广有关工作的通知》	天津、海口、郑州、厦门、苏州、唐山、广州等7个试点城市成功入选。新能源车试点城市由13个增至20个,其中的5个将推出私人购买新能源汽车的补贴政策。
2010年5月31日	财政部、科技部、工信部、发改委联合出台《关于开展私人购买新能源汽车补贴试点的通知》	在上海、长春、深圳、杭州、合肥5城市启动私人购买新能源汽车补贴试点工作。中央财政对试点城市,私人购买、登记注册和使用的插电式混合动力乘用车和纯电动乘用车给予一次性补贴,插电式混合动力乘用车每辆最高补贴5万元,纯电动乘用车每辆最高补贴6万元。补贴资金拨付给汽车生产企业,按其扣除补贴后的价格将新能源汽车销售给私人用户或租赁企业。
2010年7月	政府将节能与新能源汽车示范推广试点城市由20个增到25个。	沈阳、成都、南通、襄樊、呼和浩特为新增的5个城市。
2011年	《节能与新能源汽车产业发展规划(2011~2020年)》(简称《规划》)已上报国务院,并有望2011年上半年公布	《规划》提出2020年中国新能源汽车销量规模要达全球第一,新能源汽车要以纯电动为主要技术路线,未来10年政府财政投入超过1000亿元,打造新能源汽车的产业链。其中500亿元作为节能与新能源汽车产业发展专项资金,重点支持企业节能与新能源汽车关键技术研发和产业化,300亿元用于支持新能源汽车示范推广,200亿元支持以混合动力汽车为重点的节能汽车推广;另有50亿元用于支持试点城市的基础设施建设,最后有100亿元用于支持试点城市新能源汽车零部件体系的发展。

三 广州新能源汽车推广概况

2010年,广州汽车年产量达到135.84万辆,比上年增长20.2%,其中轿车112.62万辆,比上年增长12%,广州的汽车和轿车产量分别占全国汽车和轿车总量的7.44%和11.45%,在全国轿车产区中位居第3位,广州已经成为全国最重要的轿车制造基地之一。广州规模以上汽车制造业产值达2878.44亿元,占全市规模以上工业总产值的15.9%。广州汽车制造业第一支柱产业的地位进一步提升,汽车消费成为拉动内需、促进经济增长的主要动力。

作为全国重要的汽车产业基地,广州顺应节能减排和低碳经济的发展趋势,积极落实国家和省有关鼓励新能源汽车发展的政策,大力发展新能源汽车产业,加快新能源汽车推广应用,借以增强广州汽车产业可持续发展竞争力。自2010年6月广州市成为国家第二批节能与新能源汽车示范推广试点城市之后,新能源汽车示范推广工作加速推进。广州市政府专门成立了以市长为组长的新能源汽车发展工作领导小组,统筹协调全力推进,大力发展新能源汽车产业。2010年7月,国家财政部、科技部、工信部、发改委联合对《广州市节能与新能源汽车示范推广试点实施方案》进行论证,并给予充分肯定。2010年7月下发讨论的《广州市公共服务领域节能与新能源汽车示范推广财政补助实施方案》显示,2010~2012年,广州将安排8亿元推广新能源车2600辆。其中,节能与新能源汽车运营补贴约2亿元,基础设施建设补贴约5亿元,科研和产业化资金约1亿元。广州以举办科技亚运、绿色亚运为目标,积极谋划和推动新能源汽车的应用,亚运期间,广州已经示范推广各种新能源汽车360辆,其中混合动力公交车174辆,混合动力公务车100辆,纯电动公交车26辆,燃料电池观光车60辆;并开通了首条纯电动公交专线,投入纯电动公交车26辆,区间往返里程达到70公里。目前,新能源汽车示范区域主要在亚运城,2011~2012年,将逐步扩大示范区域,在越秀区、天河区、海珠区、荔湾区、番禺区等区域规划建设新能源汽车示范区,在白云区、黄埔区、南沙区、萝岗区、花都区、增城市、从化市选择部分区域建设示范城区。在示范区域内,优先安排示范线路和车辆。在配套基础设施建设方面,满足30辆纯公交车充电的大学城充电站和为社会车辆服务的亚运城快速充电站已投入使用。广州市政府又与广东电网公司签署了战略合作框架协议，按照配套先行的原则，加快推进充电基础设施的规划和建设，到2015年广州将建成涵盖全市市区、县级市公交车充电站61座、公共充电站54座。目前，广州正在进一步完善规划的编制、政策引导、资金扶持以及治理和技术支撑等措施，强化新能源汽车产业发展和推广发展的合力。但与国内其他新能源试点城市相比，广州新能源汽车示范推广工作起步较晚，政府的支持力度不够大，推广应用进度不够快。针对新能源汽车加大推广应用时遇到的问题，广州应借鉴国内主要试点城市经验，结合本市实际情况，积极推进新能源汽车的推广应用，加快促进新能源汽车的发展。

四 全国新能源汽车试点城市发展经验与启示

北京、上海、重庆、长春、大连、杭州、济南、武汉、深圳、合肥、长沙、昆明、南昌等13个首批节能与新能源汽车示范推广试点城市在节能与新能源汽车扶持政策、示范运行、配套设施建设等方面积累了大量经验，以下主要介绍深圳、北京、上海、大连和武汉5个试点城市的新能源汽车示范推广的经验。

深圳是全国首批13个新能源汽车示范推广城市之一。目前，深圳在新能源汽车推广应用方面走在全国前列。2010年6月，深圳出台《深圳市节能与新能源汽车示范推广实施方案》，明确了深圳将在公交（出租）、公务、家用车等三个重点领域示范推广各类新能源汽车24000辆，其中公交车4000辆（混合动力大巴3000辆，纯电动公交车1000辆）、出租车2500辆、公务车2500辆、家用车15000辆。通过示范推广试点方案的实施，率先在全国建成新能源汽车示范推广先导城市和新能源汽车产业基地。2010年，深圳成立了全国首家纯电动车出租公司，至年底已有50辆纯电动出租车投入运营，相继开辟3条新能源公交示范线，150辆混合动力的公交车投入运营；公务系统也有20辆双模电动公务车示范运行。2011年8月12日，在深圳举行的第26届世界大学生运动会将投放使用3800多辆交通车辆，其中新能源汽车使用量将达到2011辆，占大运会车辆总需求的53%，超过2008年北京奥运和2010年上海世博会的新能源汽车投放的总和。目前，深圳出台了《私人购买新能源汽车补贴政策》，率先启动我国首批五城市试点政府补贴私人购买新能源汽车，在国家为插电式混合动力车每辆最高补贴5万元、纯电动车每辆最高补贴6万元的基础上，对双模电动车追加补贴3万元，对纯电动车追加补贴6万元，加上国家补贴的6万元，最高可补贴12万元，此补贴款项直接补贴给车企，由车企在销售时降价返还给消费者。深圳在建设充电系统等基础设施方面力度也较大，市内充电设施建设已经走在了全国前列，先后编制完成了《深圳市新能源公交场站近期建设计划及实施方案》、《深圳市新能源汽车公共充电设施实施方案》、《2010～2015年电动汽车配套充电设施规划》等。2010年5月31日，深圳市在全国率先颁布实施了《深圳市电动汽车充电系统技术规范》，这是国内首个充电站技术规范。截至2010年7月，深圳已建成了6个充电站，13个正在建设，余下6个已完成选址，即将开工建设。混合动力公交车的充电站均由政府投资建设，出租车、公务车、私家车充电站则会引入社会资本。目前，由南方电网公司、中国普天和中海油组成的合资公司已经进入深圳，出资建设社会公用充电站。深圳供电部门将与住宅局、交警局、物业管理协会、相关小区业委会等联合，建立新能源汽车销售与配套设施联动机制。消费者购车后，供电部门将立即按车主提供的地点优先为其安装充电桩。为满足新能源汽车发展需要，在2012年前，深圳将建设各类新能源汽车充电站（桩）12750个，全市共需投资建设公交车快慢速充电站各25座，公务车慢速充电桩2500个，社会公共慢速充电桩1万个，社会公共快速充电站200座。通过科学制订设计规范和建设标准，充分利用现有场站基础，合理规划布局，形成一个公交、公务和社会充电站（桩）网络体系，满足各类新能源汽车充电的需要。

北京市委、市政府高度重视新能源汽车产业化和商业化的进程。通过奥运会推广新能源汽车示范工程，奇瑞、长安、一汽、东风、上汽、中通、京华客车、福田等汽车企业联合清华大学、同济大学、北京理工大学等研发单位，提供了近600辆各类新能源汽车，累计运行371.4万公里，载客441万多人，成为我国多年来新能源汽车的第一次大规模集中流动展示。通过千辆新能源汽车应用工程，2009年北京市公交系统采购1000辆新能源客车，率先在公交和环卫行业进行示范运行。2011年3月1日，北京市延庆县电动出租车试点正式启动，首批50辆纯电动出租车在北京投入运营。据规划，到2011年，北京市公交、环卫等领域新能源汽车将达到3000辆，到2012年新能源公交车将达到5000辆。《北京市私人购买新能源汽车补贴试点实施方案》已通过验证，北京市的补贴方案与深圳相仿。北京市政府将在中央财政补贴的基础上，对满足支持条件的新能源汽车，按 3000 元/千瓦时的标准给予补助，插电式混合动力汽车每辆最高补助 5 万元，纯电动汽车每辆最高补助 6 万元。加上中央财政补贴，在北京购买新能源汽车每辆最高可补贴 12 万元。相关金融机构还将为电动汽车推广应用提供信贷、担保等金融支持。同时，消费者还将享受"不摇号、不限行、不纳税（国家代付）"的特殊优惠政策。为鼓励社会资本进入配套设施建设领域，北京市计划对充电桩等建设提供补贴，最高补贴额为建设投资的 30%。北京市质监局批准发布了《电动汽车电能供给与保障技术规范充电站》标准化指导性技术文件，与建站相关的规划设计单位和施工建设单位均应依照标准开展工作。北京市已经成立了电动汽车产业化工作组，制定了充电站、供电系统、充电计量等 10 余项标准。在北京市范围内已经建成清河小营和健翔桥两个电动汽车充电站，其他充电站也正在建设中。未来 3 年，北京市将建成慢速充电桩 3.6 万个，此外还将建设快速充电站 100 座、电池更换站 1 座、电池回收处理站 2 座、专业维修服务站 10 座、信息采集处理站 2 座。

上海大力推进新能源汽车示范推广工作。2009 年 12 月 9 日，上海市政府发布《关于促进上海新能源汽车产业发展的若干政策规定》，明确新能源汽车产业发展的总体目标、主攻方向和市场目标。未来上海不但将全面扶持新能源汽车产业发展，还将加大新能源汽车采购、示范、应用的范围，未来 3 年内，上海将有 4000~5000 辆各类新能源汽车服务于公共领域。上海以世博会为契机开展新能源汽车示范运行，世博会上使用各类节能新能源汽车共计 1147 辆，其中在园区内公共交通用 120 辆，两条辅助公交线路用燃料电池车 100 辆，世博行政中心用纯电动场馆车 140 辆，园区外有 90 辆燃料轿车，还有混合动力车 500 辆，其中轿车作为出租车 350 辆。世博会后，除燃料电池汽车继续进行示范外，其余车辆全部投入上海公共交通日常运营，新能源汽车在世博会的运行为未来新能源汽车在国内推广起到很好的示范作用。目前，上海选择嘉定安亭上海国际汽车城为试点，再向上海各个区域进行推广。2010 年 9 月，国际快递集团 TNT 在上海启用中国首批零碳排放纯电动快递车队。上海市推出的《新能源汽车购买优惠补贴》对购买新能源汽车用户给予不超过车价 20% 的一次性补贴，并免征本市贷款道路通行费，此外新能源汽车还有望免经牌照拍卖程序直接上牌注册登记，或可获优惠牌照额度。目前，国家电网在上海已经完成了 6 个充电站的建设，分别是漕溪电动汽车充放电站、国家电网世博馆充放电站、位于天山路中山西路的沪西充电站、古羊路充电站、825路公交充电站以及智能小区（浦江映象苑）充电点，建成的充电桩有100多个。上海计划在未来三年内新建5000个充电站。

大连也是全国13个节能与新能源汽车示范推广试点城市之一。目前，大连市在财政补贴、政府采购、支持技术创新、售后服务保障、基础设施建设等方面，都为节能与新能源汽车推广应用提出了明确的政策配套方案。大连已经有100辆新能源出租车，801路、16路、15路等公共汽车已经换成了崭新的新能源汽车。大连大力实施"33511工程"，即"3条公交线路、3个旅游景点、500辆清洁出租车、100辆新能源公务车和100辆Plug-in型旅游租赁轿车"。按照计划，至2012年底，大连市计划实现2400辆节能与新能源汽车应用规模，并配套建设相应的充电站等基础设施。

武汉也属于首批新能源汽车示范推广试点城市。截至2010年7月底，武汉运营的节能与新能源汽车总数达到594辆，其中混合动力公交车200辆，混合动力轿车50辆，用于城市清扫、清洗的纯电动车76辆，用于城市观光的纯电动小车268辆。混合动力公交车线路为12条。同时，武汉还提出到2020年，节能与新能源汽车整车产能将达到60万辆（包括天然气、混合动力、纯电动、燃料电池车以及在环卫、城建、邮政、旅游等特种用途用车），销售完成50万辆，产值实现800亿元，力争使节能与新能源汽车的产能、产值达到全市汽车产业产能、产值的40%。武汉的节能与新能源汽车示范推广的基础设施建设也取得了进展。3个中心（即电动汽车检测中心、电动汽车培训中心和电动汽车城市道路工况试验中心）、4个混合动力公交车停保场和6个纯电动车充电区域的选点和规划工作全面完成，其中电动汽车检测中心和电动汽车培训中心已于8月底动工，年底建成。大型充电设备的选型方案已确定，样板充电区域建设方案已获得国家电网湖北公司的认可。2011年3月初，国家电网湖北公司与武汉市政府签订合作协议，在武汉建设3座充电站和150个充电桩，其中1个充电站已于4月25日正式开工建设，10月建成交付使用。

五 广州新能源汽车发展战略

新能源汽车在中国目前处于研发和产业化过渡阶段，国内主要城市都在积极探索新能源汽车示范运行和市场化的各种途径。广州作为全国重要的汽车产业基地，必须顺应汽车产业未来的发展趋势，选择正确的发展战略，采取积极有效的措施，促进节能与新能源汽车的推广应用，以市场带动产业发展。现结合广州市具体情况对广州新能源汽车推广应用提出如下建议。

（一）启动新能源汽车推广示范工程

新能源汽车技术已经处在从研发向产业化转变的过程中，特别要解决应用问题。应用不仅可以促进技术进步、鼓励投资、为产业化做准备，而且可以形成一种社会环境，推动消费市场的建立。从深圳、北京、上海等节能与新能源汽车试点城市推广经验来看，大力推进新能源汽车在公交大巴、政府公务车、出租车等公共财政支出领域的应用，是加强新能源汽车示范运行、扩大影响力的一个重要举措。尤其是城市公共交通领域，由于车辆保有量大，使用频率高，投资运营主体单一，有利于集中维护保养，并能够比较快速地建立起相应的配套设施如充电站等，新能源汽车在使用上不会遇到太多困难，也有助于相关企业根据实际的运行情况，进一步优化技术，形成批量产能，降低生产成本，从而推动新能源汽车从公共领域逐步走入家庭。广州应该在亚运会推广新能源汽车示范工程取得显著成效的基础上，进一步扩大示范区域，前期可以选择增城市、从化市部分区域作为新能源公共交通汽车的应用示范区，优先安排示范线路和车辆，逐步向中心城区乃至全市范围推广，形成覆盖全市主要功能区域的示范框架和网络，探索多种示范运行方案，率先创建新能源汽车的产业化、推广应用和示范运行体系，加快推进示范运行和市场化应用。同时，可以考虑成立新能源出租车公司，推进新能源汽车在出租车领域的示范应用，让更多消费者认识并逐渐接受新能源汽车。

（二）加快建立引导新能源汽车市场化的鼓励政策

虽然新能源汽车有着巨大的社会效益，但在它大批量进入市场之前，无法避免成本高、价格高、经济效益低的情况，而对于一个普通消费者来说，价格是决定是否购买新能源汽车的关键因素。在这种情况下，就需要发挥政府行为的主导作用，通过制定政府补贴等方式推动节能与新能源汽车消费的政策法规体系、科学合理的节能与新能源汽车税费制度，降低消费者购买混合动力汽车的实际支出，从而引导和鼓励新能源汽车的消费。现阶段，国家已经出台了一系列针对私人购买新能源汽车的相关补贴政策，鼓励消费者购买新能源汽车。在国家继续加大力度扶持新能源汽车产业的政策背景下，广州除了要加紧落实国家补贴政策外，对于购买混合动力车、电动车等新能源汽车的消费者，可借鉴深圳、上海、北京等试点城市的经验，在国家补贴的基础上，再适度给予一次性财政补助，尤其要加大对纯电动车的补助力度。补贴方式上，还可以采取直接补贴给消费者的方式，让消费者更直接地享受到优惠。同时，还可以通过用电补贴、免费上牌、减收高速公路通行费、免收或减收养路费、免收停车费等方式继续推出系列优惠政策，从而相对降低新能源汽车支出，达到鼓励消费新能源汽车的目的。

（三）加快形成新能源汽车配套基础设施的规划建设保障

目前，新能源汽车的配套设施跟不上是新能源汽车市场化的一大瓶颈。大力推进新能源汽车的应用推广和公共基础设施建设、完善新能源汽车应用环境，对于新能源汽车的市场化至关重要。争取国家相关部门支持，应加快公共配套设施包括充电站网络、车辆维修服务网络、多种形式的电池营销、服务网络等的建设，以促进新能源汽车的广泛使用，尽早实现新能源汽车的产业化。首先，要加快制定全市充电站、充电桩等基础设施专业性规划以及智能电网的研究和规划实施，现阶段可设试点进行试运行，如针对充电站建设占地大、市内选点困难可优先考虑在市郊区建设，而针对消费者购车，供电部门可按车主提供的地点优先为其安装充电桩等。其次，在新能源汽车推广应用的基础设施建设方面要提供财税支持，如电动汽车的公用充电站、专用电缆生产及插座等基础设施建设一定要给予配套补助资金支持。再次，要考虑基础设施投资和经营问题，积极探索切实可行的商业合作模式，目前可借鉴深圳的经验，混合动力公交车的充电站均由政府投资建设，出租车、公务车、私家车充电站引入社会资本。最后，需要尽早规范新能源汽车充电设施设备标准，为大规模示范推广的通用性、安全性提供标准化依据，以免造成重复建设和资源浪费。

（四）积极营造新能源汽车的消费环境

新能源汽车走向产业化的另一个重点就是消费环境的培养和用户接受程度考验。创造市场、引导消费在新能源汽车市场开拓的起步阶段显得十分重要，其主要手段是政策的引导。一是要充分考虑城市绿色交通体系的构架和新能源汽车在这个体系中所占的份额，制定新能源汽车的推广应用规划。二是强化政府采购政策的引导。加大政府对新能源汽车的强制性采购，扩大新能源汽车在公务车、环卫车、公共交通工具等领域的投入使用量，形成消费示范效应，能够使广大消费者体验新能源汽车，深化社会对新能源车的认知，对于加速新能源汽车的技术成熟和产业化进程作用巨大。三是政府要加大对新能源汽车技术的宣传力度。营造社会氛围，调动民间组织参与新能源汽车的宣传推广活动。对采购新能源汽车的单位，市财政给予一定补助。同时，积极开展多种形式的宣传推介活动，增强公众的环保意识，倡导新型节能环保消费观，形成有利于新能源汽车大规模应用推广的消费环境。

（五）积极探索新能源汽车推广的商业模式

新能源汽车示范推广试点工作将面临诸多问题，不单单需要政府的大力支持扶持，而且必须以创新的理念和方法，结合城市自身实际情况，积极探索新能源汽车推广的商业模式，打开新能源汽车私人消费通道，从而推动新能源汽车销售规模化以及未来可持续发展。一是可以尝试推行整车租赁、裸车销售和电池租赁等多元化模式，如采用电池租赁形式，可以方便纯电动汽车和燃料电池汽车消费者充电、换电，还因此改变汽车能源供应链和产品的成本构成。也可借鉴长春市的做法，探索新能源汽车租赁业务等。二是积极探索充电设施投资运营的新模式。在新能源汽车推广应用中，针对私人购买新能源汽车，按照一车一桩基本配置要求，所需充电设施数量较大，技术水平要求高，单纯依靠政府投资建设难以解决当前和今后可持续发展问题，也不利于市场的培育壮大。可借鉴深圳等城市的做法，遵循政府主导、多元投资、适度竞争的原则，以特许经营的方式，积极鼓励有实力的社会资本参与充电设施的建设投资和运营，创新商业模式。政府可以以社会充电站占用土地零使用费形式，替代财政直接补贴，以充电峰谷电价优惠政策等形式促进新能源汽车的推广应用。同时，政府还应积极探索建立充电站等运营行业准入和计价机制。三是建立新能源汽车的售后服务保障体系。积极探索新能源汽车售后服务站建设模式，可以考虑要求在广州销售新能源汽车的企业对动力电池等关键零部件提供不低于五年或10万公里的质保承诺，并且要求该企业对整车和动力电池按照一定的折旧率进行回收。

参考文献

王祖德：《国内新能源汽车热的冷静思考及政策建议》,《新能源汽车》2010年第2期。
沙永康：《新能源汽车示范运行的地方保护和行业壁垒》,《新能源汽车》2010年第2期。
叶军：《我国新能源汽车的发展现状和应用前景》,《中国新技术新产品》2011年第1期。
胡冬雪：《我国发展新能源汽车的对策和措施》,《华东科技》2009年第7期。
吴凡：《深圳2.4万辆占全国近一半》,2009年12月13日《深圳特区报》第A01版。
肖意：《2015年新能源汽车将达10万辆》,2009年12月29日《深圳特区报》第A05版。
胡嘉莉：《深圳出台新能源汽车补贴细则》,2010年6月3日《中华工商时报》第001版。
程连红：《深圳新能源汽车驶入快车道》,2010年6月1日《深圳商报》第A11版。
张牡霞：《最高补贴12万,深圳新能源汽车补贴下"重注"》,2010年7月7日《上海证券报》第F03版。
韩洁、彭勇：《深圳率先启动试点》,2010年7月7日《新华每日电讯》第006版。
李韶辉：《北京将有千辆新能源汽车上路》,2009年6月18日《中国改革报》第001版。
王刘芳：《北京新能源汽车产销将年超万辆》,2009年8月31日《北京日报·时政新闻》第002版。
徐建华：《北京出台我国首部电动汽车充电站标准》,2010年8月3日《中国质量报·当代车城周刊》第005版。
《北京新能源汽车产业联盟运营成效显著》,2010年3月19日《中国工业报·商用车》第B04版。
王培：《探访上海首家新能源汽车售后服务站》,2009年5月4日《商用汽车新闻》。
新华：《上海出台促进新能源汽车发展政策》,2009年12月17日《中国工业报》第A01版。
姜山：《让新能源汽车先在上海破题》,2009年11月6日《上海证券报》第F07版。
陈海林：《上海新能源汽车发展的初步规划设想》,《新能源汽车》2009年第4期。

B.11 新能源汽车的问题分析及对策建议

王相勤*

摘　要：目前，社会各界对发展电动汽车的意义、必要性和紧迫性已达成共识，但电动汽车发展依然存在诸多瓶颈，动力电池与配电网是当前电动汽车规模化发展的主要制约因素。基于对两大瓶颈问题的深入分析，本文提出"换电为主、插充为辅、集中充电、统一配送"的充电服务网络运营模式，以突破当前电动汽车发展瓶颈的制约，并提出了相关的政策建议。

关键词：电动汽车　节能减排　动力电池　配电网

电动汽车具备显著的节能减排和环保优势，推广应用电动汽车对于减少石油对外依赖、保障国家能源安全、实现经济社会可持续发展具有重要意义[1~5]。电动汽车已成为全球汽车工业未来发展的方向，很多国家近年来纷纷制定了电动汽车产业发展路线图并出台一系列配套政策，研发投入与示范力度前所未有[6~7]。我国政府高度重视以电动汽车为主的新能源汽车产业发展，启动了"十城千辆"和私人购买新能源汽车补贴试点工作，并将其列为我国七大战略性新兴产业之一和"十二五"期间促进我国经济结构调整的重要战略举措。

作为电动汽车大规模推广应用的重要前提和基础，电动汽车充电设施建设引起了广泛关注。美国、日本、以色列、英国、德国、丹麦、韩国等国家纷纷启动了充电基础设施规划与试点建设。国内近几年在多个城市也相继建成一定数量的示范性充换电站和充电桩，主要采用换电池、慢充、快充等多种电能补给服务方式。自 2009 年底以来，国内充电站建设呈现加速态势。

在电动汽车进入发展机遇期的大背景下，本文分析了电动汽车对于保障我国

＊ 王相勤，国家电网公司营销部主任。

能源安全、促进节能减排的重要意义，着重分析了我国电动汽车发展当前面临的主要瓶颈问题，指出"换电为主、插充为辅、集中充电、统一配送"是当前我国突破电动汽车发展瓶颈、尽快实现电动汽车产业化的合理策略，最后提出了有关政策建议。

一 发展电动汽车是保障我国能源安全、促进节能减排的重要举措

（一）发展电动汽车对保障我国能源安全具有重要战略意义

我国已成为石油、天然气、煤炭等三大化石能源的净进口国，能源供应对外依存度不断上升，能源安全形势严峻。自从1993年我国首度成为石油净进口国以来，原油对外依存度由当年的6%一路攀升，到2006年已达到45%，其后每年均以2个百分点左右的速度向上攀升，到2009年达到51.2%。

随着我国经济社会的发展，机动车保有量近年呈现快速增长趋势。2008年，我国交通运输业汽油、柴油消费量分别达到3090万吨、7649万吨，占全社会消费总量的50.3%、56.5%。交通运输业用油是石油消费量增长的主要推动力，是石油对外依存度不断提高的主要原因。随着汽车保有量的不断增加，耗油量还将上升，我国保障能源供应安全面临的形势不容乐观。

降低交通运输业石油消费比重是能源结构调整的重要内容。通过发展电气化交通，实现"以电代油"，降低石油在能源消费结构中的比重，减缓全社会石油需求量的增长。推广应用电动汽车有利于减少石油对外依赖，促进国家能源安全。

（二）电动汽车具有显著的节能减排效益

我国已成为世界CO_2排放大国。据国际能源署统计，2008年，我国能源利用的CO_2排放量为65.08亿吨，占世界总排放量的22%，占发展中国家排放总量的比重超过了1/3，是世界平均水平的3.4倍。作为一个负责任的发展中国家，我国正在积极加快转变发展方式，并向世界郑重承诺，到2020年非化石能源占一次能源消费的比重达到15%左右，单位国内生产总值CO_2排放比2005年

下降 40%~45%。

根据有关测算结果，在电能来源方面，即使考虑最差的情况，即由煤发电的情况下，纯电动汽车单位行驶里程所消耗的一次能源（折成热值）也只有传统汽油汽车的约70%。结合我国电源结构调整目标，到2015年和2020年电动汽车所排放的 CO_2 约为传统汽油汽车的74%和67%。据初步测算，相比常规汽油乘用车，到2015年和2020年，电动乘用车每100千米可实现减排 CO_2 分别约为6.0千克和7.6千克。因此，电动汽车相比传统燃油汽车具备显著的节能减排和环保优势。此外，借助先进的汽车与电网互动技术，电动汽车在大规模替代传统汽车的情况下，不仅能够直接降低使用周期内的能源消耗与 CO_2 及其他污染物排放，还可以促进风能、太阳能等清洁能源的发展，提高清洁电能在终端能源消费中的比例。

（三）发展电动汽车有利于我国汽车工业抢抓机遇

由于巨大的节能减排和石油替代潜力，电动汽车已经成为当前国际汽车行业产业升级的必然选择，在我国也被列为战略性新兴产业给予支持发展。未来市场发展前景极其广阔。尽管目前我国已经成为全球第一大汽车生产国和消费国，但是汽车工业多年来存在的研发能力薄弱、产业核心竞争力缺乏的问题并没有得到根治，电动汽车为我国汽车工业实现技术赶超提供了难得的历史机遇。

从技术条件来看，"十五"时期以来，我国电动汽车相关研发已近10年，在电动汽车的三大关键技术方面已经具备一定研发能力和加快推进产业化的条件，形成了大量专利，多个型号的电动汽车获得机动车新产品公告。从资源保障能力来看，我国是世界锂资源第三大国，稀土永磁材料资源居世界首位，占世界总储量的一半，在发展动力电池与电机材料方面也具有良好的资源保障能力。随着汽车产业振兴规划和"十城千辆"示范工程以及私人购买新能源汽车补贴试点计划等一系列举措的实施，我国有可能借助汽车动力技术转换的时机改变过度技术依赖的被动局面，率先实现电动汽车的产业化。

但也应当看到，随着国外发达国家在电动汽车领域投入的快速增加，在未来20~30年世界汽车产业新格局形成的关键时期，我国发展电动汽车将面临激烈的国际竞争。当前必须认识到电动汽车后续发展任务的紧迫性，只有加快推进我国相关产业形成，力争早日在自主创新和自主品牌上实现突破，才能有效避免日后在国际竞争中处于被动地位，实现我国发展电动汽车产业的战略目标。加快推进电动汽车产业化，是当前我国政府、整车企业、电池企业以及电网企业等各方工作的当务之急与重中之重。

二 当前我国电动汽车发展面临的主要瓶颈

电动汽车目前在技术研发、市场培育、政策支持、产业发展等方面已具有较好的发展基础，但依然面临着诸多瓶颈问题，如对电动汽车技术路线与运营模式的认识不统一，动力电池性能对电动汽车规模化应用的制约，以及电动汽车规模化发展后巨大充电需求与配电网接纳能力协调问题等。

（一）发展电动汽车还需进一步取得普遍共识

电动汽车在保障国家能源安全、推动节能减排方面具有重要作用，已成为未来全球汽车工业的发展趋势，电动汽车发展的必要性和紧迫性也得到了各方的广泛认同。中、美、欧盟、日、韩等国政府纷纷制定战略，出台政策，培育市场；车辆、电池、能源等相关企业积极投入，抢占商机，力争主动。但从推进电动汽车产业化方面来看，目前我国各方依然存在认识分歧，在电动汽车发展技术路线、电能补给服务运营模式等产业化关键问题方面，尚未形成普遍共识，在一定程度上阻碍了我国电动汽车产业化的进程。

（二）动力电池性能有待突破

从技术角度看，车用动力电池性能已成为制约电动汽车实现产业化的最关键因素。全球 40 名电动汽车相关行业专家在 2010 年接受气候组织的专访中，一致将电池技术进步作为影响电动汽车发展的首要因素。电动汽车理想的动力电池要求安全性好、绿色环保、具有高能量密度和高功率密度、循环寿命长、成本低。综合考虑各类指标及潜在提升空间，锂离子电池成为当前动力电池的主要发展方向。

考察车用动力电池的性能指标包括能量密度、功率密度、使用寿命、快速充电性能等几个方面，分别用于描述电池的续航能力、加速和最高车速性能、循环使用次数、充电所需时间以及经济性能。目前，锂离子电池技术虽已取得一系列可喜进展，但在能量密度、使用寿命以及快充性能方面仍有待突破，这些指标直接决定电动汽车整体性能和市场价格，也深刻影响着电能补给方式、运营模式和用户接受程度。电动汽车战略规划、技术路线以及运营模式的制定都必须充分遵循技术发展的客观规律。

1. 电池能量密度和成组技术有待突破

电池的性能主要取决于两个方面：一是单体电池的性能，二是电池成组技术[⑧]。目前，磷酸铁锂电池的单体材料技术的能量密度可达到100~200瓦/千克，功率密度达到1000~1500瓦/千克，单体电池的循环寿命平均达到3000次左右。但由于目前车用动力电池需要数个单体电池进行串并联使用，在当前电池一致性水平及电池成组技术制约下，成组后的动力电池的能量密度以及循环寿命往往会大幅降低，还难以完全满足电动汽车产业化的要求。

从发展趋势来看，在现有电池组的寿命指标条件下，动力电池的年均折旧成本已与当前传统汽车的年均燃油费用基本相当，考虑到动力电池使用寿命在近2~3年内有望实现较大提高，加上石油价格仍将保持上涨趋势，在实现技术进步的条件下，动力电池的性能有望在未来2~3年后能更好地满足电动汽车产业化要求。

2. 电池快充技术障碍短期内难以突破，难以实现商业化应用

电动汽车电能供给服务模式可分为交流充电模式、直流充电模式、电池更换模式。受限于目前技术发展水平，动力电池还难以在不影响使用寿命的情况下进行直流快速充电。经常性大电流快速充电会大大缩短电池循环寿命，有关测试数据显示，与1.0C的充电倍率相比，1.1C和2.0C充电倍率下单体电池循环寿命的衰减快了约15%和40%[⑨]，此外，由于快充带来的电池成组后的充电不一致性、散热慢等一系列问题都难以有效解决。因此，从目前以及短期内电池技术发展趋势来看，快速充电还难以作为当前电能补给的主要方式。

3. 电池价格偏高

从电动汽车商业化的角度看，当前的电池价格依旧过高，磷酸铁锂电池组的价格为3~5元/瓦小时，电池约占到电动汽车整车成本的一半。从电池产业化发展的历程看，锂离子动力电池仍处于技术研发和产业化的早期，其价格呈现了较明显的下降趋势。业内专家预计，在未来3~5年，随着电池产业规模的扩大及技术的突破，电池价格有望下降至2元/瓦小时以下。

从发展趋势来看，尽管目前动力电池价格较高，但未来几年电池价格将呈逐步走低态势，存在大幅下降空间；相反，石油价格仍将保持上升趋势。因此，从长远来看，电动汽车相比传统燃油车在经济节能、绿色环保上的优势将日益明显，更具市场竞争力。

（三）大规模电动汽车的充电需求将给现有低压配电设施带来极大压力

电网的分布和供电能力是充电服务网络建设和运营的基础，电动汽车充电作为新增的用电负荷，具有功率大、非线性的特点，工作时既会给电网增加较大功率的用电负荷，同时又会产生谐波电流和冲击电压，若不加以控制和引导，将使电网用电负荷大幅提高，同时出现谐波污染、加大电网峰谷差、使电网设备过载等，从而影响电网安全。因此，在电动汽车规模化集中的城市，低压配电设施将面临极大的压力，保障电网可靠运行将面临较大挑战。

电动汽车大规模发展后，充电需求将相当可观。例如，某城市的电动汽车保有量超过百万辆后，按每辆车充电功率约 3~4 千瓦计，日最大充电负荷可达到 300 万~400 万千瓦，相当于特大型城市夏季日最大负荷的 1/4 左右。结合我国城市配电网普遍负载率高、设备冗余不足的现状，必须通过配电网大规模改扩建才可满足电动汽车规模化发展的需要。电网的建设往往投入巨大，且需要占用大量土地、通道资源，考虑目前发达地区电力通道资源已极其紧张，作为一类全新用电负荷，未来电动汽车规模化发展带来的城市配电网扩容改造问题不容小视。

三 "换电为主、插充为辅、集中充电、统一配送"是突破电动汽车发展当前主要瓶颈的合理策略

（一）可突破当前电池难以实现快充的瓶颈

对电动汽车实现快速的电能补给是满足电动汽车用户实际需求、实现电动汽车产业化的必然要求，其实现方式主要包括"快充"和"换电"两种模式，从目前电池技术的发展情况来看，还难以在不影响电池寿命的前提下实现对电池的快速充电，而且有关技术问题还难以在短期内突破。在我国当前亟须加快实现电

动汽车以及动力电池产业化的形势要求下,以"换电为主、插充为辅、集中充电、统一配送"的电动汽车充换电服务模式可以绕过当前电池快充技术存在的障碍,通过对电池进行快速更换,以满足用户的快速能量补给要求。

此外,通过电池的集中充电、统一配送,一方面可以实现电池的科学储存、合理充电、安全配送,实现对电池的安全与质量问题的有效管控,有效提升电池的循环使用寿命,同时也有利于电池的梯次利用和回收。另一方面,电池的集中采购、集中管理有利于电池标准的统一,通过对电池技术参数的监控、采集、分析,准确掌握电动汽车电池的第一手技术材料,可为电池技术的升级与进步提供有力支撑,为电池产业快速发展提供强大的推动力。

(二) 可突破低压配电网扩容改造面临的瓶颈

"换电为主、插充为辅、集中充电、统一配送"的服务模式是依托110千伏及以上变电站建设电池集中充电站或大型电池更换站,综合考虑电动汽车规模和服务半径等因素,在城区建设电池更换站、电池配送站以及充电桩。通过电池集中充电站和换电站建设,可以实现集中负荷管理,充分利用现有变电站的冗余容量,通过较小范围的配网改造就能满足电动汽车电能补给需求。这样能够有效避免充电负荷大量分散在配电网末端所带来的城市配网大范围改造问题,大大降低相关配网扩容改造投资,并很好地解决城市配网扩容通道不足的难题。此外,电池集中充电站依托110千伏及以上变电站进行建设,可有效提高现有电力设施土地资源的综合利用率。

此外,在"换电为主、插充为辅、集中充电、统一配送"模式下,不仅能有效缓解配电网的压力,还能够反过来提高配电网整体利用效率与安全稳定水平。通过智能电网技术,对电池更换站与电池集中充电站能够实现高效的智能充电管理,从而发挥参与系统调峰、提高系统整体运行效率的效益。电池集中充电站和换电站还可以作为城市的应急电源和备用电源,提高城市电网网架的灵活性和可靠性,降低自然灾害和人为破坏对城市电网的影响。

(三) 可减少相关产业的技术风险

"换电为主、插充为辅、集中充电、统一配送"的服务模式有利于我国在充换电服务网络运营过程中对风险进行集中管控,从而有效提高产业发展初期的风险防范能力。以"换电为主"的服务模式需要电网企业与电池生产企业签订合作协议，当电池技术有突破、能量密度大幅提高时，电网企业可与电池企业根据产能、电池整体运营情况、电动汽车规模等各种因素，统筹协调，制定科学、合理的电池更新计划，满足充电网络的正常运营。当电池的快充技术取得突破时，电网企业可根据已有的换电站、充电站布局情况，快速地更新充电设施，并制订周到的技术过渡方案，为原有电动汽车用户的正常运行提供保障。通过电网企业与电池企业的深度合作，对电池耗材实行统一管理，为用户提供标准化服务，可以消除用户购买电动汽车因电池而产生的商业和技术风险，有利于减少用户与电池企业、汽车制造和销售企业之间的纠纷。相关政策和标准针对专业化和网络化的电能补给服务运营商而制定，有利于政府和行业监管，保证整个行业的规范有序发展。

四　相关政策建议

电网企业是充换电服务网络建设的主力军。电动汽车电能补给服务的本质是要满足电动汽车这一新型电力用户的用电需求。为了适应电动汽车对电能补给的移动性和多样性要求，必须配套建设充换电服务网络，合理配置服务网点和服务方式，为用户提供网络化和规范化的充电服务，以推动电动汽车真正走向市场，尽快实现产业化。近年来，国家电网公司大力开展电动汽车的研究和应用工作，把推动电动汽车发展作为实现国家能源战略的重大举措。目前，国家电网公司已经在关键技术研究、标准体系建立、示范工程建设、运营服务模式等方面取得了丰硕成果，并与各级政府、整车企业、电池企业等相关方建立了良好的合作关系。综上，本文分析提出以下政策建议。

（1）统筹规划，实现电动汽车充电服务网络建设与电动汽车发展及相关基础设施建设的有效衔接。电动汽车充电服务网络应作为城市基础设施的重要内容，被纳入"十二五"城乡发展规划和土地利用规划，并与电网发展规划实现有效衔接。同时，结合即将出台的《节能与新能源汽车发展规划》，由电网企业承担国家电动汽车充电服务网络发展规划编制工作，并据此指导充电服务网络规范有序发展，避免重复建设，引导充电服务网络与电动汽车产业的协调发展。

（2）加强充电设施新标准的执行力度，加快后续标准制定，以实现电动汽车产业链中技术标准的有效衔接与配合。目前，在国家标准委等部门的指导下，以中电联为主体，有关电动汽车充换电设施相关标准正在编制当中，部分核心标准已出台。应加强各项新出台国家标准与行业标准的执行力度，并进一步加快后续标准制定，尽早建立较完善的国家与行业标准体系，避免出现各地方充电设施标准不统一、产业链各方难以有效衔接的问题。

（3）出台促进电动汽车智能充电服务网络发展的支持性财政税收和投融资政策。电动汽车充电服务网络作为电动汽车产业链的重要环节，在发展初期，建议国家本着灵活、实用、适用的原则，给予电动汽车充电服务网络建设与运营企业一定比例的补贴，给予增值税"即征即返"、所得税免征以及土地使用税免征等税收优惠。采取合理措施，加大金融机构对充电服务网络建设与运营企业的支持力度，拓宽企业融资渠道，加快培育相关产业和市场。

（4）进一步加大纯电动汽车在各试点城市中示范应用的比例，配套加强相关充换电基础设施建设。纯电动汽车在我国新能源汽车发展战略中的核心位置应得到进一步重视，建议在"十城千辆"试点城市后续示范应用工作中加大纯电动汽车所占比例，并配套落实相应电能补给服务网络建设方案，确保示范应用工程对我国电动汽车产业的推动作用。

参考文献

国务院发展研究中心：《我国具备将电动汽车作为战略性新兴产业的条件》，《中国发展观察》2009 年第 10 期。

气候组织、贝恩公司：《低碳技术市场化之路：电动汽车》，2010 年 5 月 4 日行业资料。

张树伟：《部门减排方法的原理与现状》，《能源技术经济》2011 年第 2 期，第 45～49 页。

康重庆、周天容、陈启鑫：《电力企业在低碳经济中面临的挑战与应对策略》，《能源技术经济》2010 年第 6 期，第 1～8 页。

张红斌、李敬如、杨卫红：《智能电网试点项目评价指标体系研究》，《能源技术经济》2010 年第 12 期，第 11～15 页。

蒋莉萍、何欣、张栋：《加快电网智能化建设，打造资源优化配置平台》，《能源技术经济》2010 年第 1 期，第 7～10 页。

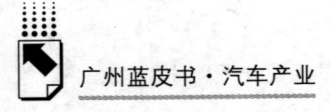

张文亮、武斌、李武峰等：《我国纯电动汽车的发展方向及能源供给模式的探讨》，《电网技术》2009 年第 4 期，第 1~5 页。

李立理、张义斌、周原冰：《我国发展电动汽车充电基础设施若干问题分析》，《能源技术经济》2011 年第 1 期，第 6~10 页。

吴赞、蒋新华、解晶莹：《锂离子电池循环寿命快速衰减的原因》，《电池》2009 年第 4 期，第 207~208 页。

B.12 推进新能源汽车自主创新的问题及对策

李金津 赵树宽*

摘 要：目前，我国新能源汽车产业在自主创新方面存在政策未细化、资金缺口大、核心技术有待突破、缺乏龙头企业、技术路线模糊等问题。在今后的发展中，要抓住机遇，加大政府扶持力度，建立自有技术体系，培育龙头企业，明确产业标准，制定技术路线。

关键词：汽车产业 新能源 创新

近几年，我国不断增长的汽车消费需求与能源和环境的压力之间的矛盾变得日益突出，汽车产业在能源利用方面迫切需要技术创新。虽然我国已成为全球汽车制造大国与消费大国，但并没有成为真正的品牌大国与技术强国，市场上80%以上的品牌都来自国外。在这种情况下，新能源汽车的自主研发与应用及推动其向产业化方向发展成为我国汽车产业面临的新挑战。我国在传统汽车产业上，与发达国家相比存在较大的技术差距，并且在短时间内很难超越。但在新能源汽车领域，我国与国外几乎站在同一起跑线上，在这种情况下，核心技术的创造和品牌的形成相对容易，获得成功的可能性较大。

一 我国新能源汽车产业自主创新现状

工业和信息化部将新能源汽车定义为采用非常规的车用燃料作为动力来源（或使用常规的车用燃料、采用新型车载动力装置），综合车辆的动力控制和驱动方面的先进技术，并具有新结构的汽车。目前，一些骨干汽车企业在新能源汽

---

* 李金津、赵树宽，吉林大学管理学院。

车的自主创新和品牌建立上已取得一些成效。如，一汽集团早在 20 世纪末就开始新能源汽车的研发工作，并在长春成立"绿色"汽车研发生产基地，具有自主知识产权的红旗混合动力轿车于 2006 年问世。同年，自主完成解放牌混合动力客车 CA6110HEV 的样车开发，并于 2008 年正式投入生产，该车型动力性和经济性达到国内领先水平，比传统客车节油 38%，排放降低 30%。一汽集团计划到 2012 年建成 1000 辆混合动力客车和 11000 辆混合动力轿车的生产基地，并实现当年生产 800 辆客车和 1600 辆轿车的目标。上汽集团在混合动力车方面，实施面向产业化目标的自主品牌混合动力产品技术方案。其生产的荣威混合动力轿车是国内第一款面向产业化自主研发的混合动力轿车，可实现综合节油率 20% 左右。在燃料电池车方面也取得一定技术突破，上海牌燃料电池轿车装载国内先进的燃料电池堆、功率密度较大的锂电池和驱动电机，并采用高压储氢系统作为动力燃料源。东风汽车公司是国内最早从事电动汽车研发的汽车企业之一，自主开发了游览车、多功能车、工业专用车和高尔夫球车等 4 大系列近 20 个品种的纯电动车。2005 年，清源公司开发的 6 辆"幸福使者"纯电动汽车出口美国，成为首个出口的国内新能源汽车品牌。2007 年，实现国际市场订单超过 1000 辆。国内著名汽车电池制造商比亚迪公司一向致力于电动汽车的研发，并先后推出全新技术的"ET"电动汽车、F3DM 双模电动汽车和 F6DM 混合动力汽车。国产汽车自主品牌奇瑞在自身产品平台上搭建节能环保汽车平台，开发出采用弱混合动力、中度混合动力、燃料电池动力和磷酸铁锂电池的纯电动等 4 个系统的新能源汽车。可以说，我国新能源汽车的制造体系逐步建立，自主创新能力得到较大提升，国内许多企业已开始涉足与新能源汽车相关的电池、电机等关键零部件的研制和生产，技术水平与国际先进水平的差距正在缩小。

在我国自主研制的新能源汽车中，混合动力汽车在系统集成、可靠性、节油性能等方面进步显著，不同技术方案可实现节油 10% ~ 40%。截至 2008 年底，我国市场在售的新能源乘用车全部为混合动力车型。由于混合动力汽车技术相对成熟，购买成本相对较低，无疑是新能源汽车中销量最好的，并且有望成为最早普及的新能源汽车。纯电动汽车目前主要应用在公交车、商用车等领域，燃料电池还主要停留在实验试制阶段。对比各类新能源汽车的综合性能，在环保性上，燃料电池汽车和纯电动汽车的尾气排放量最低，其次是混合动力汽车，排放量约为普通燃油汽车的 50%。然而，纯电动汽车虽然在使用过程中没有造成环境污染，但其在通过火力发电或核能发电获得电能的过程中，以及蓄电池的报废过程中均会造成不同程度的环境污染；在可操作性上，我国的纯电动汽车和燃料电池汽车在一些关键技术和安全技术问题上与国际先进技术存在一定差距，并且成本过高，充电站等配套设施的建设也是一笔巨大投入，很难在短期内形成规模生产和产业化。与此相比，混合动力汽车的技术趋于成熟，而且不需要其他配套设施的建设。因此，大力推进混合动力汽车产业化，将是现阶段和今后相当长的一段时期内，我国汽车产业满足急剧增长的市场需求、缓解能源与环境压力的最有效举措，也是尽快缩短我国与世界汽车产业技术水平差距、促进汽车行业持续健康发展的重要时机。

二　我国新能源汽车产业自主创新过程中存在的问题

（一）政策未细化，缺乏支持力度

在我国有关部门发布的汽车产业政策中明确提出，"汽车产业要结合国家能源结构调整战略和排放标准的要求，积极开展电动汽车、车用动力电池等新型动力的研究和产业化，重点发展混合动力汽车技术和轿车柴油发动机技术。国家在科技研究、技术改造、新技术产业化、政策环境等方面采取措施，促进混合动力汽车的生产和使用"。国家虽然出台一系列鼓励发展新能源汽车的政策，但政策指向还不是很明确。并且鼓励政策要落到实处，必须有相应的实施细则和配套政策。

（二）资金缺口大，成本居高不下

企业是技术创新的主体，也是资金投入的主体。在新能源汽车没有实现产业化的相当长的一段时间内，企业需要持续、大量的资金投入，并且这种投入在短时间内很难获得回报。研发资金主要源于企业的销售收入，这要求企业在争取未来市场的前提下，积极参与现有市场的竞争。因此，资金的缺乏是制约新能源汽车发展的重要因素。同时，以产品为中心的推广方式成本较高，刚进入市场导入期的新能源汽车，其生产成本在短期内很难大幅下降，消费者一次性支出成本过高，将中低收入的消费群体排除在外，从而严重影响购买力。如，比亚迪公司

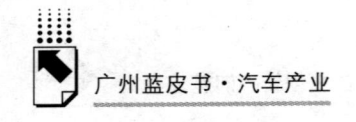

F3DM 航模汽车增加的电池、电机、电控等一整套系统,目前的成本就是 5 万多元。在没有大规模产业化的前提下,成本很难降下来。

(三) 核心技术有待突破

虽然全球汽车产业在液化石油气汽车和压缩天然气汽车两个领域已成功地从实验室走向市场,混合动力汽车也逐渐发展成熟,但在纯电动汽车、氢能源汽车、醇类汽车等领域,核心技术仍是众多汽车企业必须突破的瓶颈。很多新能源汽车仍停留在大学或科研机构的实验阶段。要真正实现规模化生产,还需要一段时间,有待技术的再次创新。而且与国际先进水平相比,国内一些产品在稳定性、可靠性及耐久性等方面还存在一定差距。另外,在一些企业所推出的新能源汽车中,核心技术及关键零部件需要进口,仍存在依靠国外技术的现象。

(四) 缺乏带动产业发展的龙头企业

虽然众多自主品牌企业都相继推出新能源汽车,然而大都在起步阶段,无论是混合动力汽车还是纯电动汽车,都没有出现具有代表性或是突破性核心技术的产品。多数企业都存在产能小的问题,一些关键设备和重要零部件几乎完全依赖进口,缺乏具有带动作用的龙头企业,很难形成产业标准,低水平、低效率的重复建设较多,资源浪费严重,影响产品质量的提升与成本的下降。

(五) 技术路线模糊,产业化成果不突出

总体看,目前各类新能源汽车的发展均取得一定的突破性成果,但我国汽车产业对新能源汽车未来发展方向还没有形成一致的判断,技术方向较分散,研发重点不明确,大部分还处于试制和小批量生产阶段,不具备产业化的条件。国内企业还缺乏对新能源汽车技术的深入研究,产品没有经过多轮使用,技术不成熟。

三 促进新能源汽车产业发展的建议

目前,跨国汽车巨头纷纷在我国设立自己的研发中心,这表明已有越来越多的国外汽车企业将新能源汽车的"本土化开发"当做打开中国市场的又一新的

战略。在中国设立研发中心，可以更好地适应中国市场的特殊环境，对引进车型进行适应性改良，同时又可以利用中国价格相对低廉的人力资源，降低开发成本，以便快速抢占新技术的制高点。在这样的背景下，我国需要明确新能源汽车的自主创新之路。

（一）政府加大财税扶持力度

具有突破性的新能源技术要想从实验室顺利迈入市场，需要大量的人力与物力，仅靠企业自身的投入远远不够，需要政府提供相应的资金保证及财税扶持政策。一方面，对新能源汽车生产企业给予财政补贴，加大对新能源汽车的政府采购力度，降低关键零部件的进口关税。另一方面，充分发挥政府的扶持作用，通过引导新能源汽车企业上市的方式，拓宽融资渠道，吸纳民间资本，从而推动其产业化发展。

（二）建立自有技术体系

目前，很多在新能源汽车研究领域起步较早的国外企业正在向我国进行产业转移。其中，以日本丰田和本田公司最具代表性。在这样的背景下，我国要顺应这一发展趋势，积极参与国际分工体系。借鉴国际经验，密切跟踪国际先进技术，结合我国新能源汽车发展的实际情况，立足自主品牌发展，尽快推出一套适应我国国情的产业发展战略和产业促进政策。同时，做好技术的引进和吸收工作，建立自有技术体系，完善知识产权保障机制，避免在产业化推广的过程中因知识产权问题而受制于人，重蹈20世纪90年代以市场换技术的覆辙。

（三）培育龙头企业，促进企业联盟

在传统燃油汽车向新能源汽车过渡的关键时期，原有龙头企业的带动作用没有得到充分发挥，导致整个产业链无法有效整合。一方面，可选择在新能源领域发展较好的企业进行重点培育，打造具有核心品牌价值的知名企业，并且通过合作平台，推动关键零部件的自主化，为整车的发展提供支撑。另一方面，促进企业及科研机构间的战略联盟，避免无序、低水平的竞争，降低风险和成本，集中优势资源在较短时间内实现关键技术的突破。

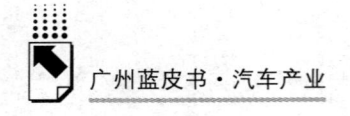

（四）完善产业标准体系

建立严格的检测监督机制，通过约束与激励政策，限制大排量车型的生产和销售，并对尾气排放超标的车辆征收空气污染防治费，提倡使用经济、节能、环保型汽车。尽快建立各类型新能源汽车及其相关基础设施的产业技术标准，开展产品标准化工作，避免资源浪费，为大规模的推广和应用提供有效的技术与产品支撑，推动新能源汽车科研成果顺利向产业化过渡。同时，要对新能源汽车的技术性、环保性、节能性和安全性做好等级认证工作。

（五）技术路线多元化，研发形式多样化

新能源汽车要走多元化的发展路线，以便在市场格局还不十分明朗的情况下，有效规避风险。各汽车企业要结合自身的基础技术水平和资源占有情况，以及所在地域的文化习俗等，因地制宜地研发相应的新能源汽车，这样获得成功的可能性将更大。

（六）明确发展重点，加快产业化速度

新能源汽车技术多元化并不意味着没有重点。各类技术特点及研发周期存在较大差异，不可能在同一阶段内全部实现批量生产。而推进自主创新的重要环节就是新能源汽车的产业化，这就需要有重点、有阶段地进行发展。首先要结合技术发展的实际情况，选择既有利于能源安全和保护环境，又能够平衡当前与未来经济和社会效益且相对成熟的技术为重点发展方向，然后确定我国新能源汽车发展技术路线和新能源汽车发展战略，明确各阶段的发展任务，使我国新能源汽车技术研究顺利开展，特别是在产业化方面取得突破，以便取得未来的竞争优势。

企业发展篇

Enterprises Development

B.13
坚持项目带动　推动产业升级 促进集团平稳较快发展

叶随涛　黄　坚　欧阳惠芳*

摘　要： "十一五"期间，广州汽车集团股份有限公司（下称"广汽集团"）投资了9家整车制造企业（广汽乘用车、广汽本田、广汽丰田、本田中国、广汽菲亚特、广汽长丰、广汽吉奥、广汽日野、广汽客车），发展成为涵盖乘用车、商用车、摩托车、汽车研发、汽车零部件、汽车服务等完整产业链条，具备资本运作平台，治理结构相对完善的大型汽车企业集团，初步形成了覆盖华南，辐射华中、长三角和环渤海地区的产业格局。本文简要分析广汽集团的发展战略，包括坚持自主品牌发展、深入发展合资合作、实施兼并重组等。

关键词： 广汽集团　项目带动　自主品牌　合资合作

---

* 叶随涛、黄坚、欧阳惠芳，广州汽车工业集团有限公司。

回顾从 2005 年到 2010 年的发展历程，广汽集团汽车产能从 30 万辆提高到 110 万辆，汽车产销量从 24.7 万辆提升至 73.2 万辆，累计生产和销售汽车 270 多万辆；销售收入从 478 亿元提升至 1595 亿元；利税总额从 99 亿元提升至 334 亿元；在 2010 年中国企业 500 强中排名第 44 位，连续八年经济效益综合指数位居行业第一，连续七年在广东省大型企业竞争力排名中蝉联第一。集团近年取得平稳快速发展和各个项目投资的顺利推进是分不开的，"十一五"期间，集团共完成项目投资 243 亿元，完成新建、新增及技术改造项目超过 300 个，为集团的快速发展起到了巨大的推动作用。

一 自主品牌项目取得突破，打造集团新的增长引擎

为积极响应国家汽车产业政策，加快自主创新，实现集团下一步跨越式发展，集团在"十一五"期间不断致力于增强企业自主创新能力、推进企业自主品牌建设。2006 年启动自主品牌项目，2008 年广汽集团自主品牌乘用车项目申请报告获国家发改委核准，其中投资 30 亿元建设广汽集团汽车研究工程院研发基地，引进大量高级专业人才，全力打造集团自主品牌汽车，在项目建设过程中，不断提高研发水平，培养研发人才，通过联合开发等方式，研究院着力消化吸收再创新，历时 28 个月完成了首款自主品牌轿车的开发工作。投资 38 亿元建设的广汽集团乘用车整车生产项目也顺利推进，2010 年底项目已达成年产 10 万台的生产能力，首款自主品牌乘用车"传祺"轿车于 2010 年 12 月正式上市销售。与此同时，2007 年广汽本田汽车研究开发有限公司项目的启动，也在行业内开了一个先河，国内首款合资企业自主品牌"理念"的上市将成为集团乃至中国汽车工业发展的一个里程碑。通过对自主品牌项目的推进，集团的自主研发和自主品牌工作一步一个脚印，迈出了坚实的步伐，自主创新能力得到快速提升，集团人才得到快速成长，为集团的可持续健康发展打下了很好的基础。

二 合资合作不断深入，发展基础更加扎实

目前，集团主要发展贡献来自合资合作项目，广汽本田、广汽丰田作为广汽集团的主要投资企业为集团前期的发展壮大起到了至关重要的作用。作为集团最

先发展起来的板块，广汽本田、广汽丰田等骨干企业仍然保持着良好的发展势头，至 2010 年末，广汽本田和广汽丰田通过生产扩能的技术改造，产能都达到年产 36 万辆。广汽本田四大车型均在"十一五"期间完成全新换型，广汽丰田相继导入雅力士和汉兰达等车型，在满足市场的同时也使自身不断发展壮大，广汽丰田项目更是创造了当年投产当年盈利的佳绩，项目投资回收期（含建设期）仅 3 年，比当初可研的 7 年提前了 4 年。广汽丰田发动机一、二期工程在"十一五"期间全部完成，所有生产线均已投入使用，2010 年实现 14 万台高品质成批量整机出口日本。2007 年，总投资达 24 亿元的广汽日野项目启动，在 2010 年底已达到重卡 5000 台/单班、轻卡 5000 台/单班的产能，填补了集团在商用车板块的空白。2009 年，广汽菲亚特项目正式在湖南长沙启动，预计在 2012 年将达成 20 万台的生产能力。通过现有及新建合资合作企业项目的推动，集团各企业的生产技术实力不断提高，产品质量不断提升，并且培养了大量优秀的技术人才，为集团的发展提供了技术支持和人才保障。

三 加大兼并重组及资本运作力度，产业布局更加合理

"十一五"期间，集团在资本运作上加大力度，顺利推进广汽集团实现在香港 H 股上市，还在收购重组方面取得很大的进展。2009 年，广汽集团收购湖南长丰汽车 29% 的股份，正式将发展触角伸到广东省外。2010 年，广汽集团和三菱汽车缔结合作备忘录，计划以原各自出资 29%、14.59% 的广汽长丰汽车股份有限公司为基础，设立广汽集团和三菱汽车各出资 50% 的合资企业。同年，广汽集团与吉奥汽车在杭州签署战略合作协议，与吉奥汽车共同出资成立广汽吉奥汽车有限公司，这是集团根据国家汽车产业调整和振兴规划，在战略合作道路上迈出的一大步，也是国有企业与民营企业合作的经典案例，使集团有了自己的微型车及皮卡产品。集团通过收购重组项目在区域上进行了战略布局，广汽长丰项目及广汽三菱项目的推进，使长沙成为集团的另一个发展基地，而广汽吉奥项目的推进使集团的发展区域扩展到了华东地区，这都将推动集团从一个区域性的汽车集团发展成为全国性的大型汽车集团。2010 年 8 月，广汽集团在香港联交所挂牌上市，成为集团发展的一个新的里程碑。今后，兼并重组及资本运作项目成为集团的另一增长手段，在丰富集团产品结构和完善集团战略布局上将起到重要的作用。

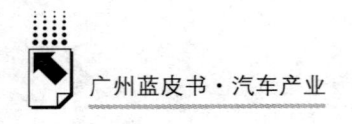

四 推动产业链上下游发展，加快产业转型升级

除了整车生产项目，集团的其他板块项目也在突飞猛进地发展。与法国东方汇理合作的金融项目在2009年正式启动，经过近两年的建设，广汽汇理汽车金融有限公司已于2010年7月开始正式运营。汽车保险项目也正在筹划之中，金融项目和保险项目的推进填补了集团汽车金融板块的空白，也使集团的发展更加多元化。与此同时，集团下属的一大批汽车零部件项目和汽车商贸项目受整车发展的带动，也相继呈现强劲的发展势头，零部件板块近三年通过与国外汽车零部件著名企业如电装、斯坦雷等合资合作，共成立新企业10户，至2010年底已形成180亿元的产值规模，成为集团发展的一个重要组成部分。商贸板块近三年累计建成汽车物流业、销售业、维修业以及资源再生等下游产业的一批企业，不断挖掘新的增长点，为集团下一步发展打下了坚实的基础，也使整个集团的产业链更加完善。

根据广汽工业集团"十二五"发展规划纲要，到"十二五"末，广汽工业集团将形成300万辆的汽车产能，销售收入超4000亿元。实现"十二五"规划总体目标，将成为集团发展历史上的一个里程碑，将为集团下一步的发展打下坚实的基础。目标宏伟而远大，任务重大而艰巨。其中，项目投资规划620亿元，各个项目投资的有序推进将成为集团达成目标的重要推动力。必须将每个项目的工作落到实处，加强项目的过程管理和后评价，同时需要集全集团之力，全方位调动集团内外资源，以自主品牌项目和新能源汽车项目为重点，保证目标的实现和集团长期稳定并可持续发展。

B.14
合资企业自主品牌助力广汽本田可持续发展

欧阳惠芳 洪 云*

摘 要： 随着国内汽车市场的持续高速增长，各大合资汽车企业想方设法抢占市场份额，而合资企业推出自主品牌就是一种重大举措。本文简要介绍了广汽本田启动合资企业自主品牌战略的过程，并对其自主品牌——理念进行了详细介绍，最后指出自主品牌的推出将力助合资汽车企业的可持续发展。

关键词： 合资自主品牌 理念 可持续发展

广汽本田汽车有限公司（简称广汽本田）成立以来，以滚动发展模式，实现了产能由1万辆到36万辆的跨越，产品也由雅阁（Accord）一个品牌拓展为雅阁（Accord）、奥德赛（Odyssey）、飞度（FIT）、锋范（CITY）、歌诗图（Crosstour）和理念（EVERUS）六大品牌，产品系列覆盖中高级车、中级车、经济型车、MPV等各个级别。广汽本田产销量实现一年上一个新台阶，2010年实现汽车产销38.6万辆、销售收入557亿元、利税128亿元的优异成绩。2011年3月26日，广汽本田自主品牌理念S1轿车正式下线，为中国汽车自主之路探索出全新的发展模式，开启了广汽本田可持续发展的新篇章。

一 率先布局，启动合资企业自主品牌战略

在国家大力提倡自主创新的大环境下，广汽本田率先在汽车合资企业中启动

---

* 欧阳惠芳、洪云，广州汽车工业集团有限公司发展部。

自主品牌战略。2007年7月19日，广汽本田成立了广汽本田汽车研究开发有限公司（简称广本研发公司），这是国内第一个由合资企业独立投资、以独立法人模式运作的汽车研发机构，拥有包括概念设计、造型设计、整车试作、实车测试、零部件开发等在内的整车独立开发能力。广本研发公司的成立，标志着合资企业自主品牌正式破题，这对于提升中国汽车工业的自主研发能力具有重要的意义。

2008年4月20日，广汽本田发布了自主品牌——"理念"的品牌标志。它以具备科技感与未来感的银色为主色调，品牌标志图形螺旋上升，如同一个DNA分子，表达了"理念"品牌追求领先科技、永不停步的精神。

2010年12月20日，国内首个合资企业自主品牌理念（EVERUS）的第一款量产车型——理念S1正式亮相第八届广州国际车展，引起了业界的广泛关注。

2011年3月26日，广汽本田理念（EVERUS）的第一款量产车型——理念S1在黄埔工厂正式下线，4月在广汽本田全国470多家特约销售服务店同步上市。

广汽本田研发、制造出了首款量产车型，这是中国汽车自主之路上的一个重要里程碑事件。广汽本田的成功实践表明，中国汽车的自主之路不止一条，合资企业同样可以为中国汽车自主研发水平的提高贡献自己的力量。

二　精心调研，打造中国人的幸福移动生活

广本研发公司对理念品牌及技术拥有自主知识产权，其研发体系、研发团队、研发思路完全是中国本土化的。作为理念品牌的首款量产车，理念S1在研发之初就立志要成为一款真正受中国消费者喜爱的、能给中国消费者带来幸福生活的国民车。为此，广汽本田的研发人员在国内进行了长时间的大规模市场调研，深入中国30多个城市，走访超过3000名消费者，倾听他们对于家庭轿车的全方位需求。

调研发现，无论是一、二线城市还是三、四线城市，家用轿车市场始终是最为蓬勃发展的细分市场，而随着消费者的日渐成熟，他们对家用轿车的需求也更趋理性。造型大气、品质可靠、性价比高、使用成本低，成为他们对一款家用轿车的基本功能需求。而在情感层面，他们又希望所购买的汽车品牌源自主流的汽车企业，这种企业品牌的强大背景能够给他们带来信赖感、安全感和体面感，成为他们幸福生活的好伙伴。

基于对中国消费者的深入洞察，理念 S1 的研发团队以"打造中国人的幸福移动生活"为目标，提出了"适合中国都市的全新轿车（Urban New Face Sedan）"的开发理念。根据这一开发理念，研发团队围绕造型、空间、性能、配置、成本等单元提出了一些革新性的创意与方法。

可以说，理念 S1 每一个细节的设计与改动，都充分考虑到了中国消费者的审美需求和使用习惯，是专为中国而生的一款高品质家轿，在它身上，充分体现了广汽本田"感世界而动"的企业理念。

三 "三同一本"，倾力打造新基准国民车

理念 S1 秉承了"理念（EVERUS）"的品牌寓意"我们永远的理念"，即"以打造国际一流汽车品牌为追求目标，以中国人的价值观为导向，以广汽本田强大的研发体系、制造体系和营销体系为依托，完美诠释中国式的现代生活品味"，立足广汽本田多年来形成的坚实基础，以"技术同步、品质同源、服务同网、本土化研发"打造新基准国民车。

1. 技术同步

本着对中国消费者负责任的精神，理念 S1 采用了得到全球 32 个国家超过 80 万顾客信赖的 Honda 经济型车平台，搭载拥有全球 130 万台以上生产实绩的 Honda 1.3 升、1.5 升发动机和 5 挡手动/自动变速箱，保障了理念 S1 拥有先进的技术水平和可靠的品质保障。这款发动机具有优秀的动力性能与节油性能：1.5 升 5AT 的油耗为 6.9 升（综合模式油耗），1.3 升 5MT 的油耗为 6.1 升（综合模式油耗）；动力性能在同排量发动机中名列前茅。在 Honda 成熟经济型车平台的基础上，广本研发公司根据中国消费者需求进行了大量调研和本土化研发，开展了大量看得到和看不到的技术改进与提升。每一个细节的改动、每一个零部件的改进都按照广汽本田的严格标准来进行，都要反复进行技术验证，从而实现了技术同步。

2. 品质同源

广汽本田成立之初，在引进全球同步车型和技术的同时，还引进了 Honda 先进的品质管理标准，建立起一套既反映 Honda 管理思想又符合中国国情和企业实际的广汽本田质量管理标准（GHQS）。在理念 S1 量产前，广汽本田采用针对中国市场的实车实地调查、二次开发、产品认证、工装设备适用性验证、质量符

合性验证、量产满足性验证等方式，对新车型开发和生产的市场适应性、制造工艺性、质量水平和量产能力分段进行验证和评价，使投产和投放市场可能发生的问题在上市前充分暴露并得到解决，保证了理念 S1 的质量和批量生产的顺利展开。在供应商领域，理念 S1 的很多零部件都依据中国消费者需求进行本土化开发，并完全按照广汽本田严格的技术标准对供应商进行评价选择，从品质（Q）、价格（C）、交货期（D）、研究开发能力（D）、管理水平（M）和生产技术水平（E）6 个方面进行综合评价；并对零部件厂家从设计开发体系和质量保证体系等方面进行具体、细致的评审，评审合格的零部件厂家才能成为广汽本田的供应商。在生产制造过程中，理念 S1 承袭了广汽本田精益生产的方式，将质量保证落实到每一个工序，实行全员质量管理，保障了理念 S1 的可靠的生产制造水平。

3. 服务同网

作为广汽本田的第二个品牌，"理念（EVERUS）"品牌和"Honda"品牌的车型将一起在广汽本田现有的特约销售服务网络进行销售，并享有相同的售后服务水平。作为在国内首创集"整车销售、售后服务、零部件供应和信息反馈"四位一体销售服务模式的汽车企业，广汽本田坚持"在有市场需求的地方建店"的原则，截至 2011 年 2 月底，已建成一级特约店 470 家、二级特约店 65 家，形成了遍布全国的强大销售服务网络。广汽本田始终坚持以售后服务为四位一体的核心，努力完善和强化售后服务管理体系，努力让客户感受到更多"购买的喜悦"。2009、2010 年连续两年，广汽本田在 J. D. Power 客户满意度调研中名列三甲。

4. 本土化研发

从研发之初，广汽本田的本土研发团队"用自己的双脚走遍市场、用自己的眼睛观察市场、用自己的耳朵聆听市场"，在国内进行了长时间的大规模市场调研。理念 S1 符合广大中国消费者的价值观念、审美习惯和消费特点，既彰显他们活力四射、开放自信、精明务实的个性，又能增加他们正在成长为社会中坚力量的自豪感。可以说，理念 S1 是一款真正由中国人自主开发的、和最广泛的中国消费者的生活追求相契合的、能够给中国消费者带来自豪感和亲切感的精品力作，无疑将为更广泛的中国消费者提供工作生活两相宜的轿车之选。

四 自主品牌，助力合资企业可持续发展

通过理念 S1 的研发，广汽本田取得了两个成果，一个是理念 S1 产品本身，

另外一个是建立了理念（EVERUS）的开发体系。通过理念（EVERUS）品牌的发展，广汽本田建立并强化了公司的研发、制造及营销体系，并使得已有的制造及营销功能得以拓展，能够与研发进行联动，实现了由汽车制造工厂向完整汽车企业的战略转型。

几年来，通过整车设计、零部件采购、生产工艺和品质控制等方面工作的开展，广本研发公司建立了一套自主研发的体系与流程，总结出自主研发工作开展的方法，初步建立了自主研发的数据库，同时建立了关键零部件的开发与采购体系，促进了广汽本田的人才自立化发展。研发公司全体成员反复论证、不断推敲，从失败中总结经验，不断进步，形成了比较成熟的研发队伍，为今后第二、第三款量产车型的研发积累了宝贵经验。

理念（EVERUS）品牌的发展和理念 S1 的成功下线，是广汽本田中日股东双方通力合作的结果。多年来，广汽本田始终把顾客的满意放在第一位，在向顾客提供商品的同时，更希望为顾客带来超越其期待的喜悦。正因为有这种想法，广汽本田导入了 Honda 先进的技术，打造了令消费者非常信赖的广汽本田品质，构筑了遍布全中国的"四位一体"销售服务网络。这些积累正是广汽本田能够顺利进行双品牌运营的基础。理念 S1 正式下线，标志着广汽本田进入了"Honda"、"理念（EVERUS）"双品牌运营的全新阶段，也标志着广汽本田已经建立了研发、制造、销售一体化的运营体系，由单纯的制造工厂发展成为一家完整意义上的整车企业。理念 S1 面向中国最为蓬勃发展的家用轿车市场，凭借"技术同步、品质同源、服务同网"的三大优势，并顺应国情的本土化研发，给消费者带来信赖、信心、幸福三大新价值，从而为国民车树立新基准。这必将开启广汽本田发展的新篇章，并为中国汽车自主之路探索出全新的发展模式。

2011 年是"十二五"规划的开局之年，宏观经济的健康发展将为车市的稳定增长提供有力保障，而随着广大中西部地区经济的高速增长，汽车市场的重心将加速向二、三线乃至四、五线市场延伸，轿车进入普通家庭的步伐进一步加快，这将给理念 S1 提供广阔的市场空间。理念（EVERUS）品牌将与 Honda 品牌成为广汽本田的"双引擎"，助力广汽本田可持续发展，推动广汽本田在中国汽车产业的第二个"黄金十年"加速跃向更高的目标。

B.15
东风日产：谋篇布局　追求新高

梁燕斌　王洪鹏*

摘　要：2010年，东风日产通过提升产能、打造双品牌、完善产品布局、经营网络精耕细作等一系列成功的举措，实现了整车销售660999辆，同比增长27.4%，11月30日提前完成全年60万台产销目标，成为少数提前完成全年销量任务的主流厂商之一。2011年是一个全新的阶段——新工厂建设、新品牌推广、新车型开发、新基地运营等一系列重大活动将支撑东风日产有效构建全新的格局。站在全新十年的开端，东风日产将有效整合各板块的体系竞争力，以年轻的心态、精准的洞察、敏捷的行动再次挑战更高的目标，加速实现百万台梦想。

关键词：谋篇布局　东风日产

一　2010年：厚积薄发　全面告捷

在刚刚过去的2010年，东风日产人固干强枝，瞄准更高远目标积蓄能量，强化基础，在产能提升、产品布局、网络精耕、事业拓展、运营质量提升等方面谋篇布局，为东风日产的持续高速发展积淀更加厚实的根基。公司继续保持年轻的激情和旺盛的精力，在技术研发、产品结构、品质保证、营销能力、企业公民责任等多个维度全面发力，形成领先行业的体系竞争力，为未来跨越年产销百万辆的更高台阶、成为中国乘用车行业的领先者，积小胜为大胜，步步为营。

2010年，东风日产全年销售660999辆，以大幅超过60万辆年度目标的成绩完美收官，继续保持高速、稳健的成长态势。从2003年成立之初的6万辆，到

---

* 梁燕斌、王洪鹏，东风日产乘用车公司事业计划部战略规划科。

2010年的66万多辆，东风日产的产销量增长已逾10倍。通过7年来的细心耕耘，东风日产在全价值链各环节实现了全面的升级与进步，企业整体已跨入了中国乘用车行业第一集团。

产品方面，2010年东风日产旗下各款车型表现抢眼：作为东风日产旗下的主力车型，天籁、轩逸、TIIDA、骊威2010年销量持续飙升，全年销量均突破10万台大关。在几款主流车型市场表现优异的同时，2010年，东风日产通过对各消费市场的深入分析，在现款车型升级及全新车型导入方面下足工夫。从年初家族化的新骊威改款到安装了CARWINGS车载信息智能服务系统的全新天籁上市，再到日产全球畅销车型玛驰上市及第十代阳光全球首发，东风日产在各个细分市场全面发力，最大限度地满足不同消费者的需求。

生产及品质管理方面，积极构建东风日产领先市场半步的生产能力和全价值链品质管理体系。东风日产将襄樊、花都、郑州三大基地产能提升活动和新工厂建设活动作为重点项目来推进，2010年5月8日，花都第二工厂正式奠基；9月20日，郑州生产基地正式竣工投产；后续，襄樊、花都、郑州三个基地将分别致力于高级车、中级车和入门车、SUV的生产，东风日产根据三个基地的独特优势，让其在各自的领域不仅成为中国乘用车最具技术含量的生产基地，更成为日产全球最具竞争力的标杆基地。品质方面，公司持续以客户为中心开展品质管理活动，导入了各种智能化的质量信息管理系统，对品质数据进行多维度、全方位的管理和分析，并不断地进行改进，取得了优异的成果。在2010年中国权威新车质量调研（J. D. Power-IQS）报告中，东风日产旗下的颐达/骐达、天籁、逍客等主力车型在各自的细分市场全部名列前三甲，特别是颐达/骐达，在中国乘用车市场竞争最为激烈的入门级中型车区格中脱颖而出，再次荣膺第一。积极规划的生产能力和品质保证能力将为东风日产2011年77万销量目标提供有力的支撑。

营销网络建设方面，东风日产坚持营销精耕细作，巩固一线城市，发力二、三级市场建设。据统计，截至2010年底，东风日产的一级经销商网点由2009年的391家快速上升为454家，二手车有效签约网点由2009年的76家提升到2010年底的90家，稳重而高速的渠道建设为东风日产成功实现在中国客户超过200万、年销量不断攀升提供了有力的保证。

新能源汽车推广方面，东风日产一直致力于电动汽车的引进和推广。日产纯电动车聆风分别在武汉和广州开展了面向政府和媒体的试乘试驾活动,广州市委、市政府主要领导出席了活动并亲自进行了试乘试驾,给予了聆风高度评价。这使多方参与的电动汽车合作示范项目迈出了实质性的一步。目前,公司正与广州市政府方面积极研讨新能源试点工作的开展方案,预计于2011年将取得更为实质性的进展。

自主品牌方面,2010年9月8日,东风日产自主品牌"启辰"发布,随后,第一款"启辰"概念车及品牌理念"阅世界 悦中国"在广州车展发布。"启辰"品牌的建立,使东风日产成为中国利用合资资源开展自主研发的企业之一,更标志着东风日产进入"双品牌"经营的全新时代。

2010年,东风日产已成功完成了面向未来战略计划的全方位的谋篇布局。在近几年辉煌的经营成绩背后,是东风日产七年来始终坚持的"经营质量比规模增长更重要"的经营理念,是东风日产在商品企划、研发、采购到制造、营销、服务全价值链全面推进形成的体系竞争力。东风日产不断增强的企业体系竞争力又将为下一个十年的发展积蓄持续上升的能量。

二 2011年:谋篇布局 追求新高

2011年将是各汽车品牌比拼品牌实力、考验渠道竞争力、检测团队整体战斗力的关键一年。对于东风日产来说,2011年是一个全新的阶段——新工厂建设、新品牌推广、新车型开发、新基地运营等一系列重大活动将支撑东风日产有效构建全新的格局。站在全新十年的开端,东风日产将有效整合各板块的体系竞争力,以年轻的心态、精准的洞察、敏捷的行动再次挑战更高的目标,加速实现百万梦想。目前,东风日产已明确了2011年各项发展目标与战略举措。

(一)双品牌战略,凸显自主度身设计

商品研发方面,立足中国,充分利用全球研发资源。自主品牌"启辰"的开发工作正按预定计划推进,东风日产将依据"高度尊重中国消费者需求"的造车理念,整合世界级先进技术,为中国消费者提供更适合中国路面状况、性价比更易于被中国消费者接受的高品质轿车。2011年,东风日产将陆续向市场投放三款以上的全新车型,自主研发的启辰轿车预计将于2012年面世。

（二）三大生产基地确保量、质提升

产能方面，2011 年，通过对现有花都、襄樊工厂的产能改造，及花都第二工厂和郑州基地的建设，东风日产的总产能将进一步提升，从而有效解决此前东风日产面临的产能限制问题，为其实现全年销售目标提供有力的保证。在三大基地"量"持续增长的同时，东风日产对于"质"的追求也不断加强。从采购到制造，东风日产坚持精益制造，为消费者提供值得信赖的产品。2011 年，原有工厂将通过一系列设备改造活动，进一步提升品质保证能力，打造品质水平新标杆；花都新工厂按照全球领先的工艺制造标准实施设计制造，预计年内竣工。其间，东风日产将在新工厂进行流程管理、生产线控制、品质监督、高端仪器设备投入等一系列优化举措，使东风日产产品品质能够得到持续提升。

（三）市场营销深化精耕细作

市场营销领域，东风日产全力冲击 2011 年 77 万台的销售目标。公司将根据市场和政策的最新变化，开展一系列营销体系的调整与重点活动：首先，随着东风日产保有客户的增加，全力提升客户满意度：在提升服务专业能力方面，导入行业权威机构的内部培训体系；优化协作机制方面，增强企划能力，通过销售督导与服务专员重点推进执行和过程管控；开展以客户需求为中心的创新服务，通过"预约服务＋双人快保"、"7－11 服务＋24 小时救援"、"一对一服务"等举措，提供贯穿客户买车、用车、换车全程专业的"感心服务"。

其次，从销售能力、品牌建设、网络发展、基础建设等方面全面提升营销体系的系统性战斗力：在整车销售领域，通过天籁、轩逸、SUV、阳光、玛驰等在市场上的车型谱系全面覆盖，巩固行业领先地位；深化"华东崛起"的区域战略，加强在全国三、四线城市的业务拓展；进一步快速布建 4S 店和直营二级网点，加强对二级网点的管理，提升东风日产渠道网络的可持续发展能力；加强车展等体验式营销，提升品牌影响力。

水平事业及售后服务方面，进一步加强认证二手车业务，为消费者提供更为合理便捷的服务，并以此提高经销商的二手车收益；强化东风日产易租车公司的职能，将全国品牌连锁汽车租赁业务进行事业化运作；推进与经销商合作良性发展，通过提升精品销售、提升服务效率、CARWINGS 服务能力等策略，提升售

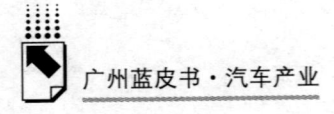

后产值及收益，实现多方共赢，巩固业内领先地位，积极促进合作经销商营利模式的转型升级。

三　小结

东风日产七年来跨越式的发展，得益于"经营质量重于经营规模"的企业经营理念和实践，得益于不断挑战自我、始终领先业界半步的超前思维。2011年，东风日产将面临更为复杂、更多不确定的环境，但对于崇尚挑战、渴望成功的团队来说，东风日产珍惜这种不确定性。加速起飞正需要逆风飞扬。

B.16 广汽传祺,以创新造就高品质汽车品牌

欧阳惠芳 黄 坚*

摘 要: 虽然广州是国内三大轿车生产基地之一,然而自主品牌轿车的发展有些滞后,直到2010年广汽集团推出传祺品牌,合资车企在广州汽车工业里"独秀"的局面才有所改变。本文介绍了广州第一个自主轿车品牌——传祺的发展历程和技术特点,详细分析了传祺的生产工艺、配套模式和营销模式。

关键词: 自主品牌建设 传祺 配套模式 营销模式

广汽工业集团的乘用车事业是从1985年开始的,经过二十多年的发展,经历了合资合作、重组再合资合作、合资合作与自主发展相结合的发展阶段。合资合作为广汽工业集团积累了丰富的汽车设计、技术和管理经验以及汽车行业的优秀人才,特别是中高级轿车造车的经验和基础,在研发、制造、配套、销售等价值链环节,造就了自主发展的创新和创造能力。在自主品牌建设上,广汽集团没有采用"闭门造车"的传统方式,而是用一种全球化的眼光谋划自主创新和自主品牌,通过引进、消化、吸收、再创造,走出一条符合广汽特色的自主品牌发展道路。传祺乘用车正是广汽以全球化视野、全球化平台,以"世界车"标杆打造的又一款精品车型。广汽传祺一面世就被委以重任,2010年11月,500辆传祺作为亚运指定接待用车,迎接来自世界各地的尊贵客人,为亚运会提供了高品质的服务;2011年新春伊始,被选为广东省"两会"唯一指定接待用车。先后摘取了中国主流媒体汽车联盟的"年度最值得期待车型"奖项,第八届广州车展的"最佳(自主)首发新车"大奖等60多个奖项,展现出领衔B级车新标杆的强大实力。

---

* 欧阳惠芳、黄坚,广州汽车工业集团有限公司发展部。

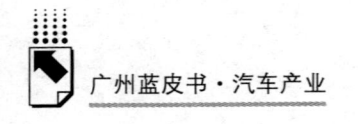

一 整合全球资源集成创新，发展自主品牌

为实现引进、消化、吸收、再创造，广汽集团不遗余力地推进人才团队建设，投入巨资组建广汽研究院，吸引了一大批来自美国、欧洲和日本的核心技术专家加盟，他们拥有平均 15 年以上的行业经验和扎实的专业能力。

在核心技术上，广汽自主品牌采用了坚持自主、集成创新的道路。2007 年，从阿尔法·罗密欧引进了一个底盘平台技术和两个系列 7 款发动机技术，在充分消化引进平台技术精髓的基础上，广汽研究院与广汽乘用车联合国际著名设计机构，对整车内外造型进行了重新设计，同时积极推进同步工艺工程，分别在发动机和整车领域进行了 500 多项和 600 多项技术变革，最终塑造了首款"传祺"。

广汽传祺的开发选择了欧洲驰名的阿尔法·罗密欧（Alfa Romeo）166 平台，承袭了其先进的底盘平台技术及发动机技术、高贵的轿跑车血统及与生俱来的运动性能和驾乘乐趣，经过广汽乘用车的调校，传祺在承袭百年欧洲跑车的运动基因基础上，实现操控性和舒适性的完美平衡，指向精准，弯道表现犀利，高速而稳定，拥有超强的抗纵倾能力，路感清晰，具有"底盘大师"的美誉。国际专业的评价报告显示，阿尔法·罗密欧 166 平台的产品与同时代的宝马 520i、M-Benz E 系和罗孚 75 等竞争对手相比，给人更高的驾驶自信，具有更高的主动安全性、运动性和驾驶乐趣，特别是在操控性和乘坐舒适性方面得分最高。

广汽传祺的动力表现同样震撼，源于意大利的 VTML 2.0 升直列四缸自然吸气直喷汽油机，在原型车阿尔法 166 发动机的基础上，根据中国的实际路况经过了几百项的改良，运用了如可变长度进气支管、多点电控燃油喷射、电子油门、屋脊形燃烧室等先进技术。最大功率和最大扭矩分别达 110KW 和 183NM，特别是当转速攀升至 2000 转之后，动力输出更为明显，0～100 公里加速只需要 10 秒多，在低、中、高速状态均表现出优于同级车的超强加速力。配合拥有手自一体解决方案的爱信 5 档自动变速器与发动机形成黄金组合，确保了驾驶的平顺性。

广汽传祺的造型设计，在草图设计阶段即与世界同步，追求视觉上的舒适与优雅感，既不显中庸，又不过分凌厉，其大气造型可以融汇东西方审美精华，把优雅尊贵与动感时尚糅合得恰到好处，完全符合了个人、商务、公务各层次消费者的品位。在整车布局上，加大了车身的前、后悬距，缩小了侧窗面积，通过

"黄金比例级"的理性、均衡布局营造出视觉上的舒适度与优雅感。在车身尺寸方面，针对中国用户的特殊需求进行了人性化的空间设计，前后排空间的人体百分位超过95%，从而保证了优异的头部及腿部空间。

广汽集团传承欧洲先进造车技术，融入日本精致造车工艺，通过大量深入的市场调研，以消费需求为导向，精心设计，洞察中国中高级车消费者物理与精神的双重需求，力求在被动安全性、环保性、智能化、人性化等方面成就卓越，同时实现操控、动力、智能、安全、人本5个方面的完美结合，从而打造出全方位超越同级的"五星传祺"，即操控之星、动力之星、智能之星、安全之星、人本之星。

二 同步世界级领先水平，构筑顶尖工厂

在生产体系方面，广汽乘用车全面向广汽本田、广汽丰田全球标杆工厂看齐，充分整合世界一流的高科技、高精度生产装备，工艺技术达到了全球先进水平，筑成世界级的制造工厂。工厂占地面积118万平方米，实现一次规划、分期实施，首期已建成年产10万辆整车、10万台发动机的产能，并且预留了继续扩产的空间，未来可在不停产的情况下，分阶段达到年产整车40万辆、发动机45万台的规模。工厂拥有冲压、焊装、涂装、总装四大工艺区和发动机工厂，以及华南地区整车工厂内最长的1300米专用试车跑道。拥有最先进的8连杆冲压设备，全自动化车身焊装，在国内首次采用全球先进的数控伺服快速滚床技术、10年防锈的最领先喷涂标准、壁挂式机器人系统、摩擦输送链的总装主输送线、整体生产的低能耗环保设计等多项先进技术及设备，体现了广汽乘用车在汽车生产制造的各个层面都与世界级领先工厂同步甚至超越，并把节能、环保、绿色的理念融入经营的各个环节，展现了作为负责任的企业的高度社会责任感。

1. 冲压车间

拥有一条全自动冲压生产线，具备国际先进水平的8连杆传动压力机，具有良好成型性，全封闭降噪，实现了高品质复杂外形件的冲压。生产线采用全球最新的旋转7轴搬送机器人，效率大幅提升。采用先进的一体式离线板材清洗机，应用视觉摄像对中装置和先刷洗后挤压的清洗技术，保证冲压零件的极高品质。

2. 焊装车间

建设有包括地板总成、车身总成、侧围总成和四门二盖四条生产线。主线全部自动化，辅线部分手工，自动化率70%。地板总成线采用全球领先的机器人协同作业（ROBTEAM）技术，通过快速以太网实现零件上件、点焊和搬送的高效同步，极大地提高了生产效率。车身总成线在国内首次采用全球领先的快速滚床技术，最快传输速度1.5m/s，重复定位精度0.3mm，保证了高刚度、高精度车身的制造。四门二盖采用国际先进水平的最新机器人滚边柔性生产系统，突破性地实现了T型台模具切换技术与滚边工作站的结合，能够满足多品种、小批量的共线生产。

3. 涂装车间

建设有包括前处理电泳、密封胶、打磨、中涂、上涂、检查和返修7条生产线。采用先进环保的水性涂装工艺，大幅减少VOC排放。采用废气处理装置（RTO），将干燥炉排放的绝大部分有机废气经高温燃烧分解成H_2O和CO_2，并把燃烧热量充分回收，降低LNG能耗。车间采用全球领先的壁挂式机器人喷涂系统，大幅降低制冷能耗。采用全球领先的对向流和分区域阳极电压控制技术，车身达到10年防锈标准，每年可节电18%，节省用漆8%~15%。

4. 总装车间

车间主输送线采用"四折线/五机能"工艺布局，将生产线按技能划分为"电装、内装、底盘、外装、复合"五个机能区，大幅提高了生产线的综合效率和柔性，可实现多车型共线生产。主输送线采用先进的摩擦驱动型输送链，输送速度提高1倍。采用关键力矩扭紧轴技术，在线实时对每个螺栓的紧固效果确认，精度高、稳定性好、噪音低。

5. 发动机工厂

发动机工厂由三条加工线和一条装配线组成，缸体加工线具备先进的缸孔平顶研磨工艺，平衡轴孔、曲轴孔全自动线镗技术；缸盖加工线有满足阀座45度面镗车设备，有凸轮轴孔自导向加工工艺；曲轴加工线具备先进的自学习变力圆角滚压技术和实时监控的中频淬火设备；发动机装配线采用拧紧力矩和数量监控的系统扳手，高效的STOP-GO和集配送料方式。各生产线采用U形布局，一人多机，节拍可调，后工序拉动前工序，根据整车订单组织生产。机加工线与装配线同步生产，保证了一个流、零库存、配膳式管理，实现集配送料。

6. 精益生产管理模式

工厂通过采用精益生产方式，消除一切浪费，实现产品高品质、低成本。主要体现在：多车型共线的柔性生产，追求零库存的 JIT 精益生产模式，实现最快地响应市场动向和顾客需求、市场联动的生产体制。设计和生产采用同步工程技术，即在产品的设计开发阶段，将概念设计、结构设计、工艺设计、最终需求等有机结合，从设计开始就保证产品质量。工厂实施全面质量管理，执行 ISO—9001 质量管理体系标准及 ISO—14001 环境体系标准，全面贯彻 TQM 质量保证体制，高精度控制设备关键质量点，以及"不接受、不制造、不流出不良品"的"三不原则"，"彻底消除一切浪费"原则，在员工中全面开展 IGA 活动（QC 小组活动）、全员"5S"活动，从产品价值链全过程实施质量控制，确保优质的产品质量。

三 创建适度竞争配套模式，建设配套体系

在配套体系方面，广汽乘用车在认真分析当今主流的供应管理模式的基础上，创新性地引入了适度竞争的配套模式，通过全面考察国内外 600 余家供应商，最终选出传祺配套供应商 201 家，构建了国际化、高品质的配套供应体系，充分保证了产品的技术品质。配套零部件技术全球化，中资 45%（含港台），欧美系 33%，日韩系 22%。如按采购额计，广东省内占比 44%（其中广州 41%）。目前在全球排名前 10 名的顶级零部件供应商中，广汽乘用车已经和 9 家结成了战略合作伙伴关系。通过三年的努力，广汽乘用车已建立了全球化的零部件配套供应体系。

广汽乘用车实行主动型的供应链质量管理，把质量保证活动延伸到供应商环节，每年派出大量的技术和管理专家，现场指导供应商在质量保证体系构筑、质量保证能力建立和确认、产品开发和试制、生产准备、批量生产等各个阶段进行品质保证活动，帮助供应商构建可靠的质量保证体系，稳定零部件的品质。广汽乘用车还详细编制《供应商品质保证手册》，为供应商生产准备和批量生产的质量保证活动提供指导，把广汽多年积累的管理和技术经验传授给供应商，不断提升其制造硬件和软件的水平，确保广汽传祺的品质要求得到落实。

四 创新集群网络营销模式，成就最强销售

在与全球同步的概念中，广汽乘用车把质量保证体系向后延伸到销售领域，广汽乘用车在过去中高级车的合资基础上再创新绩，提出了"4S + S（Satelite）"集群网络营销模式，即通过4S店和卫星店同步部署、逐层布局，实现最低成本、最快速度、最大限度地覆盖市场。其最大优势在于解决了单一4S店成本过高、4S店展厅形象欠佳、郊区不便利的多层难题。着力构建主机厂、经销商和供应商三位一体的战略伙伴体系，聚合全球优势资源，共同提供安全、环保、高性价比、顾客喜爱的高品质汽车，满足社会各层次消费者对精品汽车的需求。在保障经销商利益的同时，又能最大化地给车主带来维修保养的便利性，实现了消费者、经销商、企业利益的全面保障。首批选定的经销商均为当地成熟销售服务商，超过90%拥有与广本、广丰数年合作经验，从而保障了经销商团队的整体高素质。

广汽乘用车对4S店从总经理到普通员工开展严格、全面的服务岗位的培训，包括：服务理念、服务流程、顾客接待、用户档案的制作和管理、前台接待驻店、诊断技术、维护保养技术、保修政策及零部件知识等等，确保产品的销售和服务质量。在4S店将市场质量信息及时收集并反馈回公司总部的同时，广汽乘用车派员开展对4S店的访问，考察不同时期市场对于产品的品质反馈意见和建议，直接面对和及时听取用户对产品的质量评价和要求，切实加强对产品品质的改善。

五 面对已有成绩不断进取，铸就卓越企业

广汽传祺从产品设计开始就关注零部件供应、生产制造、成品检验、售后服务等产品价值链的全过程，通过引进、消化、吸收、借鉴、再创造，以创新造就了高品质汽车品牌。因此，产品面市以后即获得消费者和媒体的青睐，并以高品质折桂"2010最佳中级车奖"等66项大奖，被誉为2011年最期待车型。随着产能不断释放，结合其特有的"4S + S"集群网络营销模式、"加分服务"服务品牌和3年10万公里保修承诺，传祺将以更优秀的市场表现开创"传祺元年"。

面对已取得的成果，广汽集团更加积极地推进自主品牌的发展进度。广汽汽研院正加快新产品研发进度，每年将向社会提供 1～2 款适合消费者需求的新车型。混合动力、插电式混合动力和纯电动汽车等新能源汽车也将从 2011 年开始陆续面市。广汽乘用车将继续融合国有企业、民营企业、合资企业的优势特点，用"国企的平台、民企的效率、合资的流程"创建了独具特色、高效运营的管理模式，着力构建以 6C，即 Challenge（勇于挑战）、Change（积极变革）、Communication（有效沟通）、Creative（创新思维）、Cost（成本递减）和 Continue（持续改善）为特征的企业文化环境，塑造有序分工、协调作战的卓越团队，铸造世界品质和社会信赖的卓越企业。

根据广汽集团的中长期规划，力争用 5～10 年的时间，将广汽乘用车发展成国内一流的汽车制造商，用 10～20 年的时间发展成国际水平的汽车企业，并以智慧和不懈努力，铸就世界品质和社会信赖的卓越企业。

区域发展篇
Regional Development

B.17
花都汽车产业强势崛起浅析

林中坚*

> **摘 要：** 随着东风日产进驻花都，花都汽车产业在"十一五"期间以爆发式增长的速度造就了花都最具国际竞争力汽车产业基地的神话，成为汽车业界中外合资的成功典范和标杆。本文阐述了花都汽车产业的发展成就，简要分析了花都汽车产业的成功经验——产学研用，最后对花都汽车产业的未来发展进行展望。
>
> **关键词：** 产学研用 汽车产业 花都 东风日产

一 花都汽车产业基地概况

2003年，广东省政府正式决定设立广州花都汽车产业基地。2005年，花都

---

* 林中坚，中共广州市花都区委副书记、花都区人民政府区长。

汽车产业基地荣获国家科技部授予的"国家火炬计划广州花都汽车及零部件产业基地"称号，广东省政府批准花都汽车产业基地为"广东省汽车产业集群升级示范区"。2007年，花都汽车产业基地被中国汽车工业协会授予"中国汽车零部件产业基地"称号。广州花都汽车产业基地管委会代表花都区政府，专门为花都汽车产业基地的发展制定一套规划、建设、招商及服务的完善体系，设身处地地为投资者提供从征地到顺利投产的全程贴心服务，让投资者集中精力开展经营。

花都汽车城实行"科学规划、科学管理"，基地总体规划分五期进行建设。一期15平方公里的主要功能分区有整车生产区、汽车研发区、汽车零部件区、汽车科教区、汽车贸易区、文体旅游区、出口加工区、物流中心区、居住生活区，目前一期的基础设施建设和招商工作已经基本完成。二期7.58平方公里规划区位于汽车城的西部，水陆空组成的立体交通体系使之成为集群式配套的重要产业片区。三期规划面积2.66平方公里，依据花都港的优势，形成以物流为中心、与汽车产业相配套的港口进出口工业区。四期2.33平方公里以大型汽车企业项目为主体进行综合布局，充分利用其辐射优势，大力发展周边配套项目和房地产业。五期规划面积为3.01平方公里，目前依据该区的地理、环境优势，从优化汽车产业基地整体配套方向进行规划（见图1）。

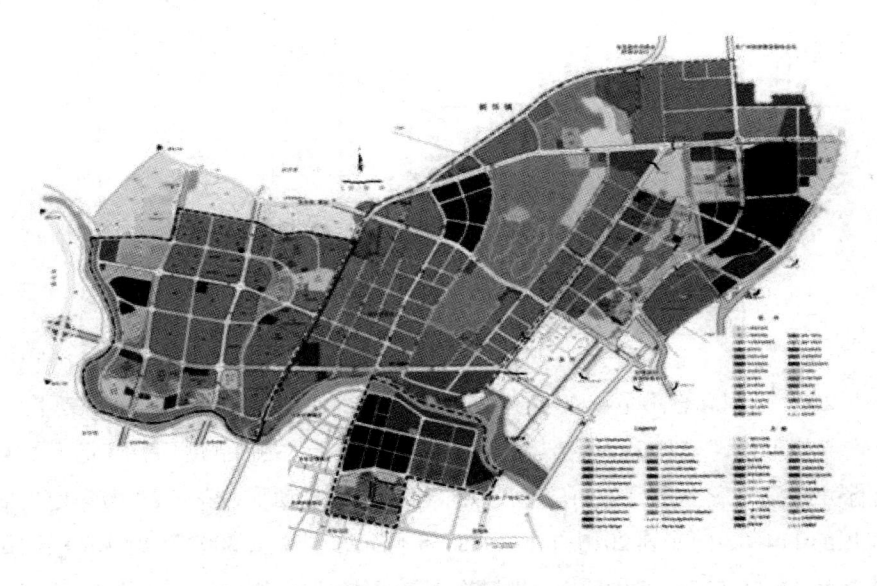

图1 花都汽车城总体规划示意

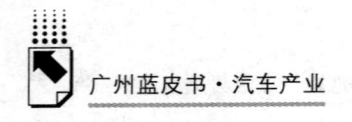

二 发展成就

相比国内最早发展汽车工业的长春、上海、武汉等地，花都算是较晚发展汽车工业的城市。然而随着东风日产的入驻，花都便以爆发式增长的速度，造就了花都最具国际竞争力汽车产业基地的神话，成为汽车业界中外合资的成功典范和标杆，其主要表现在以下几个方面。

（一）高速发展，规模不断扩大

东风日产自2003年成立以来，仅用63个月就突破百万辆大关，成为全世界累计生产100万辆速度最快的汽车企业，2010年9月8日，东风日产第200万辆新车又宣布下线，再次用最短的时间实现了产销突破200万辆的计划。而产量从最初的6.5万辆增长到2006年的20.17万辆，再到2010年的67.38万辆，年均增幅高达79.4%（见图2），这种成长速度在国内其他城市是较为罕见的。

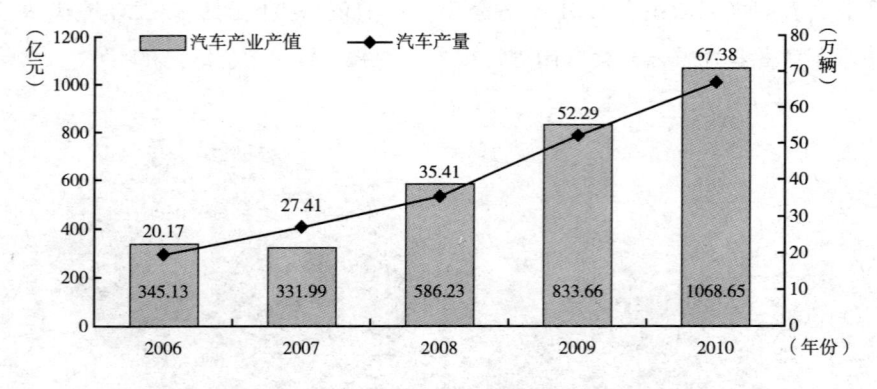

图2 "十一五"期间花都汽车产业情况

在2008年国际金融危机的考验中，在汽车行业增长7%的低迷形势下，东风日产逆势上扬，增长29%，成为2008年中国前十大乘用车厂商中唯一没有调整目标并超额完成全年目标的厂商。在东风日产的带动下，花都汽车产业产值从2003年的114.82亿元到2010年的1068.65亿元，创税从2003年的7.26亿元到2009年的65.56亿元。2010年，花都汽车产业基地实现工业总产值1034亿元，同比增长30.10%，占全区工业总产值的65.55%。其中零部件产业实现工业总产值202亿元，同比增长34.56%；基地创税113.95亿元，同比增长48%，完成固定资产投资37.09亿元，占全区工业固定资产投资的80.23%。东风日产整车产销量分别达到67.38万辆和66.1万辆，同比增长28.85%和27.37%。

（二）产品线丰富，市场不断开拓

东风日产产品线丰富，成立以来共推出11种车型，目前更是发布自主品牌"启辰"，成为国内产品线最为丰富的乘用车厂家之一。目前，新天籁、新轩逸、TIIDA、骊威、奇骏和逍客都取得月销过万辆的成绩，东风日产成为中国乘用车行业唯一同时拥有五款月销过万辆车型的厂家。东风日产还创造了主流汽车厂商的一个行业奇迹——零库存，不仅做到专营店内的"零库存"，更是第一个实现主机厂的"零库存"。目前，东风日产已跨入中国汽车销售的第一集团军，行业排名第4。

（三）政企联手，业绩不断攀升

目前，以东风日产为代表的花都汽车产业影响力逐年递增，2010年再次跃居广州三大汽车板块榜首，在广东省汽车产业（东风日产、广汽本田、广汽丰田、深圳比亚迪）四大车企中实现总产量第一、总产值第一、品牌影响力第一、财政贡献第一；花都赢得了汽车界专家"目前中国整车及其零部件工业最适合投资发展的区域之一"和"汽车产业链最完整、发展最快的区域之一"的赞誉；囊括了"国家火炬计划花都汽车及零部件产业基地"、"广东省汽车产业集群升级示范区"、"中国汽车零部件产业基地"三大招牌。东风日产也获得"国家环境友好企业"和"广东省清洁生产企业"等荣誉称号。在东风日产的带动下，花都取得跨越式发展。"十一五"规划以来，花都的GDP、规模以上工业总产值、一般预算财政收入三项主要指标分别由2006年的360.36亿元、638.38亿元、16.96亿元跃升到2009年的541.48亿元、1155.63亿元、37.77亿元，年均递增14.5%、21.9%和30.6%。2010年，实现汽车工业总产值1034亿元，同比增长30.10%，占全区工业总产值的65.55%；零部件产业实现工业总产值202亿元，同比增长34.56%；基地创税113.95亿元，同比增长48%；完成固定资产投资37.09亿元，占全区工业固定资产投资的80.23%；东风日产整车产销量分别达到67.38万辆和66.1万辆，为中国成为全球汽车生产大国作出了应有的贡献，并将在中国汽车强国之路上担负起更大的责任。

花都汽车产业之所以不断创造奇迹，主要有两大方面的原因：一方面，东风日产的两个母公司均属世界500强企业。东风汽车2010年首次进入500强，以182位居国内汽车企业之首；日产在全球500强中排名第63位。在东风汽车的五大基地中，花都基地的产能、效益以及科技含量均名列前茅；花都基地更是日产全球工厂的标杆工厂，成为日产全球最具增长性、经营最好的企业之一。另一方面，花都汽车产业的发展是政企的强强联手。花都区委、区政府把发展汽车产业作为第一责任，强力扶持东风日产的发展，构建了最和谐的政企关系。

三　成功经验浅析

花都汽车产业的快速崛起，一方面得益于中国汽车产业强势崛起的大环境，另一方面得益于坚持"产学研用"相结合的发展模式。花都以打造"产业链条最完整、产业配套最完善、最具国际竞争力的汽车产业基地"为目标，推动产学研用一体化发展，走出了一条跨越式发展道路。

（一）以"产"为本，着力提高产能

花都坚持实施"发展第一，经济第一，工业第一，汽车第一"的"四个第一"发展战略，把发展壮大汽车产业作为政府长期坚持的战略选择，土地、资金、人才等各方面资源重点向汽车产业倾斜，推动了汽车整车及零配件生产快速发展。花都坚持"汽车的事情东风日产做，汽车以外的事情区政府来做"，着力提供周到的政务服务，支持东风日产全力扩大规模。举一个例子，东风日产落户花都7年来，从不因自然灾害而停产，在雨雪冰冻和洪水灾害中，花都区党政班子全体在一线抗洪，在地震灾害影响运输时，区政府用飞机空运零部件；不因用工短缺而停产，在南海本田零部件厂停工事件对华南汽车产业造成较大影响的背景下，区政府努力构建和谐劳资关系，确保企业稳定生产；不因设备故障而停产，相关职能部门与企业一起，加强设备的检测和调试，确保工厂可以"三班倒"加足马力生产，解决产能不足问题。在政企和谐、团结一致的背景下，2009年，花都汽车产业完成产值达817.40亿元，增长44.0%。2010年1～8月，全区汽车产业完成产值711.49亿元，增长44.87%，汽车产业产值占全区规模以上

工业总产值比重由上年同期的67.62%提升到73.68%。2010年5月8日，投资50亿元的东风日产花都第二工厂正式奠基，这一日产全球最先进的工厂预计于2012年建成投产，届时花都东风日产产能将增至60万台，成为华南地区最大的汽车制造基地。

（二）以"学"为上，着力培养专业人才

汽车人才不足一直是我国汽车产业发展的瓶颈。花都坚持把汽车人才的开发作为促进汽车产业长远发展的重要大事来抓，高度重视人才培养。华南理工大学汽车学院依托花都汽车产业开办汽车生产、贸易、营销、管理、维修等学科，2010年在校全日制本专科生近12000人，研究生300多人，毕业1493人，为花都汽车产业发展提供多层次实用型人才。广州花都南方模具工业技工学校、广州华风汽车工业技工学校等通过与企业合作采用"订单式"的模式培养高级汽车零配件模具技术人才，截至2009年，累计输送汽车模具专业技术人才3000多人。于2008年正式启用的东风日产培训中心（广州），是日产在亚太地区最大的培训基地，与日产保持全球同步的水平。2010年，区政府与中国汽车工程学会联合开展"汽车工程师"培训、资质认证工作，有力地促进了企业员工职业能力的提升。此外，广州市内拥有60多所高等院校、170多家科研机构，在汽车零部件设计、物流、电子商务等方面与花都区有着广泛合作，为花都区汽车产业提供着有力支持。

（三）以"研"为先，着力推进自主研发

自主研发是中国要成为汽车强国必须跨过去的"坎"。花都汽车产业基地自始至终把汽车研发作为汽车产业发展的重中之重来抓，在资金、政策、平台建设方面积极向汽车研发倾斜，促进自主创新能力快速提升。2010年，在花都汽车产业基地内集聚有国际化跨国汽车研发机构1个，博士后工作站1个，国家级企业技术中心或研发机构3个，省级企业技术中心10个。其中，东风日产研发中心拥有10个实验室，是目前日产全球第四大技术中心，也是我国乘用车及零部件国产化同步研发国际化平台。此外，花都还构筑起以机械工业汽车零部件产品质量监督检测中心（广州）、汽车零部件检测服务基地、广州市华南橡胶轮胎有限公司企业技术中心等30多个汽车及相关技术专业研发机构为代表的汽车产业

创新支撑机构，拥有汽车专业研发人才300多人。东风日产发布自主品牌"启辰"，既是东风日产探索自主研发道路的明证，也是花都汽车以"研"为先的明证。

（四）以"用"为重，着力加强科技转化能力

在我国技术创新体系中，"学"和"研"为企业的产品创新提供技术支撑，而"用"则是技术创新的出发点和落脚点。实践证明，任何一项技术只有通过应用才能逐渐成熟和完善，任何一项科技成果也只有通过应用才能转化为现实生产力。花都汽车产业一手抓研发，一手抓成果运用，取得了良好的效果。截至2009年，花都汽车获得发明专利授权146个、实用新型授权267个、外观专利授权876个。部分专利分获省、市专利奖，80%以上的专利成果已转化为商品，实现产业化。另外，东风日产非常重视顾客满意度，其车型恰到好处地满足了中国消费者的需求，目前在产的九款车型都取得不俗的销售成绩，过半车型月销量达到了万辆以上，这也是以"用"为重的一个注脚。"产学研用"相结合的发展模式，成为撬动花都汽车产业强势崛起的重大杠杆，也为花都下一步从汽车大区向汽车强区迈进奠定了坚实基础。

三 未来构想

展望未来，花都将在中国汽车产业强国之路上，快马加鞭、跨越前进，启动花都"汽车产业倍增计划"，迎接花都汽车产业发展第二高峰期的到来。未来5~10年，花都汽车产业的发展目标是：五年翻一番，十年增两倍。即在确保2010年汽车产业产值超1000亿元、创税100亿元的基础上，力争用5年的时间，实现年产值2000亿元、创税200亿元；力争用10年的时间，实现年产值3000亿元、创税300亿元。届时，花都汽车产销量将由2010年的65万辆发展到2013年的100万辆、2015年的130万辆、2020年的200万辆。

（一）扩大产能，培育新能源汽车产业

一方面，着力扩大花都汽车产业基地的产能。拓展汽车产业基地二、三期，预留东风日产第三工厂的用地，为电动汽车的导入、雷诺的进入花都做好

准备，确保150万辆产能的生产线落地，在优化提升生产流程的背景下达到200万辆的年产能。另一方面，加大新能源汽车等新车型、新品牌的导入。制定了《花都区加快推进电动汽车产业》方案，密切跟进日产电动汽车项目，争取在3年内日产电动汽车整车项目落户花都，并在电动车和锂电池的研发生产上迎头赶上。我们也会极力加快东风日产自主品牌"启辰"的生产，并抓紧推动雷诺落地。另外，我们也以中国推进创新型国家建设为契机，积极开展中国花都（国际）产业示范基地申报工作，力促汽车产业自主创新能力不断提升。

（二）增强影响，吸引零部件企业集聚发展

借助东风日产花都第二工厂落户的东风，掀起企业增资扩产、零部件企业投产、产业配套进驻的三股热潮。目前，世界500强企业已有16家落户花都，汽车产业基地已落户及建设中的企业有200多家，预计投资总额达500亿元人民币。根据日本车企宝塔式的零部件供应体系，花都汽车城区内零部件一、二级配套企业除变速箱外，其他的基本齐全。我们将加快发展三、四级的细分配套企业，确保2010年汽车产业基地内投资达31.03亿元的12家扩产企业、投资达10亿元的6家增资扩产企业、新引进的20家零部件企业和在建的15家零部件企业尽快投产获利。

（三）开拓市场，延伸汽车产业链

针对欧美汽车业的营利能力主要集中于整个产业链后半段，即汽车金融、服务环节（占行业利润超过50%）的事实，我们将加快汽车后市场建设，抢占产业链高端。目前，我们规划在汽车产业园区二期用地内高规格打造一个在华南地区具有核心竞争力的一流二手车交易市场和零部件交易市场，发展废旧汽车回收市场，并加快汽车贸易、汽车维修、汽车金融、汽车保险、汽车展示、汽车运动、汽车文化等汽车后市场建设。

（四）提升基地，打造现代化新城区

根据汽车产业发展趋势和要求，以更具前瞻性、开阔性的视野，重新调整了汽车产业基地总体规划，按照"新产业、新城区"的规划理念，以"城"的概

念规划建设辐射范围达215平方公里的花都汽车产业基地，规划建设人居组团、文体圈、教育区、服务和市政组团等四大功能区。目前，正加快交通物流、生活居住、文体休闲等配套基础设施的规划和建设，2009年汽车产业基地固定资产投资达28.71亿元，同比增长99.78%；2010年，固定资产投资达到37.09亿元，同比增长29.2%。我们完全有信心把花都汽车产业基地打造成为一个集整车及零部件生产、研发、生活、休闲于一体的现代化新城区。

B.18
珠三角汽车产业发展重点区域对比分析报告

葛天志　欧江波*

摘　要：近年来，珠三角地区汽车产业发展迅速，总量规模快速增长，已成为国内汽车产业发展的重要板块。本文对珠三角汽车工业发展的重点区域进行了概略分类，从整车、零部件、汽车市场与服务、技术研发、配套设施、扶持政策等方面对各区域发展状况进行了比较分析，从而对珠三角汽车工业的发展图景有了更清晰的把握。

关键词：汽车工业　珠三角　扶持政策

近年来，珠三角地区汽车产业发展迅速，总量规模快速增长，已成为国内汽车产业发展的重要板块。本文对珠三角汽车工业发展的重点地区，包括广州、深圳、佛山、东莞、中山等，进行了概略分类，对各区域发展状况及特征进行了比较分析，力图得到更为明晰的珠三角汽车产业发展图景。

一　广州花都区汽车产业发展情况

（一）整车情况

花都区汽车整车企业有1家，即东风日产乘用车公司，它是花都区汽车产业基地的龙头企业，是中国汽车行业迄今为止合作规模最大、层次最深、领域最广

---

* 葛天志，广州增城市科技经贸和信息化局局长；欧江波，广州市社会科学院数量经济研究所（经济决策仿真实验室）所长；参加课题研究的还有顾文杰、伍庆、张云霞、邓晓雷、周兆钿等。

的合资企业。

东风日产乘用车公司发展迅猛，2009年东风日产累计实现产销量52.3万辆和51.9万辆，同比增长47.7%和48.1%。2010年，东风日产整车产销量分别达到67.38万辆和66.1万辆，同比增长28.85%和27.37%。目前，东风日产旗下拥有新一代天籁、奇骏、逍客、轩逸、骐达、颐达、骏逸、骊威等多款畅销车型，完成了五大车系的战略布局，覆盖轿车、MPV、SUV、CROSS-OVER等领域，成为行业内车型最多、产品线最完整的企业之一。

东风日产产能扩建工程（花都第二工厂）于2010年5月奠基，新增产能24万辆，预计2011年11月试产，2012年投产后花都工厂产能将超过60万辆。花都区还积极跟进雷诺汽车、日产电动汽车项目，这些将进一步促进花都区汽车产业集群的发展升级。

（二）零部件情况

随着东风日产的落户和花都汽车产业的迅猛发展，花都区吸引了众多国内外知名汽车零配件企业进驻。到2011年第一季度，花都汽车产业基地落户的汽车及零部件企业共160多家，其中包括东风日产乘用车、东风日产发动机工厂和东风日产乘用车技术中心三个核心项目，还有优尼冲压、日立优喜雅、万宝井、康奈可、阿尔法、三池、泰李、红忠、盛旭等国内外知名汽车零部件生产厂商进驻落户，产品覆盖发动机总承、汽车模具、冲压件、内饰件、制动系统等汽车工业的各个方面，完整的汽车产业链已初步形成。2010年，花都区汽车零部件产业实现产值202亿元，同比增长34.56%。

（三）汽车市场与服务情况

花都汽车城规划有汽车贸易服务区，设有汽车贸易、二手车交易、汽车零配件交易、汽车美容、汽车养护、汽车维修、汽车检测、汽车出租等汽贸服务。花都区汽车贸易发达，南国国际汽贸城是花都汽车城的贸易功能区，是一个集汽车销售、汽车配件用品批发、二手车交易于一体的市场园区。该项目主要由三大子项目组成：全球汽车零部件采购中心、华南汽配用品批发市场和现代汽配物流基地，其全球汽车零部件采购中心和现代汽配物流基地填补了广州及华南地区的空白。

（四）技术研发情况

东风日产乘用车技术中心（DNTC）2006年3月在广州花都落成启用，这是日产汽车在中国启用的第二家技术中心，致力于乘用车车身开发、整车匹配以及总承的研究开发。该技术中心实验楼内装备了最先进的汽车实验设备，主要实验室有10个，包括道路模拟实验室、发动机性能实验室、气体排放实验室等。启用后的研发基地将对东风日产品牌的乘用车型进行共同开发和生产管理开发。2007年2月，"广东省乘用车及零部件工程技术研究开发中心"正式落户技术中心，标志着东风日产乘用车技术中心已成为华南地区真正具有现代竞争意义的汽车研发中心。

（五）配套设施情况

花都区拥有便利的生活配套设施，像文体旅游地、汽车文化体验中心、汽车人才市场、运动休闲场所等。由鲍尔公司投资建设的大型汽车文化中心2008年落户花都汽车城，该汽车文化中心的目标是逐步建设成为覆盖汽车测试、试驾体验、汽车品牌及文化展示、汽车生活及娱乐等多个方面内容的、国内最综合的汽车文化中心。在花都汽车文化中心的规划中，未来将包括项目齐全的驾驶体验场、品牌展览馆、奥运展示区、汽车旅馆、汽车电影院、模拟F3赛场等项目。

另外，华南理工大学广州汽车学院是花都汽车城科教区的中心项目，该学院的专业覆盖汽车生产、贸易、营销、管理、维修等，在校普通全日制本科生10000～15000人，在职培训和短期培训5000～10000人，汽车学院的建成和使用将为花都汽车产业发展提供充足的实用型人才。

（六）扶持政策情况

花都区对于汽车产业的优惠政策主要有：

——在花都汽车产业建设中，相关的汽车及零部件研发、制造水平升级和检测认证技术创新的项目，经区政府认定后，可享受技改贴息扶持政策。

——对入驻花都从事汽车贸易、展示、仓储、物流等方面的国内外进口汽车整车和零配件经销商、参赛车队以及相关组织机构，由有关部门提供保税服务。

——设立汽车企业专项扶持发展资金，用于鼓励扶持在汽车城内投资兴办的汽车及汽车零配件生产企业发展。对投资额在3000万美元以上的外资企业，将积极协助企业办理国家给予减15%税率缴纳企业所得税优惠待遇的手续。

——实行政府土地"零收益"。投资者在汽车城投资新办汽车产业相关企业的土地征用费，除按国家及省的有关政策上缴国家、省和补偿农民的费用外，区级土地收益一律免收。

（七）特征评价

广州花都区汽车产业以东风日产乘用车为龙头，以花都汽车城为中心，形成集整车生产、零部件生产、汽车研发、汽车教育、汽车贸易等于一体的汽车产业集群。南国国际汽贸城使得花都区汽车市场与服务更完善。东风日产乘用车技术中心的落成有助于汽车产业技术研发。大型汽车文化中心使得花都区汽车产业投资环境更完备，而华南理工大学广州汽车学院将为花都汽车产业发展提供充足的实用型人才，同时政府土地"零收益"和设立汽车企业专项扶持发展资金等政策将极大地扶持汽车产业的发展。

二 广州南沙区汽车产业发展情况

（一）整车情况

南沙区汽车整车企业有1家，即广汽丰田，它是南沙国际汽车城的龙头企业。2010年，广汽丰田销量超过27万台，同比约增长35%，略高于33%的市场平均值，其中，凯美瑞超过16万台，汉兰达超过8万台，雅力士超过2.7万台。

自2009年5月广汽丰田第二工厂建成投产、新车型下线后，广汽丰田公司2010年产能达到36万辆，至2012年将形成5~7个车型、40万辆/年的产销规模，工业总产值和销售收入过700亿元；至2014年将形成7~9个车型、60万辆/年的产销规模，工业产值和销售收入过千亿元，跻身国内合资汽车企业第一梯队。

（二）零部件情况

目前落户南沙国际汽车城的汽车零部件企业超过130家，2010年汽车零部件产值超过200亿元。一批如广丰发动机、日本电装、丰田通商、三五、阿斯莫

(广州)、爱德克斯（广州）、丰爱（广州）、高丘六等与广汽丰田配套的 20 多家一级零部件企业和汽车物流企业也相继投产，生产的产品有汽车发动机、微电机、汽车底盘控制、滤清器、雨刮器、汽车坐椅等。2010 年 5 月，广州海缝汽车零部件项目增资总额 1 亿元人民币，为广州丰田项目做配套服务，力争用 5~10 年时间建成国内钣金行业的龙头企业。此外，广钢集团与日本第二大钢铁企业 JFE 钢铁株式会社共同投资 10 亿美元，首期投资 2 亿美元，在南沙兴建年产 40 万吨的镀锌钢板生产线，为生产汽车尤其是小轿车提供产业配套。

（三）汽车市场与服务情况

南沙开发区汽车产业园规划有汽车综合服务区和汽车物流贸易区，设有汽车贸易、汽车零配件交易、汽车美容、汽车养护、汽车维修和汽车出租等汽贸服务。南沙区汽车服务公司众多，如广州大昌合资汽车服务有限公司是广州市穗昌汽车服务公司、中国银行广州市沿江支行及香港大昌贸易行（中国）汽车服务公司三方共同投资的中外合资企业，公司主要从事各种进口、国产汽车的维修、保养及零配件销售业务。

（四）技术研发情况

南沙开发区汽车产业园规划有汽车研发中心区，占地 0.13 平方公里，专门从事汽车整车和零部件的研发。目前，南沙区正在加快广州与中科院合作在南沙建立广州中国汽车业技术研究院的工作步伐。

（五）配套设施情况

南沙区投资环境良好。南沙是国家一类口岸，区内已建成南伟码头、东发码头，货物聚散快捷便利。南沙地区已建成了十分方便和通畅的公路交通网，区内还设有直抵香港的高速客轮，每天 12 个班次往返，只需 75 分钟。南沙地区对投资活动提供支撑性服务的相关性产业也日趋完善，目前在南沙的蒲洲高新技术产业园已建成了国际会议展览中心、科学馆、书店等，能提供会议、办公、商业展览以及旅游等一系列的服务。南沙还成立了出口加工、南沙资讯科技园、保税物流中心等，这些园区的批准设立，进一步完善和提高了南沙开发区的整体功能。

广州港南沙汽车滚装船码头工程建成投产。这是全国最大的汽车专业码头，能靠泊当今世界上最大的汽车滚装船，年通过能力达100万台，一次停放汽车数达2万台。专业化的汽车码头与南沙汽车产业基地一起构建强大的汽车制造运输综合物流平台，这将为做大做强南沙汽车工业提供强有力的支撑。

南沙区还引进了美国UL检定服务项目，将以汽车大电池及LED检测服务为开端，为华南汽车及电子产业提供研发及检测平台。

人才服务方面，2010年清华万博—新华南方服务外包人才培养基地落户南沙，南沙服务外包企业发展到19个。南沙区引导国内重点高校和科研院所进入南沙开展关键领域联合科技攻关和成果转化，支持香港科技大学霍英东研究院在南沙开展研究生学历教育，推进广州中科院工业技术研究院、现代产业技术研究院建设，深化与华工的合作，支持企业博士后科研工作站建设，积极构建区、校、企业联合创新平台。这些项目将为南沙培养更多的高素质人才。

（六）特征评价

南沙汽车产业基地以广汽丰田整车项目为龙头，以南沙国际汽车城为中心，形成了集整车、零部件、汽车物流于一体的汽车产业集群。2010年，南沙区汽车制造业年产值突破700亿元，已形成年产50万台发动机和年产36万辆整车、占地约4平方公里的南沙汽车工业园，被列为国家汽车及零部件出口基地之一。南沙区投资环境优越，区位和交通优势明显，全国最大的汽车专业码头和美国UL检定服务项目为南沙汽车产业的发展提供综合服务平台，服务外包项目为南沙区发展汽车产业培养了高素质人才。

三 广州东部区域汽车产业发展情况

（一）整车情况

由黄埔、萝岗、增城等"两区一市"构成的广州东部区域已成为广州汽车产业发展的重要集聚区域，落户该区域的汽车总厂有广汽本田、本田（中国）出口工厂、广日专用汽车公司等。

广汽本田有黄埔工厂和增城工厂两个厂区，生产能力2010年合计达到年产

36 万辆。广汽本田的产品包括 Honda 品牌的歌诗图、雅阁、奥德赛、锋范、飞度五大系列车型和理念品牌的理念 S1 车型。2010 年,广汽本田累计产销实现 38.6 万辆,同比增长约 5.57%。2011 年下半年,广汽本田增城工厂产能扩大项目将完成,并形成黄埔、增城两大工厂 48 万辆/年的产能体系。

本田(中国)出口工厂专门生产出口产品,由本田(中国)生产的 Jazz 车型出口到欧洲市场,截至 2010 年,已累计出口超过 17 万辆。

广日专用汽车公司是以专门用途车辆为主导产品,集科研、设计、制造、售后服务于一体的企业,2010 年实现总产量 1 万辆。

(二)零部件情况

2010 年,广州东部区域有汽车零部件企业 200 多家。重要零部件企业包括丸顺、骏兴、森六、庆成、新电元、仓敷化工、曙光、昭和、德尔福、三叶、森六、骏兴、艾帕克、中新塑料、日本电装、福耀玻璃、驭风旭铝铸件等,产品涉及汽车发动机、挡风玻璃、塑料件、坐椅、空调、轮毂、冲压件、控制拉索系统等。众多零部件企业的进驻增强了黄埔—萝岗—增城汽车产业的实力。

(三)汽车市场与服务情况

广州东部区域积极发展与汽车产业相关的服务业,打造汽车配件交易的现代展贸平台。坐落于科学城内的广州汽配用品全球采购港,包括展贸中心、汽车配件交易区、汽车用品交易区、品牌展示区、企业总部大厦、物流配送中心、生活服务中心等,同时项目还具备实物展示、电子商务、国际贸易、国内贸易、品牌宣传、物流配送、配套服务、大型会展、行业资讯九大功能。

(四)技术研发情况

2007 年 7 月,广汽本田成立了广汽本田汽车研究开发公司,主要业务为汽车整车及其零部件的技术研究和开发,并提供相关的技术咨询和技术服务,研究范围涵盖了汽车技术研发的主要领域,将导入碰撞试验设施、风洞试验设施、电波暗室等。这是国内第一个由合资企业独立投资、以独立法人模式运作的汽车研发机构,拥有包括概念设计、造型设计、整车试作、实车测试、零部件开发等在内的整车独立开发能力。

（五）配套设施情况

广州东部区域配套设施完备，交通方便快捷，具有"多城辐射效应"。广惠高速公路、广深高速公路、广深铁路等多条区域性交通设施从广州东部汽车产业园区外围通过，广州东部汽车产业基地距广州白云国际机场仅40分钟车程，距黄埔港和新塘港分别为15分钟和8分钟车程。黄埔物流企业有百余家，并引进了南方物流、宝供物流、怀远物流、网丰物流等以第三方物流业务为主的大批物流龙头企业，这为汽车及零部件产业发展提供了便捷、低成本的物流配送体系。

机械工业汽车零部件产品质量监督检测中心（广州）2003年在黄埔区落成。这是中国机械工业联合会批准在华南地区设立的第一家行业级汽车零部件产品质量监督检测中心，是经中国实验室国家认可委员会认可的第三方检测实验室。该检测中心能够承担发动机、车用滤清器、汽车ABS、制动软管、汽车转向器、车用密封件、车用油液等多种产品的检测，并能提供相关检测仪器设备的设计开发和制造。

与黄埔相邻的广州大学城是华南地区重要的高等教育基地，为该区域发展汽车产业提供充足的人力资源和技术支持。此外，进驻区内的各类研发机构、工程中心和研发团队达上千个，人力资源和技术优势充足，为汽车产业发展提供有力的支撑。

（六）特征评价

广州东部区域是以广汽本田为龙头，以广本黄埔工厂、广本增城工厂、本田（中国）出口工厂、东风本田发动机厂为支撑，以黄埔工业集聚区、萝岗开发区、广州东部（增城）汽车产业基地为载体，集整车生产、零部件生产、汽车研发、汽车贸易等于一体的汽车产业集群。广州东部汽车产业基地因广汽本田的进驻而自然形成，聚集了广汽本田、本田（中国）、五羊本田以及与之配套的零部件、销售服务企业。广州汽配用品全球采购港的落成使得汽车市场与服务更完善，广汽本田汽车研究开发公司的建成使用使得黄埔—萝岗—增城具有整车独立开发能力，而强大的物流配送体系和机械工业汽车零部件产品质量监督检测中心（广州）的落成为汽车产业发展提供了良好的配套设施。

四 深圳市汽车产业发展情况

（一）整车情况

2010年，深圳有汽车整车厂3家，分别是比亚迪、五洲龙、中集专用车公司。2009年，比亚迪开始对深圳基地进行扩建，2010年产能已提升至年产40万辆，当年比亚迪汽车实现销量51.98万辆，同比增长16%。

深圳五洲龙汽车公司是一家集客车制造、汽车钢板弹簧制造、汽配贸易（物流）、电动汽车研发于一体的综合性高新科技企业，公司以"五洲龙"牌客车为其主导产品，设计年生产豪华大中型客车能力将达5000台。

中集专用车公司是半挂车和改装车产业的大型生产基地，目前主要业务包括集装箱半挂车、平板半挂车、厢式半挂车、搅拌车以及特种专用半挂车等开发制造及服务。

长安PSA项目落户深圳，合资公司未来将主要生产乘用车以及G9、CM10系列轻型商务车两大车型和新能源汽车。PSA将雪铁龙DS系列产品注入新成立的合资公司，将采用长安品牌、标致品牌、雪铁龙品牌和合资公司自主品牌。预计到2012年，形成年产20万辆整车以及20万台发动机、变速器生产能力，项目一期投产后五年可形成1370亿元的产值。2010年5月27日，比亚迪与戴姆勒正式在北京签署合资协议，双方将在深圳成立合资公司，生产双品牌新能源汽车，计划于2013年推出新型电动车。

（二）零部件情况

深圳市汽车电子产业发达，2010年深圳市已有1000多家企业从事汽车电子产品的研发、生产及销售，产品产业链日趋完善，已成为我国汽车电子产业的重要生产基地群体。2009年，深圳汽车电子产业销售额达到350亿元，销售收入年均增长约21%，占全国汽车电子产业的20.12%。目前，深圳在车载电子方面以航盛电子、赛格导航、华强信息为首，加上康佳、创维、京华等企业的加盟，形成了一个强大的产业群，在国内居龙头地位。深圳市还拥有比克电池、特尔佳科技、海太阳、宝凌电子等一批新能源汽车关键零部件企业，深圳市正在形成一个汽车电子、汽车配件和整车生产的集聚产业带。

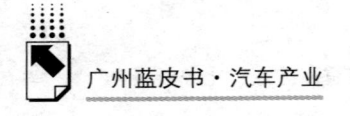

（三）汽车市场与服务情况

深圳汽车服务业发达，汽车服务涵盖汽车维修、保养、装修、美容、清洗、年检、后续保险、防盗、安全、二手车交易等多个领域。深圳有众多4S店，主要经营汽车维修美容养护、影音电子、安全防盗、环保节能、汽车装饰、改装等服务项目。

（四）技术研发情况

深圳市汽车研发实力较强。不仅有比亚迪、奔驰、标致雪铁龙在深圳市建有研发中心，还有五洲龙研发混合动力环保客车、深圳市比克电池公司研发锂电池、深圳市海太阳实业有限公司研发高能锰汽车电池、中科院深圳先进技术研究院与陆地方舟进军能源研发等，深圳还承担多个相关的国家863计划课题，包括新能源汽车试验课题、深圳市典型城市工况下电动汽车示范运行技术考核研究课题、深港澳电动汽车运行试验与技术考核课题等。

（五）配套设施情况

深圳市基础设施完善，产业配套优势明显。深圳应用电子产业及信息产业发达，信息化建设进程快，信息技术基础雄厚，其中电池、电机、控制器、轮胎、电子和信息业、高科技研发生产企业的技术配套能力在全球同行业中是最强最完备的。这些都为深圳进军电动车创造了良好的产业发展环境。

（六）扶持政策情况

深圳市对新能源汽车产业的优惠政策主要有：

——深圳市政府将出资20亿元资金用来支持新能源汽车产业，另外对购买新能源汽车的个人用户还将给予5万元的补贴。

——深圳市确定在国家政府补贴的基础上，对双模电动车追加3万元、对纯电动汽车追加6万元补贴。加上国家对纯电动汽车每辆最高6万元补贴，深圳私人购买纯电动汽车最高补贴可达12万元。

——为了引进和培养新能源产业的专业人才，深圳还规定新能源专业人才可享受住房、配偶就业、子女入学、学术研修津贴等优惠政策，对在深圳开展博士后工作的工作站或流动站一次性给予 50 万元资助、创新基地一次性给予 20 万元资助，并对博士后人员给予生活补助。此外，对在深圳开设新能源产业发展相关专业的院校，将给予不超过 1000 万元的资助，专项用于相关教学设备和实训基地建设等。

（七）特征评价

深圳市汽车产业是后起之秀，2006 年比亚迪投产，2010 年比亚迪已在深圳储备 40 万辆的产能，长安 PSA 项目落户将形成至少 20 万辆的产能，加上深圳原有的五洲龙、中集专用车等项目，2012 年深圳汽车产能将超过 60 万辆。深圳借此项目亦将稳固其华南汽车制造第二极的地位。深圳汽车产业发展有两大突出优势，一是拥有强大的汽车电子配套市场，二是拥有全球首屈一指的新能源电池生产和研发基地，初步形成了特点鲜明的新能源汽车产业体系。

五　佛山市汽车产业发展情况

（一）整车情况

佛山 2010 年有汽车整车厂 3 家，分别为福迪汽车、粤海汽车、北汽福田南海汽车厂。福迪汽车公司拥有年生产 30 万台车身、首期 5 万辆整车的生产线，产品以整车和车身、零配件为主，整车产品主要有福迪雄狮、小超人系列皮卡车和福迪探索者 II、探索者 III 系列 SUV 商务车、飞越系列 SRV 车。

粤海汽车公司是国家定点的专用车生产企业，主要产品有粤海牌的道路清障车、强光照明车、扫路车、淤泥抓斗车等。

北汽福田南海汽车厂有年产 3.5 万辆整车的生产能力，工厂经营业务以整车生产为主，现主要产品为萨普皮卡和传奇 SUV 两大系列车型。

2010 年 6 月，一汽—大众宣布在佛山南海投入 80 亿元建立年产销 30 万辆的整车制造项目，该项目将于 2013 年下半年建成投产，主要生产中高端车型。该项目将带动佛山汽车产业极大发展，巩固佛山在广东省汽车产业第三极的地位。

（二）零部件情况

自三大日系汽车厂落户广州以来，广佛经济圈逐渐形成"广州整车、佛山汽配"的态势,汽配产业在佛山得到迅猛发展,汽车及零配件产业已成为佛山新兴主导产业。

2010年,佛山有汽车零配件企业300多家,其中有东普雷(佛山)、本田变速箱、爱信精机、丰田通商、电装、丰田纺织、本田用品、爱美迪、巴斯夫、阿迪雅、依多科、阿兹米特、国分精密、丰田合成、爱三工业、东海理化电机、光洋六和、丰田工机、住友商事、日本矢崎集团、丰富汽配和优达佳等国际知名汽配企业和文灿压铸、中南铝车轮、安驰铝合金车轮、豹王滤心、富华工程机械等一批民营龙头企业。佛山汽车零配件企业生产的主要产品有离合器总成、制动器总成、液力扭矩器(代替波箱)、汽车排气总成、汽缸等主要零部件,以及汽车空调、音响、滤清器、刹车皮、消声器、车用灯具、内饰件等汽车用品,佛山汽配业已形成一个完整的配套体系。

(三) 汽车市场与服务情况

佛山市汽车市场服务发达,目前4S店已超过100家,国内外主流品牌的4S店纷纷落户佛山,如讴歌、英菲尼迪、奔驰、奥迪、雷克萨斯、宝马、VOLVO、凯迪拉克等高端品牌在佛山都设有4S店。佛山市汽车服务已形成汽车销售、维修服务、汽车美容、备件供应、验车上牌、代办保险、分期付款、汽车装潢、信息反馈等完整的产业链。

(四) 技术研发情况

本田汽车用品(广东)公司是本田阿克塞斯在海外的第5个分部,2008年其研发中心正式投入使用。广东福迪汽车公司2005年组建了"广东省汽车车身件工程技术研究开发中心"。广顺电器项目内容为"产学研合作研发燃料电池用高效涡轮空压机系统",这一投资5.7亿元的项目计划于2015年完成。华南精密制造技术开发研究院汽配精密制造实验室正在建设中。这些研发中心和实验室的使用使得佛山汽车产业具备一定的研发实力。

(五) 配套设施情况

佛山投资环境优越,城乡基础设施配套齐全。广佛基础设施衔接配套,共同构建了四通八达的现代化立体交通网络。佛山市中心区距广州三大交通枢纽

（广州新白云机场、广州南沙港、广州火车站）车程均在1小时之内，佛山的工业园区与广州三大整车基地也在一小时车程范围内。另外，产业配套优势凸显，佛山南海有强大的金属加工制造业。

2009年10月，国家汽车配件质量监督检验中心和广东汽车检测中心在佛山禅城区南庄罗格工业园建成使用，这是中南五省唯一法定授权的国家级汽车配件检测机构，检测项目除道路试验外，还覆盖整车及所有零部件。这两个汽车检测中心可提供整车检测、排放及发动机项目、碰撞项目和部件项目，以及满足现行国家法规及部分国际法规试验能力（满足国Ⅲ、国Ⅳ、国Ⅴ和日本、欧洲、美国现行排放法规的检测能力）。此外，这两个检测中心二期工程计划到2011年底前实现核心业务，将重点开拓科研创新、标准研制、国际互认、节能环保评价、混合动力技术、信息服务、汽车产业发展国际论坛等项目，形成集检测、学术、科研、信息、服务于一体的业内知名品牌，打造华南地区汽车及零部件检测基地。汽车检测中心的落成为佛山零部件企业集群发展提供了有利条件。

佛山有以市场为导向的全国领先的职业技术专业化培训体系、业余教育学院与职业培训学校。2010年，佛山有中等职业技术学校39所，成人文化技术学校39所，高等职业技术学院2所。这些学校有多个专业跟汽车行业相关，包括机电一体化、模具、汽车检测维修、电气工程与自动化等专业，每年培养出来的高级技师有数百人。佛山还毗邻中心城市广州，又具较低的生活成本和舒适的人居环境，为佛山共享广州的技术人才资源创造了很好的条件。

（六）扶持政策情况

佛山市对汽车产业投资的优惠政策主要有：

——梯度递减土地价格。投资总额500万美元及以上的新办汽车及汽车配套项目、现有汽车生产及配套企业增加投资500万美元及以上的，在现行土地价格的基础上再优惠20%~60%。

——汽车及汽车配套产业的产品、技术，需在我国有关部门申请专利、知识产权保护的，区知识产权局负责优先专项服务。对拥有我国专利的新成果的汽车企业，区知识产权局对其产业化给予扶持，优先列入"南海专利技术实施计划"，给予10万元以上的资助，并推荐申报上级"专利技术实施计划"。

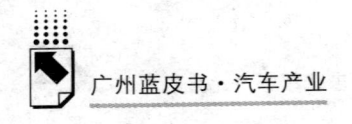

（七）特征评价

佛山市汽车产业是以零配件产业的发达带动整车企业落户的模式发展壮大的。佛山汽车零部件产业已形成一个完整的配套体系，一汽—大众整车制造项目进驻佛山南海将使佛山汽车产业获得飞跃发展。本田汽车用品（广东）和福迪汽车研发中心的使用使得佛山汽车产业具备一定的研发实力，而国家汽配件检测中心和广东省检测中心的落成使得佛山汽车产业配套设施更完善，这将为佛山汽车产业集群发展发挥积极作用。

六 东莞市汽车产业发展情况

（一）整车情况

东莞永强汽车制造有限公司是中国国家定点专用汽车制造企业，是东莞目前唯一的汽车生产企业，年产各类专用汽车3500多台，已形成罐车系列、消防车系列、工程车系列、厢车系列4大产品系列200多个品种。永强汽车公司为以后东莞引进整车生产企业奠定了基础。

（二）零部件情况

东莞汽车零配件产业发展迅速。东莞市2010年有3家大型汽配城，100多家零配件厂，其中金源、东和、宏成电机、莞城畅通、友华、迈高、亿展、大通、明和、易通、黄江安耐吉、普勤等零配件企业落户东莞。

（三）汽车市场与服务情况

东莞汽车市场与服务健全。2010年，东莞拥有100多家汽车4S店，主要经营汽车销售、维修服务、代办保险、代办验车、车辆美容、改装服务等业务。东莞有200多家汽车经销店，豪华进口车、中高档车、经济型轿车、商用车、客车、货车，东莞的汽车品牌一应俱全。另外，东莞国际汽车贸易城集汽车销售（包括二手车）、仓储、博览、维修、零配件、美容装饰、信息研讨、休闲观光为一体。至2010年底，汽车文化博物馆（含品牌展示厅）、二手汽车交易中心、汽车服务中心、汽车俱乐部、驾驶乐趣体验基地等都在建设中。

（四）技术研发情况

2010年，东莞市已与高校合作搭建了产学研平台，中山大学把电动汽车研究项目放在了东莞，松山湖科技产业园区已经启动了中国电动车产业研发生产基地项目。

（五）配套设施情况

东莞投资环境优越，产业配套优势明显。汽车模具和汽车电子等方面有非常雄厚的基础，长安、厚街、凤岗等3个镇已形成五金机械模具和塑料加工集聚优势，这些都有利于汽车及零配件产业的集群发展。虎门港具备建大型汽车滚装专用码头泊位的条件，有汽车物流配套的设施，为东莞汽车进出口物流配送提供了良好的条件。

（六）扶持政策情况

东莞汽车产业发展优惠政策主要有：

——在科技东莞工程中设立东莞市汽车产业发展专项资金，每年安排一定比例的财政资金，主要用于重点支持大型汽车整车项目建设；支持对重大汽车及零部件项目和关键项目的引进；支持汽车及零部件自主创新；支持汽车产业支援服务平台的建设；支持和完善汽车物流、销售及售后服务体系的建设，不断优化汽车产业结构。

——对重大投资的汽车产业项目，地方财政给予一定的资助扶持，优先确保重大项目、优质项目的用地，土地费用给予一定比例的下浮。

——拓宽企业融资渠道。加强与金融机构的沟通协调，引导银行资金加大对汽车项目信贷支持力度，特别是对东莞重大整车项目、关键性汽车零部件生产项目，银行信贷应实行重点倾斜，帮助企业解决融资问题。

（七）特征评价

东莞在汽车消费、产业配套和服务方面具有较强优势，东莞市政府希望未来能引进1~2家大型汽车整车生产项目，以汽车电子、模具、物流和贸易产业的模式发展汽车产业，引进一批优质的汽车零部件生产企业形成产业集聚，最终发展为新兴支柱产业之一，把东莞打造成为电动汽车产业基地。

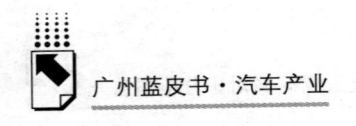

七 中山市汽车产业发展情况

（一）整车情况

中山市汽车整车厂有1家，为中山市海粤汽车工业有限公司，公司主要制造经营"海粤"牌特种车（海粤牌系列防弹运钞车）、乘用车，并与北京北方利懋隆合作，经销"北方"牌运钞车。

（二）零部件情况

中山市汽车零配件厂落户于中炬汽配工业园。中炬汽配工业园已吸引包括日本株式会社F-TECH、日本三井化学株式会社、伊藤忠商事株式会社、有信株式会社、丽光精密（香港）有限公司、日本PLAST株式会社、中山日信、山下橡胶（中山）、中山富拉司特、三井化学复合塑料（中山）、中山中炬精密机械在内的近30家国际知名汽配企业。主要产品包括底盘冲压件、汽车合成油箱、汽车门锁、热交换器、汽车刹车总成、汽车驱动桥总成、安全气囊、电子控制制动防抱死系统等汽车关键零部件。此外，2009年中国汽车零部件中山产业基地落户南朗镇，这家"央企"主营汽车零部件生产制造、国内整车厂配套、国际知名品牌代理和国际采购代理等。南朗镇已吸引本田汽车配件中浩精密机械（中山）有限公司、新加坡凯豪电子元件有限公司等财团落户。

（三）汽车市场与服务情况

中山市汽车服务贸易市场发达，这为中山汽车产业发展提供了便利。中山车市真正标准的"4S"店有40多家，其中日系品牌4S店就有16家。中山车市的经销商集团有创世纪、金基、三联集团、中裕集团。此外，中山还有多家规模较大、经营多个品牌的商用车销售公司，如金菱汽贸和顺肇汽贸等。

（四）技术研发情况

2010年，中山市涉及汽车产业有2家省级工程技术研究开发中心，分别是大桥化工有限公司的"广东省汽车涂料工程技术研究开发中心"和美加科技

（中山）有限公司的"广东省音响工程技术研究开发中心"。2010年3月，中海石油气电集团有限责任公司与中山市政府签订合作协议，将投资200亿元建设清洁能源生产基地，包括建设50座新能源汽车加气站项目、新能源汽车天然气储气瓶生产及配套装备制造项目、新能源汽车检测维修厂、新能源汽车研发中心、新能源汽车技术人员培训中心项目以及与清洁能源相关联的科技成果产业化项目等。

（五）配套设施情况

中山市基础设施完善，地理位置优越。产业配套体系完整，中山灯饰LED、新能源汽车、高端新型电子信息等方面都有一定的基础。如新能源汽车产业方面，2010年中山已有中炬高新、大洋电机两家上市企业涉足这一领域。中山市在电池如镍氢动力电池、动力电池材料等方面有基础，如中炬森莱公司是国内最大镍镉、镍氢动力电池生产商，到2011年镍氢电池产能将占全国45%、汽车动力电池将占全国36%市场份额，对于混合动力的发展具有优势。中山也在推动汽车零配件市场的形成，这都为以后发展汽车产业奠定了基础。

与中山火炬开发区合作的院校主要有清华大学、西安交通大学、西安电子科技大学、中山大学、华南理工大学、华中科技大学、北京理工大学、广东外语外贸大学等，这些院校可为区域内企业有针对性地培养和输送各类专业技术人才。

（六）扶持政策情况

2010年，中山出台《中山市新能源产业鼓励发展指导目录（2010年）》，指出半导体照明产业及新能源汽车产业是其重点鼓励和支持的产业，中山市有望打造新能源汽车配套产业基地。

（七）特征评价

中山市汽车企业主要分布在中炬汽配工业园，中山市发达的汽车市场与服务为中山汽车产业发展提供了条件，2家省级工程技术研发中心的建成有利于增强中山汽车研发实力，而政府对电动汽车项目的重视为中山发展新能源汽车提供了政策支持。

表1　2010年珠三角各区域汽车产业发展情况对比

	广州花都	广州南沙	广州黄埔—萝岗—增城	深圳	佛山	东莞	中山
整车情况	东风日产	广汽丰田	广汽本田、本田（中国）出口工厂、广日专用汽车公司	比亚迪、五洲龙、中集专用车公司3家,长安PSA项目,比亚迪与戴姆勒项目在建	福迪汽车、粤海汽车、福田南海汽车厂3家,一汽—大众项目已签约	东莞永强汽车制造公司	中山市海粤汽车工业公司
零部件情况	160多家 202亿元	130多家 200多亿元	200多家	1000多家	300多家	100多家	30多家
技术研发情况	东风日产乘用车技术中心	广州中国汽车业技术研究院（在谈）	广汽本田汽车研究开发有限公司	研发实力很强	广东省汽车车身件工程技术研究开发中心	中山大学电动汽车研究项目	2家省级工程技术研究开发中心（汽车涂料和音响）
配套设施情况	华南理工大学广州汽车学院、皮具产业配套、大型汽车文化中心	广州港南沙汽车滚装船码头、美国UL检定服务项目、服务外包企业19个	物流配送体系、机械工业汽车零部件产品质量监督检测中心（广州）、广州大学城（人才）	应用电子产业及信息产业发达、人才多	国家汽车配件质量监督检验中心和广东汽车检测中心2个、职业技术专业化培训体系	汽车模具和汽车电子、五金机械模具和塑料加工产业配套	中山灯饰LED、镍氢动力电池、动力电池材料产业配套
扶持政策情况	技改贴息扶持、设立专项资金等	—	—	资金支持新能源汽车产业、购买补贴	梯度递减土地价格、专利技术实施计划资助	设立专项资金、地方政府资助扶持、融资支持	鼓励中山上马电动汽车项目

八　基本结论

珠三角汽车产业发展呈现出三个明显特征：

一是日系乘用车占据绝对市场份额。现有汽车企业包括广汽集团、广汽本田、东风日产、广汽丰田、比亚迪、本田中国、骏威客车、广州五十铃客车、羊城汽车、广日专用车等，其中广汽本田、广汽丰田、东风日产等三大品牌日系乘用车占据着大部分市场份额。

二是零部件滞后于整车发展。初步统计，目前珠三角地区已有汽车零部件企业 1000 余家，整体发展形势不错，但与整车行业相比，零部件行业存在着企业规模小、技术含量不高、自主研发能力不足、产业内部协作不强、产业链条效应未能有效发挥等问题，零部件滞后于整车发展。

三是产业布局以广州为核心，遍及珠三角主要区域。其中，汽车总厂主要布局在广州、深圳，其中以广州最为突出；零部件企业则相对分散，尤以广州、佛山、深圳更为突出。不同区域之间的产业关联得到不断强化，促进了更大范围的产业集聚，从而提升了产业规模和整体竞争力。

参考文献

武康平、费淳璐：《WTO 框架下中国汽车经济的增长极》，经济科学出版社，2002。
各区域 2011 年政府工作报告，各区域 2010 年国民经济和社会发展统计公报。
罗兴安：《广东汽车产业蓬勃发展》，《现代零部件》2011 年第 2 期。
陈蓉、张剑光：《关于汽车产业集群风险的研究》，《汽车工业研究》2007 年第 7 期。

B.19
2010年广东汽车制造业发展概况

陈 新*

> **摘 要**：进入21世纪以来，广东汽车制造业快速发展，逐步成为广东先进制造业的支柱产业之一。本文对"十一五"期间以及2010年的广东汽车制造业的发展进行分析，对进一步促进汽车制造业的发展提出建议。
>
> **关键词**：汽车制造业 发展建议

汽车制造业是产业关联度高、规模效益明显、资金和技术密集的重要产业。进入21世纪，特别是"十一五"以来，广东省汽车制造业持续发展，已经形成较完整的产业体系，成为全省的支柱产业。2010年，广东以装备制造业为主体的先进制造业快速扩张，汽车制造业更是迅速崛起，比亚迪电动汽车、广汽自主品牌乘用车等项目加快推进。全省汽车产量达156.29万辆，居全国前列。广东汽车制造业发展渐入佳境，正为加快转型升级、建设幸福广东助跑加油。

一 发展现状

（一）呈现快速增长势头

"十一五"期间，国家汽车产业高速发展，特别是2009年和2010年，这两年国内汽车产量的增幅均超过了30%。受国内汽车产业良好发展形势的影响，

---

* 陈新，广东省统计局科研所。

广东汽车产量逐年提高，由 2006 年的 55.54 万辆增加到 2010 年的 156.29 万辆，产量增了近 2 倍，年均增幅达 29.5%（见图 1），呈现快速增长势头。

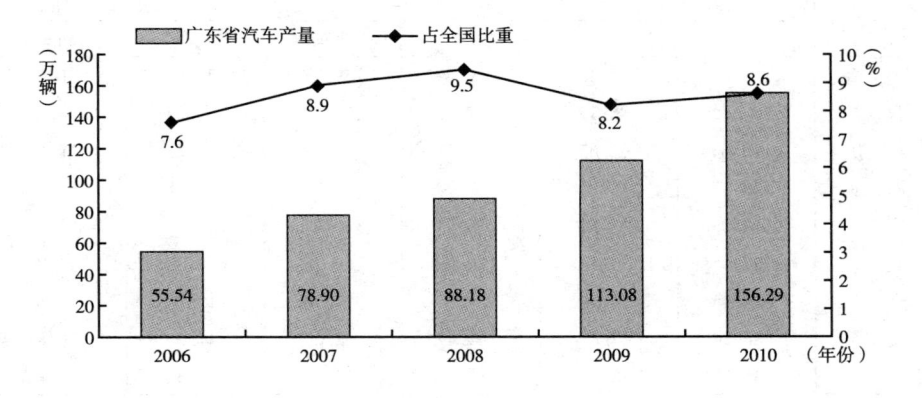

图1 "十一五"期间广东汽车产量情况

2010 年，广东省在汽车下乡、汽车报废补贴、汽车以旧换新等一系列国家利好政策推动下，汽车工业产销两旺。全年广东汽车制造业完成工业增加值 1059.04 亿元，同比增长 20.8%；增速同比提高 1.3 个百分点，比同期工业增加值的增长速度高 6 个百分点，超过 GDP 增长速度 8.6 个百分点。2010 年，全省共生产汽车 156.29 万辆，比 2009 年的 113.08 万辆增加 43.21 万辆，增长 38.2%。增幅同比提高 10 个百分点。占全国产量的比重从 2000 年的 1.9% 发展到 2010 年的 8.6%。广东省 2010 年汽车产量比 2000 年增长 38 倍多，年均增长 44.5%，超过全国同期增长速度 20.2 个百分点。

（二）成为国内重要汽车制造基地

改革开放以来，广东工业发展由小到大、由弱变强。汽车制造业的发展也是从无到有，逐步壮大。2008 年，广东汽车产量在全国排名第一，占全国汽车产量的 9.5%，其中轿车产量 81.57 万辆，也为全国排名第一，占全国产量的 16.2%；2009 年，由于北京、上海等省市的赶超，广东汽车产量的排名略为后退。2010 年，排在全国的第 5 位，占全国汽车产量的比重为 8.6%；其中轿车产量 132.67 万辆，仅次于上海，在全国排第 2 位，占全国产量与上年持平，为 13.4%（见表 1）。

表1　全国主要省市的汽车生产情况

单位：万辆，%

	2009年度		2010年度		2010年度比上年增长	
	汽车	轿车	汽车	轿车	汽车	轿车
上　海	125.03	122.46	169.89	159.77	35.9	30.5
吉　林	110.64	86.19	167.42	115.58	51.3	34.1
重　庆	118.65	62.62	161.58	85.17	36.2	36.0
湖　北	108.17	38.84	157.79	52.71	45.9	35.7
广　东	113.08	100.51	156.29	132.67	38.2	32.0
北　京	127.06	53.81	150.26	62.25	18.3	15.7
广　西	118.45	6.90	136.61	7.30	15.3	5.8
安　徽	86.34	47.87	124.47	62.60	44.2	30.8
山　东	55.77	18.08	87.19	30.17	56.3	66.9
全　国	1379.53	748.48	1826.99	983.84	32.4	31.4

（三）在全球位置不断提升

纵观全球的汽车工业的发展，一些发达国家已有上百年的历史，中国的汽车制造业本是后起之秀，广东的汽车工业发展就更晚。但是，进入21世纪以来，广东汽车制造业逐渐起步后，接着快速发展，特别是近几年更是取得骄人的成绩，迅速赶超世界汽车主要生产国的产量。2009年，受金融危机的影响，世界汽车产量大幅下降，中国汽车生产则逆势而上，跃居全球第一，2010年中国汽车产量继续在全球领先。2009年，广东汽车生产总量已超过英国，乘用车的生产量排在法国之后（见表2）。

表2　2009年广东省与世界主要国家汽车产量比较

单位：万辆，%

国家或地区	乘用车	商用车	合计	同比增长
中　国	1038.38	340.72	1379.1	48.3
日　本	686.22	107.24	793.45	-31.5
美　国	224.91	346.28	571.19	-34.3
德　国	496.45	24.53	520.98	-13.8
韩　国	315.84	35.45	351.29	-8.2
巴　西	257.66	60.6	318.26	-1.0

续表

国家或地区	乘用车	商用车	合计	同比增长
印　　度	216.62	46.65	263.27	12.9
西 班 牙	181.27	35.74	217.01	-14.6
法　　国	182.17	22.8	204.97	-20.2
墨 西 哥	93.95	61.78	155.73	-28.2
加 拿 大	82.24	66.73	148.97	-28.5
英　　国	99.95	9.07	109.02	-33.9
捷　　克	96.78	0.68	97.46	3.0
泰　　国	30.53	66.31	96.84	-30.5
波　　兰	81.9	6.02	87.92	-7.1
土 耳 其	51.09	35.87	86.96	-24.2
意 大 利	66.11	18.21	84.32	-17.6
伊　　朗	69.22	6.01	75.23	-28.4
俄 罗 斯	59.58	12.66	72.24	-59.6
比 利 时	51.03	1.25	52.28	-27.8
中国广东省	100.51	12.57	113.08	28.2
总　　计	4722.77	1375.93	6098.7	-13.5

（四）汽车制造业生产效益好

汽车制造工业属于工业制造业中的交通运输设备制造业，在工业中是经济效益好、发展潜力大的产业。随着制造技术水平的不断提高，汽车制造逐步成为广东制造业的一个支柱产业。2009 年全省主营业务收入最大的 50 家工业企业中，汽车工业企业有东风汽车有限公司东风日产汽车乘用车公司、广汽本田汽车有限公司、广汽丰田汽车有限公司、东风本田发动机有限公司等 4 家位列其中，分别排在第 5 位、第 10 位、第 14 位和第 28 位，该 4 家公司在 2008 年的排位则分别是第 9 位、第 8 位、第 15 位和第 30 位；2009 年，此 4 家企业主营收入分别达到 643.98 亿元、507.41 亿元、385.55 亿元和 157.34 亿元。汽车制造业显现出强大的发展潜力。

二　面临的问题

（一）增长速度放缓，对工业发展贡献有待提高

在全球经济恢复举步维艰的情况下，2010 年我国汽车工业再次取得了全球

瞩目的成绩，全国汽车产量达到1826.99万辆，同比增长32.4%；同期广东的汽车产量为156.29万辆，增长38.2%。高于全国增长幅度，占全国产量的比重为8.6%。比上年有所提高，但还未及2008年9.5%的水平。2010年规模以上工业增加值中，全国汽车制造业增长24.8%，广东为20.8%，略低于全国水平。广东汽车制造业形成的增加值2010年为1059.04亿元，仅占全省工业增加值的5.0%；对推动工业经济发展的贡献仍有待增强。

（二）产品结构需完善，零部件产业链亟待形成

目前，广东省轿车尤其是中高档产品优势突出，广汽本田雅阁、广汽丰田凯美瑞、东风日产天籁等中高档产品销量多年来一直稳居中高档轿车销量前列。但在客车、专用车、载货车及中低档乘用车等领域，缺乏具有较强市场竞争力和发展潜力的产品，尚无重型载货车、微型客车等产品。就连大众化的用车——出租汽车，全省都基本无本地所产的品牌汽车，其市场全让大众、北京现代等汽车品牌所占领。另外，近年来，广东省汽车产业链主要依靠日资合资汽车整车企业形成，大部分汽车零部件企业属外资企业，本地骨干汽车零部件企业较难进入日系合资汽车整车生产企业的配套产业链，发展较为缓慢。因此，广东自主汽车零部件产业链有待加快形成。

三 加快广东汽车制造业发展的几点建议

（一）做大做强自主品牌，提升企业自主创新能力

在2010年4月23日的第11届北京国际车展的舞台上，广汽集团隆重发布全新企业品牌标志及首款自主品牌中高级轿车"传祺"。作为第16届广州亚运会指定用车，"传祺"已于2010年9月3日正式下线。据介绍，广汽集团乘用车项目采用了自主开放的联合开发方式，集成了全世界顶尖的设计、研发力量和配套资源；乘用车工厂具有顶尖水平的生产装备、制造工艺与管理标准。该系列车型传承了欧洲高端品牌在操控性、舒适性和主动安全性等方面的优秀基因，采用世界先进的成熟底盘平台和动力总成技术。驾乘性能卓尔不群。今后，应当协调推进原始创新、集成创新和引进消化吸收再创新。实施建设创新型广东行动计

划，充分发挥国家自然科学基金广东联合基金等的作用，建立"国际科技合作创新院"和"粤港科技创新平台"，推动产业共性和关键、核心技术取得突破。广汽集团应根据市场形势，推出基于这一技术系统的先进插电式混合动力车型，实现自主品牌和集团旗下合资品牌在新能源汽车领域的携手并进，共同为绿色汽车社会和低碳经济的发展作出贡献。

（二）推进新能源产业化进程，大力发展低碳经济

为积极应对资源与环境的双重挑战，并保持经济持续快速增长，广东省率先于2010年3月19日发布了新能源汽车专项规划——《广东省电动汽车发展计划》，成为未来一段时期广东新能源汽车发展的重要指引。要抓住全球汽车产业结构调整的机遇，充分依托比亚迪深圳新能源等产业基地，以自主创新为核心，以产业化和示范应用为重点，以应用环境建设为突破口，坚持市场为主和政府推动相结合、政策优惠和宣传引导相结合、产业发展和产品应用相结合，力争用10年左右的时间，将广东建设成为产业规模、品牌影响和技术水平均达到国际前列的世界电动汽车产业基地。围绕电动汽车产业发展要求，依托现有汽车骨干企业、高校和科研机构，大力组织开展新型动力电池及其管理系统、电机及其控制系统、动力系统总成、充电机、整车系统集成等核心技术和关键产品研发，推进关键技术实现产业化。积极培育壮大电动汽车龙头企业和上下游配套制造企业，打造以龙头企业为核心的完整的电动汽车产业链，促进形成以广州、深圳为中心，要素集聚、规模集中、配套齐全的电动汽车产业集群，走出一条低碳经济发展的道路。

（三）加强基础设施建设，营造良好的汽车消费氛围

要认真落实"四十条"（《关于加快经济发展方式转变的若干意见》），努力实现到2012年全省新增高速公路1500公里，改善省内行车环境。要按照规范管理、方便使用的原则，科学制定城市停车场地建设规划，合理确定城市交通换乘枢纽、公共建筑、商业街区、居住区的停车设施配建标准，优化停车场地建设，改善停车环境。加快电动汽车等新能源汽车的配套设施建设，尽快在停车场等公共场所建立公用380伏和220伏充电设备及快速充电网络，研究建立针对电动汽车充电的谷电优惠机制。

加强对汽车行业的管理，打击非法拼装、改装汽车等行为，维护正常的市场秩序。按照国家和省的统一部署，加快撤销二级公路收费站，降低消费者汽车使用成本。积极做好微型客车、轻型载货车下乡工作，扩大农村汽车消费，为广东省汽车制造产业发展创造良好的消费环境，使汽车制造产业能健康地向前发展。

（四）鼓励适当的汽车消费，加强汽车金融发展

中共广东省委、广东省人民政府在《关于加快经济发展方式转变的若干意见》（2010年5月11日）中第一条就提出：要推进公务用车改革，扩大住房、汽车消费。加快培育文化娱乐、信息服务、旅游休闲、体育健身、重大节庆等消费热点。继续推进家电、汽车、摩托车下乡和以旧换新等活动。国家统计局广东调查总队调查数据表明，2010年末，广东城镇居民每百户拥有家用汽车26.58辆，比2005年末的9.7辆增长1.74倍，年均增长22.3%。家用汽车快速进入城镇居民家庭，使居民交通支出大幅上涨。2010年，广东城镇居民人均交通支出为2248.69元，比2005年的1557.6元增长44.4%，年均增长7.6%。今后，随着城乡居民收入的增长和汽车价格的下降，汽车消费仍有较大的潜力，因此，正确引导城乡居民的汽车消费，扩大全省汽车消费市场，将十分有利于广东汽车制造业的发展。目前，由于个人信用体系的建设已取得了重大进展，特别是对中等或中等以上收入群体的个人信用档案基本建成，对借款人基本可以进行资信评级并已建立借款人信用档案，消费者的信用观念也大大加强，同时车价已经进入相对稳定状态，因此发放汽车消费信贷的风险已经大大减小，可以适度简化贷款手续和放宽贷款条件，加强汽车金融发展，用扩大汽车销量来拉动汽车制造业发展。

B.20 佛山2010年汽车行业特征

陈 强*

摘 要：得益于国家一系列产业刺激政策，佛山汽车销售增速超过全国平均水平，二手车市场稳中有升，汽车行业整体形势发展良好。本文从销量、汽车拥有量、政策影响等方面论述2010年佛山汽车行业发展情况。

关键词：佛山 汽车行业 上牌量

在广东车市，2010年仍是广深佛莞四大一线城市唱主角，佛山的乘用车上牌量也一举超越了东莞，位列全省第3。据广东省汽车流通协会的数据，广州、深圳两地乘用车上牌量占全省总量的44.53%，而佛山、东莞两地乘用车上牌量占了全省总量的21.66%，也就是说四大一线城市乘用车上牌量占全省的总量达到了66.19%。其中，佛山2010年乘用车上牌量首破十万辆大关，东莞以1.6万辆的差距排在佛山之后，其同比增长为16.8%，远低于全省平均水平。

据佛山市机动车经营行业协会发布的数据，佛山2010年全市各类汽车新上牌约15.71万辆，比上年上升40.92%。其中，乘用车约10.25万辆，增幅超过35%。据笔者看来，2010年蓬勃发展的佛山汽车行业呈现出这样五个特征。

一 五区销量增速均高于全国平均水平

据中汽协发布的数据，2010年全国汽车销量再次刷新全球纪录，达到惊人的1806.19万辆，同比增长了32.37%。但从佛山的数据上看，佛山五区的销量增速甚至都高于全国平均增速。

---

* 陈强，《佛山日报》编辑。

据佛山车管部门提供的上牌数据，禅城区新车入户约 3.78 万辆，上升 38.21%；南海区新车入户约 5.66 万辆，上升 48.56%；顺德区新车入户约 4.88 万辆，上升 35.18%；高明区新车入户约 5400 辆，上升 68.75%；三水区新车入户约 8800 辆，上升 44.56%。

顺德区增速最低，仅有 35.18%，但仍比全国平均值要高 2.81 个百分点。从数量看，顺德新入户约 4.88 万辆车，仅位于南海之后。相反，入户量最低的高明区则以 68.75% 位列五区之首，这与其原有基数较低有密切关系。

二 平均每两户家庭拥有 1 辆汽车

从北京市统计局公布的数据看，目前北京平均每百户居民拥有 36 辆车。而佛山市机动车经营行业协会的数据显示，佛山每百户家庭拥有汽车约 54.5 辆，这意味着平均每两户家庭就拥有一辆汽车。

佛山 2010 年仅 15.71 万的上牌量，与北京的 85 万相比，自是小巫见大巫。但考虑到人口基数的差距，佛山这个二线城市蕴藏的消费力可谓相当惊人。从佛山每百户家庭汽车拥有量高出北京，即可见一斑。

如此惊人的数据与佛山人的富裕有密切关系。此前，2010 年广东省镇域经济综合发展力百强镇出炉，佛山有 16 个镇入选广东百强镇，前十强里占三席。在这个藏富于民的城市，佛山人已经率先分享到突围金融危机后的红利。汽车梦想在这个城市比很多地方离百姓都近。

三 利好政策刺激作用明显

不少经销商向笔者表示，佛山 2010 年汽车销量得以激增，主要是基于市场自身蕴藏的巨大潜力，但 2010 年层出不穷的利好政策对销量的刺激作用同样不可忽视。

2009 年，国家对上一年的以旧换新、汽车下乡、购置税优惠等刺激政策进行延续，此外还连续推出了四批"节能产品惠民工程"节能汽车（1.6 升及以下乘用车）推广目录，对全国车市的刺激作用具有深远的影响。此外，佛山为进一步改善空气质量，对全市 12 万辆黄标车进行限行，加之禅桂新地区开始实施第一阶段限摩，又催生了巨大的购车需求。

数据显示，2010年佛山乘用车前10个月上牌达到了82412辆，11月和12月共计完成20088辆，也就是说最后2个月将近完成了全年上牌量的20%。原因在于，自2010年11月开始，购置税优惠将取消的消息已经在坊间大为流传，亚运限行结束更是让大量消费者又开始有了买车的念头。此外，北京限号的消息也让一些佛山人产生了抓紧上牌抢号的想法。于是，2010年岁末的佛山汽车市场异常繁荣，与"金九银十"相比是有过之而无不及。小排量车型成了当之无愧的明星，加价提车、排队等车、4S店销售火爆的现象随处可见。

四　佛山二手车交易量稳中有升

据广东省汽车流通协会数据，在二手车交易量上，深圳继续保持冠军位置，全年二手车交易量为18.26万辆，同比增长12.47%。广州虽然保住了第二位，但却出现负增长，全年二手车交易量为13.49万辆，同比增长-0.58%。主要原因在于广州地区因暴雨频发"水浸车"事件，市民因担心购买由广州流入的水浸车而选择观望。

第三位是佛山，全年二手车交易量为8.14万辆，同比增长40.37%，同比增长率在前五名中最高。第四位中山的二手车交易量为7.32万辆，同比增长27.83%。东莞排名下跌至第五名，全年二手车交易量6.66万辆，同比增长1.86%。广东省汽车流通协会的报告称，东莞、佛山和中山地区的二手车交易量同比增长的幅度比2009年降低13个百分点以上。不过，总体说来，佛山的二手车交易量仍是稳中有升。

佛山二手车市场在2010年全年呈现出开局良好、上半年波动明显、下半年整体交易量上扬，"金九银十"出现低点的特征。在9、10月之所以出现低点，在于国Ⅲ车外地过户9月开始受限。9月1日起，广州、佛山和深圳等9个珠三角城市开始实施机动车国Ⅳ排放标准，国Ⅲ新车不再给予上牌，从外地转入的二手车，只要不符合国Ⅳ标准，也不给予办理上牌服务。国Ⅲ车不能过户到外地，外地的国Ⅲ车也不能过户到佛山，这使得二手车商家在货源和销售上出现双重受阻的局面。

五 改善汽车生活成为全城愿景

据佛山车管所的数据显示，2010年佛山市各类汽车保有量约91万辆，同比增加了20%，迅速攀升的汽车保有量反映着百姓家庭开始进入汽车生活，但随之而来的还有担忧，因为汽车生活也带来城市出行等方面的难题。

近年来，堵车从老城区扩大到了城市主干道。以前，多是在老城区里的街道堵，如今就连宽敞的城市主干道，也是"堵途"了。在禅城区的季华路、南海大道南海广场路段等主干道，堵车现象已十分常见。另外，停车难问题也变得日益严峻，在热闹的商业旺地经常是一位难求。

不过，佛山近几年也在着力改善交通。自2010年8月开始，佛山实施分阶段限摩计划，先于禅桂新施行，最后推行至五区。2010年11月3日，广佛地铁首段正式通车，全长20.47公里，惠及两地数百万市民。除此之外，禅城区、南海桂城、顺德大良还建成了一批公共自行车系统。全市公共自行车站点为283个，投入车辆超10000辆。禅桂及大良公共自行车每天客运量达3.8万人次。

尤其是，佛山于2010年底启动了佛山市智能交通系统建设工程，佛山的交通堵塞等问题有望得到全面根治。其中，佛山将于2011年建立110个智能公交站牌。通过智能公交站牌，市民出行搭公交可提前查询发车和到站时间，以及了解换乘路线。

附 录 篇
Appendix

B.21
2010年广州汽车大事记

资料整理：广州汽车产业研究中心

- **2010年1月7日**

《广州市公共汽车电车乘车守则》正式实施，首次对乘客搭乘BRT公交和双层巴士的行为进行规范。

- **2010年1月20~23日**

广州市市长张广宁率市政府代表团暨市全国人大代表学习调研组到长沙、湘西自治州考察，考察了广汽集团在长沙的广汽菲亚特乘用车项目和广汽长丰汽车制造股份有限公司，出席了湘西（广州）工业园的奠基仪式、广州湘西经贸合作座谈会，并见证了广药集团采芝林公司、轻工集团虎头电池公司、广之旅、雷邦仕、新科达等企业与湘西宏成制药、新量电池等企业的签字仪式。

- **2010年1月24日**

广东省委常委、广州市委书记、市人大常委会主任朱小丹，市委副书记、市长张广宁会见东风汽车公司党委书记、总经理徐平，日产汽车公司首席运营官志贺俊之和东风汽车有限公司总裁中村公泰，双方就进一步加快把广州建设成为国

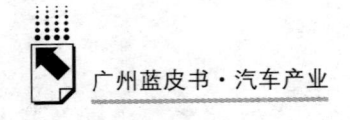

家汽车产业战略基地交换意见。

- **2010年2月17日**

广州市市长张广宁会见日本本田技研工业（中国）投资有限公司董事长兵后笃芳、东风本田汽车有限公司总经理仓石成司，就继续合作、推进广汽本田增城二期工厂建设及扩大广汽集团产能等问题交换意见。

- **2010年4月26日**

广州汽车集团股份有限公司与浙江吉奥投资有限公司战略合作签约仪式在杭州举行。

- **2010年5月8日**

东风日产花都第二工厂在花都汽车城举行奠基仪式。中共中央政治局委员、广东省委书记汪洋，省委副书记、省长黄华华，国务院国资委监事会主席王寿君，省委常委、常务副省长朱小丹，省委常委、广州市委书记张广宁，副省长、市委副书记、市长万庆良等参加仪式。

- **2010年5月25日**

广东省副省长、中共广州市委副书记、市长万庆良会见韩国知识经济部部长崔炅焕代表团一行，双方就加强经贸往来尤其是推动汽车制造和文化创意产业的交流与合作等问题交换意见。

- **2010年5月25日**

广汽本田汽车有限公司扩能启动仪式在广州举行。

- **2010年7月7日**

国家财政部、科技部、工信部、发展和改革委员会在香格里拉大酒店组织召开广州市节能与新能源汽车示范推广工程试点城市实施方案专家论证会，联合对《广州市节能与新能源汽车示范推广试点实施方案》进行论证，并对广州市纯电动汽车和混合动力汽车的实车车型进行现场考察。

- **2010年7月13日**

由广州汽车集团股份有限公司和法国东方汇理个人金融股份有限公司合资设立的广东省首家汽车金融公司正式开业。该公司是省内首家汽车金融服务公司，使广州成为继北京和上海之后第三个拥有汽车金融公司的城市。

- **2010年8月4日**

广州市内首个电动汽车充电设施——6台电动汽车充电桩进驻亚运城媒体中

心的露天停车场，并投入运行。充电桩由广州供电局自发研制并投资建设，可为电动汽车提供三相充电电源，额定功率为21千瓦，并以预付费的形式实施收费。

- **2010年8月18日**

广东省委常委、广州市委书记张广宁会见北京汽车工业控股有限责任公司（以下简称北汽集团）董事长徐和谊一行。同日，增城市政府与北汽集团正式签订"北汽集团华南生产基地（广州增城）30万辆整车项目"合作协议。

- **2010年8月30日**

9时30分，广州汽车集团股份有限公司（以下简称"广汽集团"）H股（02238.HK）于港交所主板成功挂牌上市，总成交量5477.48万股，总成交额4.93亿港元。

- **2010年9月21日**

广州市政府决定，广州汽车工业技工学校正式从广汽集团移交给广州市人力资源和社会保障局，并入国家重点技校广州市高级技工学校。

- **2010年11月7日**

广州市政府与广东电网公司举行《加快电动汽车充电设施建设战略合作框架协议》签约仪式，双方将在广州市电动汽车充电设施规划、建设和运营方面加强合作。

- **2010年11月8日**

广州市首个公共电动汽车充电站——广州亚运城电动汽车充电站投入使用。

- **2010年12月21日**

以"领先科技、共创未来"为主题的第八届中国（广州）国际汽车展览会在琶洲展馆开幕，27日闭幕。广东省委副书记、省长黄华华出席开幕式并宣布展览会开幕。省委常委、广州市委书记张广宁，广州市市长万庆良，全国政协提案委员会副主任、中国机械工业联合会会长王瑞祥，中国欧洲经济技术合作协会会长徐秉金，广州市副市长陈明德、甘新，市政府秘书长谢晓丹及各有关单位负责人、驻穗领事馆官员等出席开幕式并参观各大展厅。

- **2010年12月22日**

广州市政府举办，广州市外经贸局承办，日本贸易振兴和中国汽车用品联合会协办的"新广州、新机遇——2010广州汽车产业投资推介会"举行。广州市市长万庆良出席推介会并讲话。

B.22
2010年广汽集团大事记

资料整理：广州汽车产业研究中心

- **广汽长丰虚假陈述赔偿案立案**

2010年12月份，广汽长丰继续停牌，退市传言依旧未消，而公司虚假陈述索赔案又有新动向。在离最终诉讼期限仅有半月之际，广东奔犇律师事务所主任刘国华赴湖南长沙市中级人民法院，代理股民李女士和叶先生，就广汽长丰证券虚假陈述赔偿纠纷一案提起诉讼。

- **广汽丰田发布国内首款FUV车型**

2010年12月18日，广汽丰田赶在广州车展开展前发布了旗下第四款国产新车——逸致。这是被称为时尚多功能车的国内首款FUV车型，于2011年中正式推向市场。

- **广汽收编吉奥**

2010年12月9日，广汽集团与吉奥汽车宣布合资公司"广汽吉奥汽车有限公司"成立，广汽吉奥注册资本为人民币12.6亿元，注册地在萧山经济技术开发区。

- **广汽长丰面临解体　猎豹品牌由长丰经营**

2010年11月，记者从长丰汽车内部获得的资料显示，大股东广汽集团在与三菱汽车"闪婚"后，长丰集团将让渡现星沙基地的经营参与权。作为对等条件，长丰集团今后将主导经营猎豹自主品牌汽车。

- **广汽三菱签约**

2010年11月5日，广汽集团与三菱汽车在湖南长沙华天大酒店签署合资谅解备忘录。国家部委、湖南省政府相关领导以及长沙市市长张剑飞等，出席签约仪式。

- **广汽集团H股挂牌上市　开盘价9港元**

2010年8月30日，广汽集团（02238.HK）在香港联交所正式挂牌，实现整体上市，开盘价报 9 港元。通过私有化骏威汽车（0203.HK），广汽集团股票当天上午正式取得上市地位，并开始交易。

- **保监会已批准广汽集团筹建汽车保险公司**

2010 年 7 月 26 日，保监会公告表示，批准广汽集团等 6 家公司发起筹建众诚汽车保险公司。公告显示，筹建中的众诚汽车保险股份有限公司，注册资本为人民币 5 亿元，注册地为广州市。

- **广汽长丰关闭两子公司**

2010 年 7 月，广汽长丰发布公告称，为了理顺公司运营机制，减少管理机构、提高效率，将关闭旗下严重亏损的长丰汽车研发股份有限公司与长沙长丰汽车制造有限责任公司，资产由公司收购。

- **广汽丰田人事变动　小椋邦彦出任总经理**

2010 年 6 月 1 日，广汽丰田汽车有限公司进行人事调整，原总经理葛原徹因任职期满卸任，由小椋邦彦接任总经理一职。本次人事变动属于广汽丰田定期岗位调动制度的一部分。葛原徹先生于 2004 年被任命为广汽丰田第一任总经理。

- **广汽长丰获两大股东注资 3.3 亿元　明确注资计划**

2010 年 4 月 2 日，广汽长丰发布公告称，广汽集团和长丰集团分别借款不超过 1.8 亿元和不超过 1.5 亿元给广汽长丰，公司共获得约 3.3 亿元的流动资金。这是自 2009 年 5 月 21 日广汽集团收购长丰汽车后第一次有明确的注资计划。

B.23
2010年第六届中国（花都）汽车论坛摘录

资料整理：广州汽车产业研究中心

　　夏去秋来，艳阳熏风，在这美好的季节，第六届中国（花都）汽车论坛于9月19日在白云机场铂尔曼酒店隆重举行。本次论坛的主题是：高端对话——中国汽车产业强国之路。这是在全球金融危机冲击的大环境下，中国汽车业界的又一次"华山论剑"；是在举国上下热议低碳经济、绿色发展的大气候里，专家学者及实际工作者们的又一番思想碰撞。

　　本次论坛，由中国汽车工程学会主办，广州农村商业银行股份有限公司支持。原全国政协常委、国家机械工业部部长何光远，原国务院发展研究中心副主任、研究员鲁志强，中国机械工业联合会执行副会长、中国汽车工程学会理事长张小虞，中国汽车工程学会常务副理事长兼秘书长付于武，清华大学教授、汽车安全与节能国家重点实验室主任、国家"863"计划节能与新能源汽车重大项目总体组组长欧阳明高，国家信息中心信息资源开发部主任徐长明，中共广州市委常委、常务副市长邬毅敏，中共广州市花都区委书记、花都区人大常委会主任潘潇，中共广州市花都区委副书记、花都区人民政府区长林中坚，东风汽车公司副总经理周文杰，东风日产乘用车公司总经理松元史明、副总经理任勇、党委书记周先鹏，法国雷诺北京办事处代表林桦，长春汽车开发区管委会副主任曹伟，南京金鹰汽车集团有限公司总经理钱文清，日本贸易振兴机构广州代表处所长横田光弘等领导和嘉宾，以及来自全国各地的新闻媒体，共计200人出席了本次论坛。

　　花都区委书记、区人大常委会主任潘潇首先致辞，他说，"'中国（花都）汽车论坛'已经成功举办了五届，成为国内外各界解读中国汽车产业发展政策、展望汽车产业发展未来的重要窗口，成为政府、行业、企业广泛交流、加强合作的重要平台。希望通过这次论坛，大家能为中国汽车产业的未来献言献策，为汽车产业的发展方向各抒己见"。他还表示，"汽车产业在花都经济发展中具有不可替代的重要位置，近年来花都区委、区政府高度重视汽车产业发展，举全区之力打造以汽车产业为龙头的先进制造业基地。目前，花都已经根据产业发展形势和需要把汽车产业基地从最初规划的 50 平方公里扩展到 215 平方公里，已经形成了配套完善的汽车产业集群，花都汽车工业具有良好的生产条件和发展潜力。衷心希望各位领导、各位专家一如既往地关心花都，支持花都汽车产业的发展，真诚地欢迎国内外汽车制造企业来花都投资发展，我们将创造一流的环境，提供最优质的服务，全力支持投资者在花都不断取得新的更大的发展"。

在主旨报告环节，主讲嘉宾们分别就"国民经济与汽车产业和谐发展"、"企业机制与汽车强国"、"新时期汽车企业的战略"等议题，展开了演讲和论述，这其中，既有当下业界高层的权威资讯，又有来自生产一线的市场信息，也都紧密结合了当前国内外经济的大环境，因而引起了与会人员的高度关注。花都区政府区长林中坚题为《产学研用推动花都汽车产业强势崛起》的演讲，全方位地展示了花都汽车产业发展的最新面貌。他指出，汽车产业自进入花都，便呈现出爆发式增长态势。汽车产量从 2003 年的 6.5 万辆发展到 2009 年的 52.3 万辆，成为华南地区汽车发展的后起之秀，赢得了汽车界专家"目前中国整车及其零部件工业最适合投资发展的区域之一"和"汽车产业链最完整、发展最快的区域之一"等赞誉；囊括了"国家火炬计划花都汽车及零部件产业基地"、"广东省汽车产业集群升级示范区"、"中国汽车零部件产业基地"三大招牌。花都汽车产业的快速崛起，一方面得益于中国汽车产业强势崛起的大环境，另一方面得益于坚持产学研用相结合的发展模式：以"产"为本，以"学"为上，以"研"为先，以"用"为重，推动产学研用一体化发展，走出了一条跨越式发展的道路。花都汽车产业的强势崛起，促进了花都经济的快速增长，"十一五"规划以来，花都的 GDP、规模以上工业总产值、一般预算财政收入三项主要指标分别由 2006 年的 360.36 亿元、638.38 亿元、16.96 亿元跃升到 2009 年的 541.48 亿元、1155.63 亿元、37.77 亿元，年均递增 14.5%、21.9% 和 30.6%。今年上半年，花都实现地区生产总值 296.46 亿元，增长 18.1%；1～8 月份，完成规模以上工业总产值 965.6 亿元，增长 31.4%；地方财政一般预算收入 30.39 亿元，增长 30.76%。在谈到下一阶段发展目标时，林中坚指出：花都区将抢抓机遇，加速发展，启动花都"汽车产业倍增计划"，迎接花都汽车产业发展第二高峰期的到来。未来5~10年，花都的发展目标是：五年翻一番，十年增两倍。即在确保2010年汽车产业产值超1000亿元、创税100亿元的基础上，力争用5年的时间，实现年产值2000亿元、创税200亿元；力争用10年的时间，实现年产值3000亿元、创税300亿元的汽车产业倍增计划。届时，花都汽车产销量将由2010年的65万辆发展到2013年的100万辆、2015年的130万辆、2020年的200万辆。要通过导入战略新兴产业，在利用高新技术、节能减排技术和新材料、新工艺上提高汽车产品质量和档次，降低能耗和排放，推动花都汽车产业走科学发展、绿色发展和可持续发展的新型工业化道路。为实现汽车产业的宏伟蓝图，花都人民在不懈努力，并充满信心。

论坛还围绕"汽车产业强国之路"展开热议，并设置了时空对话环节，现场播放了世界汽车业界重量级嘉宾宝马汽车集团科学与交通政策高级副总裁以及麦格纳电动车总裁的精彩讲话。与会嘉宾的互动观点，对探讨和研究中国汽车产业在全球竞争格局中如何进一步做大做强，具有重要的参考和借鉴意义，将推动中国汽车工业由大国迈向强国。

主题演讲部分

将花都建设成重要的汽车产业基地

花都区委书记、花都区人大常委会主任　潘潇

尊敬的各位来宾，女士们，先生们，大家上午好。欢迎大家来到美丽的花都，参加第六届中国汽车论坛。我谨代表花都区委、区政府对大家的到来表示最热烈的感谢。论坛作为展望汽车产业发展未来的重要窗口，已成为政府行业企业交流的重要平台。目前，我国已经跻身于世界千万辆的汽车俱乐部，2009年汽车的销量超过美国。站在新的起点，我国新的汽车产业应该加快汽车升级，全面提升软实力和综合竞争力。今年论坛的主题是中国汽车产业的强国之路。希望通过这次论坛，大家能为中国汽车产业的未来献言献策，为汽车产业的发展各抒己见。

近年来，花都区委、区人民政府高度重视中国汽车产业的发展，目前花都已经根据产业发展的形势和需要把汽车产业基地从最初规划的50平方公里扩张到

250 平方公里，花都汽车工业具有良好的发展条件和前景。2008 年，受国际金融危机影响，花都汽车成为产业中的一枝独秀，到 2012 年东风日产的产量将突破 100 万辆。我相信以第六届汽车论坛为契机，中国汽车产业必将步入辉煌的新时代。一枝独秀不是春，百花齐放春满园。我们将牢牢把握机遇，着力自主创新，将花都建设成为重要的汽车产业基地。为此，衷心地希望各位领导、各位专家一如既往地关心花都，支持花都汽车产业的发展。真诚地欢迎国内外汽车制造业来花都投资发展，我们将提供最优质的服务，全力支持大家在花都不断取得新的发展。最后祝中国第六届汽车论坛圆满成功，祝大家身体健康，万事如意。谢谢大家！

加速发展　推动广东汽车产业

中共广州市委常委　邬毅敏

尊敬的何部长，尊敬的鲁主任，尊敬的各位领导，各位来宾，女士们，先生们，大家好。第六届中国花都汽车论坛今天隆重开幕，很高兴与各位朋友再一次相聚在花都。首先，我代表广州市委、市政府对论坛的举办表示热烈的祝贺。

中国花都汽车论坛自举办以来，坚持以振兴民族产业为首要任务，立足于吸取汽车人才和技术、扩大汽车产业影响的宗旨，不断开拓，积极探索，在我国汽车产业中发挥了良好的作用，也有力地促进了汽车产业的发展。2009 年，我国汽车产销量已经超过了美国，成为世界第一大生产国。自主汽车产业已占国内产业的 1/3 以上。进一步夯实了走出国门的基础，2009 年、2010 年广东省汽车产值分别突破了 2200 亿元和 3200 亿元大关。其中花都汽车产值已经达到了 800 亿元以上，预计今年将突破 1000 亿元大关。这些成绩的取得离不开包括本次论坛在内的中国（花都）汽车论坛所发挥的积极作用。汽车产业正在孕育着新的重大变革，加快推进，兼并重组。加快发展新能源汽车，努力构筑竞争新优势。我国汽车业界既要通过引进消化吸收，积极追踪掌握国际汽车产业的最新技术，又要加强自主创新，努力抢占世界汽车产业的最高点，抢占国际和国内的市场，实现弯道超车。从广东和广州的情况来看，今年以来汽车板块加速发展壮大，广东省政府公布的发展广州现代 500 强的项目属于汽车产业的项目就有 26 项。日产、本田、丰田三大日系汽车产业接连扩产，一汽大众南下增城，汽车产业发展高速崛起。

目前，对广州及珠三角来说，汽车产业已经成为国际汽车产业发展中最具竞争力的板块。本次论坛以中国汽车产业强国之路为主题，交流探讨世界汽车产业的发展趋势，分析我国汽车产业、技术以及汽车市场的发展形势，研究汽车企业发展战略及其体制机制、人才培养等重要问题。我衷心希望本次论坛能进一步找准汽车产业的发展方向，提升发展信心，增强发展活力，为汽车产业作出重大的贡献。进行深入的总结提升，推动广州和广东的汽车产业加快走上汽车发展的快车道。最后，祝本次论坛圆满结束，祝各位领导和嘉宾身体健康、生活幸福，谢谢大家。

汽车业10年将完成4项任务

中国机械工业联合会执行副会长、中国汽车工程学会理事长　张小虞

尊敬的何部长，尊敬的邬市长，尊敬的以潘书记为首的花都区的各位领导，汽车界的各位同仁，媒体的朋友，大家好。金秋的九月和花都的汽车一样的迷人，花都汽车论坛也规模越来越大，档次越来越高。花都汽车论坛已经主办了六届，在六年的时间里汽车产业发生了很大的变化。广州汽车产业从小到大，成为中国最大的汽车产业之一。花都的汽车产业几乎是从0开始，现在达到了60万辆的规模，正在向百万辆迈进。在这六年的时间里，中国的工业发生了革命性的变化。国有企业、中外合资企业、新兴的民营企业，都得到了发展。新能源汽车已经成为中国汽车工业发展的新的战略方向。

各位领导，各位朋友，中国的经济正处在战略的机遇期、增长方式的转型期，在这个大的背景下，汽车工业正在经历着由大迈强。未来的十年是中国汽车产业发展的十分重要的时期，中国将全面建成小康社会，要推进城镇化，中国的工业要由大变强，基本实现工业化、国际化的发展。扩大内需，促进消费，拉动中国经济持续增长，实现市场化。中国汽车产量仍将在未来看得见的时间里继续增长，以电动汽车为代表的新能源的发展步伐将继续加快，关键技术实现自主创新，兼并重组不断推进，汽车产业结构将日趋完善，节能环保的汽车、新能源的汽车、自主品牌的汽车将不断扩大。二、三线城市和农村的市场将成为热点，形成你中有我、我中有你的新的产业格局。根据国家全面建设小康、工业由大变强、建设创新型国家和人才强国的总体战略要求，到2020年，中国将建成汽车产业强国，这也是汽车产业发展的必然规律。

因此在未来的10年时间里,我们将共同完成以下4项任务,一是要具有世界先进水平。二是要建立起坚实的零部件的工业基础,当然也包括拥有自主知识产权的新能源汽车的关键零部件。三是要实现相关产业的同步发展,原材料工业、石化工业等都要和汽车产业共同发展。四是要完善服务体系的建设,特别是金融体系的建设。

花都每天都在变,变得更加美丽,变得更加和谐。广州成为新能源汽车的示范推广城市,广州迎来亚运会,花都区更是主要的赛区。我相信,花都区的汽车产业会更好,花都区的汽车论坛也会越办越好。汽车让城市美好,城市才能让人们的生活更加美好。也祝愿在坐的各位生活更加幸福,更加美好。谢谢大家。

尽快提出汽车强国的目标体系

原国务院发展研究中心副主任、研究员　鲁志强

各位来宾,尊敬的何部长,邬市长,潘书记。我是第一次参加这个会议,按照张小虞会长的说法,我还有第二个不同,我不是汽车业界的人士,应该说对汽车业还是比较陌生的,所以对今天的发言,我自己的定位是以一个业外非专业人士,一个政策研究人员对我们汽车强国发表一点外行话。

我非常欣赏我们这次论坛的主题——中国汽车产业强国之路。这里头有一个目标就是"汽车强国"。我觉得中国汽车工业经过几十年的发展,特别是改革开放30年的发展,走到了今天,从汽车大国向汽车强国迈进,应该讲是大势所趋、人心所向、水到渠成的一个提法。提到的第二个是"之路",我觉得这条提法是非常好的,因为我们都知道提出一个目标,如果没有达到这个目标的办法,那么就是一个乌托邦,所以在我们中国词语里形容一件事情很光明,很有希望,我们用康庄大道。形容一个事情、一个人没有前途,我们用穷途末路。如何探索我们中国汽车走向强国之路的康庄大道?对汽车强国的提法我觉得少了一点什么。这主要是因为我们整个中国都面临着一个从大到强这样一个大的趋势,我们可以看到所有的行业几乎都是同样的:纺织行业在说如何从纺织大国到纺织强国,我们的钢铁行业也是在说如何从钢铁大国走向钢铁强国。我们汽车产业的特殊性在哪里?在我们改革开放30年的历史里,曾经有过三次大的讨论:第一次是支柱讨论,把汽车产业和中国其他所有的产业区别开来,认为它是有特殊性的。第二次大讨论就是入市前后的大

讨论,那次讨论从理论上和实际上奠定了一个基础,我们在签订世贸协定的时候,汽车产业是作为底线要保的一个产业。这次我们汽车强国跟其他产业相比,特殊在哪儿,突出在哪儿?

我的第一个想法是应尽快提出我们汽车强国的目标体系,提出我们的重大措施,提出我们需要的扶持政策,提出我们需要的配合条件。

也就是说,我们可以有相同的口号,还要有更深刻的、更具体的内容。否则的话,我担心会被淹没在一片由大到强的口号浪潮中。这个看法可能不对,但是作为一个业外的人士,有这么一个感觉。提到汽车强国,刚才说是大势所趋,这是由我们国家今天的发展阶段所决定的,几乎是我们所有的产业都面临的任务。刚才我也说到希望我们尽快地把汽车强国给予具体化、规范化,甚至要拿出实际的规划出来。因为要准备这个会议,我查了最近的很多资料,第一个感觉就是我们对于汽车强国的理解好像并不完全一样。记者追着我们汽车行业的专家问,"什么是汽车强国,你怎么理解汽车强国?"反映出我们对汽车强国的提法还不是一个深思熟虑的可以拿到国家"十二五"的一个提法。从网络上、媒体上,还有一些文件里,我归纳了一下,汽车强国的提法大致有两种:一种是我们汽车业内的专家和领导的说法,概括地讲是几个拥有,拥有相当规模的生产能力和世界市场的占有率、拥有世界知名的汽车品牌和核心技术、拥有世界级的汽车企业和管理经验等。从这几个内容也可以看出这是我们汽车业差距最大的地方,把这些差距补上基本就达到了汽车强国的水平。还有一种说法是普通老百姓、非汽车人士的一些看法,他们认为中国要生产出高质量、好品牌的汽车,改变中国低档货、便宜货的形象,中国要拿出自己独有的优势来,这样,国外的消费者同样也会喜欢买中国汽车。这些观点相对上面来讲显得很抽象,但是反映了一个问题,10年后我们达到汽车强国之后,中国的消费者和老百姓是否认可。他们关心的是中国车在市场上的表现,在世界市场上的表现。

为什么说要把汽车强国这个概念细化一下?因为我到现在也说不清楚,世界上有哪几个国家属于汽车强国?拥有沃尔沃,瑞典算不算汽车强国?如果算,我们的奇瑞把它买下来,它还算不算?我们买了一个汽车强国的车,中国算不算汽车强国?这个问题一下还不好回答。所以我想,不管世界上其他的人怎么理解,我们自己要有一个稍稍具体的,可操作、可比较、可量化的目标。

第二个想法是中国有特殊的国情,特殊的发展历程,我们汽车产业发展的道路跟其他的世界强国是不一样的。一个具体的表现就是世界上所有的汽车产业大国、强国，都是先有强汽车企业，后有汽车强国。唯独我们中国走了一条大产业、弱企业，这样一条独特的道路。这是由我们特殊的国情和我们的发展阶段所造成的。但是我们要实现汽车强国，就要正视这个现实，比如说我们有强大的中国经济背景做后盾，我们有广阔的中国市场做后盾，如何利用好中国快速扩张、快速增长的条件？利用这个机会把我们的短板，就是企业补上去。我觉得这可能是一条思路，而且从我们刚才讲的世界强国的几个条件里也可以看出来，这些条件互相影响，属于一荣俱荣、一损俱损的关系。企业是载体，企业是主体，没有强大的企业品牌、核心竞争力，市场占有率无从谈起，我们掌握的所有资源也就无法转变为竞争的优势。所以从上面的几个方面我们可以说，没有强大的汽车企业，也就没有我们强大的汽车强国。

我们在 10 年内能不能培养出中国的丰田、中国的大众或者中国的日产？我觉得这个任务可能比其他的任务更艰巨。这是由中国的一些宏观条件和一些特殊发展过程所决定的。从这个思路出发，我们要建设汽车强国，从汽车外来考虑，我认为有 4 个方面是应该提请中央，提请我们综合部门给予关注、给予照顾的。第一条，是需要国家介入。我们跟世界上其他的汽车强国比较，可以发现一个最大的不同，这些汽车强国都几乎是处在后工业化阶段，几乎都是成熟的市场经济。在这样的发展阶段和成熟的体制下出现汽车强国，不是一个偶然的现象。我们要在一个改革的过程，也就是不完善的社会主义市场经济条件下，在一个发展中国家，建设市场强国，面临的困难要远远大于他们。由于我们整体的发展水平低，汽车产业相关的配套设施、相关的成长环境，不仅仅是原材料这些产业，也包括金融、物流等等这些方面都会对我们的汽车企业形成制约。我们的经济体制改革没有完成，会时时刻刻碰到体制不完善的干扰，我想在座的企业家比我体会要更深。而我们要实现汽车强国的这 10 年也正是我们国家转型最艰苦的时期。所以我们改革 30 年了，还可以听到创业环境艰难、经营环境恶劣、市场秩序混乱、竞争不公平等等这些抱怨。尽管中央和政府一直在努力纠正这些现象，但我们不能不考虑这些因素对我们的干扰，何况我们建设汽车强国和过去建设汽车大国完全不是一码事。因为我们的角色变了，我们从追赶者要变成领跑者。我们的目标也变了，不是扩大产业，而是保证质量，这是一种质的变化。这样的目标、路径，包括动力源的变化给我们带来的困难是相当大的。我们的汽车强国就是要鼓劲让汽车产业突出出来。我觉得这里头的困难大家应该充分估计。

第二个具体表现是中国和世界上其他的汽车强国所不同是我们的汽车企业的骨干都是国有企业，是央企。这首先带来一个问题，我们建设世界汽车强国如何发挥好我们共和国长子的作用。无论你对这些长子是什么态度，一个现实是要建设汽车强国就必须发挥好这些央企和国企的作用。这是一个回避不了的问题。我们一方面看到央企、国企这些年来走出了困境，在做大做强方面迈出了非常大的一步。但是也要看到今天的央企，它的改革是不完善、不完整的。人们对长子的要求，不仅仅是能够自立，能够贡献出国家财富来，还肩负着其他的责任，包括带好弟弟妹妹。也就是我们现在说的社会责任和国家的宏观调控、宏观管理方面的职能。其次是我们央企的效益问题，前几天看到一份资料统计，我们上市的国企只有上市民企的30%，也就是说我们国企做大的背后，它的代价也非常大。最后是国企本身的改革，李荣融（音）上任的时候曾经把国企的结构治理作为重要的工作内容，但是在他离任的时候只有30%的央企成立了董事会。所以国企的问题不止是汽车的问题。我们不要忘记我们曾经是共和国的支柱产业，我们应该多承担一点担子，我们应该在发展的路上领先一些。客观地讲，我们汽车产业在全国所有的行业里可以说是行政垄断较少、竞争相对充分的一个行业。这样的生态、这样的竞争秩序，是我们需要建立的。就是说我们不仅要有国企，而且要有一个汽车产业的生态，只有这样我们才能够完成汽车强国的目标。

第三个想法是宏观管理的问题。在对中国汽车产业许多问题的讨论中，很多都是老问题，这些老问题又是我们中国的工业和企业普遍拥有的问题。比如说最近争论的汽车产能过剩问题。这个问题从80年代立支柱产业的时候，第一个自主产业政策里就提到集中度，避免低水平重复，这是产业政策的核心。但是直到现在还在提这个事情。为什么我们努力要做到的事情恰恰做不好？我们是否能够设想，现在争论的问题、现在做不好的问题在这10年中间还继续存在，我们还在继续讨论？所以，应转变政府职能，提高管理水平，提高执行效果，让管理为我们企业强国这个目标服务。

第四个想法是关于自主创新的问题。自主创新是我们汽车产业强调得最多，也是提得最早的一个口号。恰恰也是受舆论攻击、受批评最多的一个方面，把它说成我们汽车产业的软肋也不过分。有些话很难听，我记得批评有两个高潮，一个高潮是2004年，当时全国的大小舆论一起指责我们中国的汽车行业，特别是三大汽车企业，发展的高潮是工程院7名院士联名写了一封信，但这封信最后还是不了了之。再一个就是最近这一段对汽车产业自主创新的舆论也多起来，有些话说得也很难听，比如我最近看到《英国金融时报》登的一篇文章。我们国内说得也同样难听，9月2日《经济参考报》称，国内一些汽车企业已经习惯了寄生生活，习惯了通过合资获得大量的利润，而渐渐失去了进行核心技术研发的驱动力。于是我们经常听到创新、质量、核心竞争力等企业口号，却很难在市场上看到实实在在的"中国制造"，虽然国内车企研发的费用逐年增加，却屡屡品质不过硬，经不起市场的长期检验。这些话有不对的地方，他没有看到汽车行业在最近几年的进步，忽略了汽车行业自主创新需要时间，需要积累。但是，又不能说他们完全错，他们确实说出了部分的事实。另外一点，他们都提出了一个共同的问题，就是中国企业为什么缺乏创新的驱动力。这是一个很要害的问题，因为缺投入我们可以增加，缺人才我们可以引进、可以培养，唯独缺乏动力，谁也没有办法。问题就在于为什么缺乏动力，而且这种现象不是中国汽车企业自己独有，几乎是中国所有的行业都存在的问题。按照创新理论，创新是企业家的本能。问题就是为什么中国企业家的本能没有了。只有两个解释，一个是有一些更强大的因素遏制了这些本能的发挥。还有一个就是我们中国的一些企业家可能就不是真正的企业家，他们所管理的企业也还不是真正的企业。当然原因很多，但是根本的还是我们的体制问题、机制问题。这又回到我们经常说的老话上。中国通过改革开放取得了今天的成绩，我们要进一步的发展，建成世界一流的强国，也还要靠改革开放；但是从自主创新这个角度讲，它涉及的问题更复杂，除了制度机制以外，还有文化、历史等方面的因素。所以我回到最后的主题上来，我心目中的世界汽车强国不仅仅是汽车产量的增加，它还能够给中国、给世界提供一些别的东西：提供思想，提供文化，提供创新。我觉得只有到那个时候，我们才可以成为一个受到世界尊重的汽车强国。谢谢。

三条技术路线实现三大技术突破

清华大学教授、汽车安全与节能国家重点实验室主任、
国家"863"计划节能与新能源汽车重大项目总体组组长　欧阳明高

尊敬的何部长，尊敬的各位领导、各位嘉宾，大家上午好。我想把"十二

五"的专项思路给大家做一个汇报,主要介绍我们规划的思路。首先我们知道,中国面临三大需求:产业升级、技术转型和科技跨越。抓到三大需求之后确立了三大定位:科技支撑、创新引领和前站部署。在此基础上,我们聚焦三大任务:混合动力、纯电驱动和燃料电池。为了完成这三大任务,我们提出在研发组织方面的三大机制:产业链、价值链和技术链。同时,这三者之间的关系在纵向上可以相互关联。通过三条技术路线实现三大技术突破,这是一个基本思路。

我们面临汽车节能减排的重大挑战:一个是石油安全,一个是油耗过大和影响环保。为此,在"十二五"期间应进行以汽车电控化和动力混合化两大趋势为标志的产品换代和产业升级。为了满足产业升级的需求,我们应从科技的角度开展产品研发,以实现可持续发展。为了满足近期节能环保的法规要求,我们要为汽车行业实现油耗与排放"十二五"既定目标提供技术支撑。从国家战略性新兴产业看,发展电动汽车是我国汽车工业技术转型和培育战略新兴产业的历史机遇。这是我们必须做的。经过计算分析,电可以作为汽车的替代能源,我们认为其他的东西很难跟电相比作为汽车的替代能源。我们有世界上最大的轻型电动车的生产基地,我们的市场多元化,并且具有成本优势。另外,我们基础设施的建设和商业模式的探索相对来说比国外要有后发优势。因此,我们认为"十二五"是将汽车小型化和动力电器化两大潮流相汇合,发展我国小型电动轿车的黄金机遇期,小型电动轿车已经具备商业化或大规模商业化的潜力和技术成熟度。所以,我们认为真正的突破口是以小型电动轿车带动中国汽车工业自主创新和整个新兴产业的培育。

针对技术转型,我们要实施"纯电驱动"技术转型战略,全方位探索纯电动汽车技术解决方案、新型商业模式和能源供应体系,使我国实现以小型电动轿车为代表的各类纯电动汽车普及程度高、以示范城市为平台的电动汽车全价值链整合水平高、以锂电池为重点的目标。"十二五"时期,电动汽车自主创新将是中国汽车工业打好技术"翻身仗"、实现科技跨越的重大决战。我们认为,"十二五"是将能源多元化和动力一体化两大趋势相统一、研发下一代纯点驱动平台、抢占电动汽车技术制高点的科技攻坚期。我们确立的目标是前瞻部署、创新突破。攻克以先进燃料电池、新型动力电池、下一代电极驱动、复杂机耦合等为代表的一批前沿高难点技术,开发出具有关键技术综合继承性、先进成果展示标志性、系列化、高级别的电动汽车,使综合技术指标达到国际先进水平。为了实现这些目标，满足这些需求，我们确立了技术路线和重点任务。首先确立"汽车动力电器化"技术转型战略，把电动汽车发展战略从企业战略和行业战略层面上升到国家战略的高度，在坚持节能与新能源汽车"过渡与转型"并行互动、共同发展的总体原则指导下，进一步确立"汽车动力电气化"技术转型战略，重点发展电器化程度高的电动汽车，政府进行支持。所有的电力技术都是以电池、电机和电控三大模块为主，在相互之间是一个层次推进的相互关联的整体，不管什么车最后的技术平台都是一致的。国家研发的最终目标，是为汽车企业和相关汽车的市场竞争行为搭建一个整体的平台。

主要的技术路线，在2010年我们的目标是要达到万辆级。我们目前的电池成本还比较贵，同时电池的比能量也比较低，还难以完全满足中级轿车的需求，所以目前是在政府补贴下的示范，尤其是以公交为重点的示范。2015年达到百万辆级，我相信如果我们在小型纯电动车方面的技术成熟、政策法规允许，900万辆也不是不可能的。所以在这个阶段，我们将沿用目前的电池体系，同时探索下一代电池主导技术路线。在商用模式方面，我们将仍然要继续采用政策补贴等手段，但市场和政策补贴要并行互动；在基础设施方面，我们将以小功率的慢冲为主体。当纯电动汽车进入千万辆级的水平，就将是一个相当规模的产业化了。当然我说的不是当年的产量，而是一个累计的保有量。

总体上来讲，新能源汽车有三横三纵，三横是电池、电机和电控，电机不是普通的电机，是车用电机及发动机总成。电控我们将扩大到电动汽车电子控制。下面我重点说一下在三纵方面，我们刚才说了一个是混合动力，一个是纯电驱动，一个是燃料电池。在轿车方面，我们认为小型电动轿车是重中之重。在下一代纯电驱动方面，燃料电池仍然是重点。三横，首先是电池，在电池方面我们将针对混合动力开发动力电池系统，针对下一代纯电驱动开发动力电池的单体。动力电池的主攻目标包括强化系统，目前电池单体的性能跟电池的性能大概指差50%左右。为此，我们必须强化系统集成的能力来改善动力电池作为系统的性能。系统技术非常重要。在单体电池方面，我们重点是要提高产品品质。这是一个常规的电池工艺。还有，就是降低电池成本。我们预计在2015年要降低一半，所以降成本也是一个重要的主攻方向。对纯电驱动我们要开发高性价比的机电电驱系统。

下面是三大平台。第一是标准法规，现在标准是一个最重要的问题，如何按标准先行是目前我们研发的重点任务之一。有很多事情，尤其对现在的小型纯电动车，技术不是问题，主要是标准法规。第二个就是基础设施，我想这个不用多讲。第三个就是测试评价，包括我们示范考核也是一种测试评价，这就是我们的重点任务。为了完成上述任务，我们将在组织实施方面提出一个三纵三链的组织机制。我想主要是商业价值，如何使纯电驱动的商业价值体现出来，所以我们将以价值链为纽带，也就是说牵头单位不仅仅是整车厂。对新型模式的探索，我们可以采用电池租赁的办法、裸车销售的办法。这些办法跟传统的汽车产业是不一样的，也希望有新型的模式、办法。第四个是以技术链为纽带，建立产学研结合并以国家研究基地为骨干的前沿技术创新联盟，组织承担超前研究重点任务，实现高难度技术突破与整车集成和标志性成果展示与示范考核。我们在这里就是强调上水平，面向未来，超前研究。我们最后的目的是希望经过今后5年的探索实现三大突破。首先，在关键零部件方面，以动力电池的模块化为核心，实现我国能量型电池的大规模产业化突破。到2015年，动力电池产能达到100亿千瓦时。通过对新型动力电池和动力电池新体系的探索，确立我国下一代动力电池的主导技术路线。以机电一体化总成为核心，形成电动汽车关键核心总成成套技术和系列产品。以新型汽车电子系统为核心，形成满足下一代纯电动汽车需求的高网络化、信息化等平台。目前，我们应该以尽快推出产品、实现产品的性价比、能够占领市场为目标。为此，我们要灵活使用自主创新的三种形式。其次，要突破纯电动车商业化瓶颈，支撑产业发展，开启我国电动汽车的大规模商业化道路，实现2015年电动汽车100万辆运行规模。最后，是突破下一代纯电驱动高端技术，形成全性能纯电驱动技术优势。我们要进行更多的国际合作。

在支撑平台和示范考核方面，将以小型纯电动汽车技术和充/换点技术标准为代表的电动汽车标准作为突破，引领汽车技术和基础设施产业的发展。到2015年，将有70个以上的示范城市，这也是我们要实现的一个预期突破。谢谢大家。

中国汽车第二个高速增长期

国家信息中心信息资源开发部主任　徐长明

尊敬的各位领导，各位来宾，媒体朋友，大家上午好！很高兴有机会参加今天的论坛，我想从三个方面跟大家交流一下。第一个是我们的乘用车市场由第一个高速增长期转入第二个高速增长期，潜在增长率由年均25%调整到15%。第二个是我们的用户群由高收入阶层进入中高收入阶层，并逐步进入中等收入阶层。我们来看看第一个观点，即中国会由第一个高速期转入第二个高速期。第一个高速阶段销售量年均增长率在30%左右。之后，由1000个人5辆发展到1000个人20辆车，有的国家达到120、130辆。这个阶段是汽车发展的第二个高速增长期，也可以称为快速增长期。涉及的时间大概是10年左右，销售量的潜在增长率在20%。我们国家的第一个高速期比日本和韩国花的时间都要长一些。第二个高速增长期日本是8年，韩国12年，我判断我们国家的第二个高速增长期时间长度大概在15年左右，速度比他们相对较缓一些。为什么会有这样的情况？我们国家现在的收入差距比日本和韩国要大很多。新中国成立60年，前30年追求的是水平，改革开放这30年追求的是效率，现在效率确实是高了，劳动生产率和劳动产量都比他们大。所以，我们第二个高速期普及的路径可能比别人需要更长的时间，估计潜在增长时间为13~15年。我们保守地估计，中国汽车总需求量的饱和点至少在3000万辆，保有量4.5亿辆。从任何一个角度来说，比日本和欧洲的主要国家要好一些，其实我们有理由认为我们的千人保有量是有可能实现的。日本到第二个高速期结束的时候，它的销售量为300万辆。我们不敢对中国未来的市场进行测算。

第二个观点是我们的用户群由高收入人群进入中高收入人群，并逐步进入中等收入阶层。高收入和最高收入户占10%，前10年的发展，是第一个10%的家庭都已经有车，到今天为止我们的千人保有量是34.4辆。这块都普及了，下面就是中等和中等偏上的家庭开始有车。

第三个观点是，过去几年我们三线市场的发展非常快，2010年又达到30%以上。北京、上海、广州是一级城市，区域性经济中心包括武汉、重庆等，一级城市2008年的千人保有量已经达到110辆。未来再指望销售量明显提高已经不可能，如果人口不放开，每年的销量基本稳定在60万辆的水平。刚才讲从5辆到20辆，在这样的市场，你不用去刺激它，所以我们说未来的二、三线市场还是会保持持续快速发展。二、三线市场将成为我国汽车市场的主导力量。三线城市占我国总人口的62.9%，我们叫购买力的市场，随着人均GDP的提高，这个市场一定会转到左边这张图。越往下面走，将来的千人保有量越高。我们国家将来也会有这么一天，但是目前的结构还不行。现在，三线市场已经开始迅速启动。去年年底，为了研究今年的政策到底该怎么调，我们到微型汽车企业都去走访了一圈，三线市场已经出现攀比消费。未来我们国家整个市场的发展由第一个高速期转到第二个高速期。区域增长点转到三线城市，有的地方是高速，有的地方是快速。未来的市场与过去10年相比，变得复杂了。未来再用相同办法运作不一定能行。北京同一品牌可以容纳15个经销商，但是在三线城市可能就不行。再比如产品的需求特征也不一样。但是有一点是乐观的，就是未来的快速增长期，这为我们国家汽车产业由汽车大国进入汽车强国奠定了非常好的基础。因为这是一个必要条件，全世界还没有一个小国市场出了强的汽车产业，只有汽车大国才能成为汽车强国。谢谢大家。

B.24
2010年汽车十大关键词和十大事件

资料整理：广州汽车产业研究中心

2010年汽车产业十大关键词

- **召回**

自年初丰田汽车在全球范围内开展了大规模召回行动以来，在过去的11个月内，发生在中国内地市场的汽车召回共93次，频繁的召回几乎涉及了所有在华销售的品牌，难怪业内将2010年称为"汽车召回年"。

一直被视为汽车工业完美典范的丰田在2010年初也遭受到前所未有的灾难。该公司在世界范围内出现了多起大规模召回事件，面临着严重的信任危机。2010年1月，丰田美国公司宣布在美国召回数百万辆丰田车，原因是一家名为CTS公司生产的油门踏板存在问题，可能导致车辆突然加速。一个月后，演变成不可收拾的烂摊子。3月1日，丰田社长丰田章男直飞北京，当晚在北京举行发布会向中国消费者"道歉"。据统计，丰田2010年在中国一共进行了7次召回，召回数量达到了惊人的277491辆。

- **油价**

即使到了年底，油价的"喜怒无常"还是不肯放过国内车主们。截至2010年12月22日，国家发改委已经8次上调油价。

面对现在通货膨胀的现实，真的要考虑节省开车的费用。而有车生活，越来越让人望车却步。

对油价上涨最敏感的当属有车族、欲购车者以及交通运输部门。93号汽油、0号柴油每升0.2元左右的涨幅，对以上这类人群影响有多大？以私家车百公里油耗8升、"喝"93号汽油、平均每天跑60公里计算，原本一个月1000元油费的车主，每月油费将多支出30多元，平均每天多支出1元多。对于"喝油"的士而言，油价涨后，每天要比以往多花10元。

- **库存**

2010年末的车荒和一车难求令人印象深刻,《信息时报》总结,2010年关于库存相关的稿件不下十次,同时也让行业外的消费者认识到什么叫"订单式生产"这种专业名词,意即：有人买我才卖,提车永远慢半拍。

而南北大众和上海通用似乎已经成为加价的代名词,奥迪Q5加价3万、高尔夫6加价1.5万、途观加价3万、英朗加价1万等等,加价车2010年的数量比往年增加了不少。加价是车市差异化需求的体现,也是中国消费者对高品质汽车认可的体现。

- **产能**

2009年,中国超过美国成为世界最大汽车市场,2010年的汽车销量已超1800万辆,仍保持世界第一。据行业2010年初的有关资料介绍,全国有14家主流汽车企业都在扩产。

尽管业界一直不乏"产能过剩"的疑问,国家也想防范产能过剩的出现,却难敌中国市场持续高速增长的诱惑。日产、大众、标致雪铁龙、丰田、本田等跨国车企相继加入新一轮的扩张产能狂潮中,扩产投产计划总量超过650万辆,新一轮的车企扩产军备战已然打响。

在国家"四大四小"的重组思路下,各大车企为了提升自身实力不被兼并,在地方政府的大力支持下进行了大规模的扩张。有预测表明,2015年,国内汽车市场需求将达2500万~3000万辆,较现在翻一番。中国汽车市场经历了一轮爆发式增长,年均增速达到20%。

- **节能补贴**

2010年6月1日,由财政部、科技部、工信部和国家发改委四部委联合出台的《关于开展私人购买新能源汽车补贴试点的通知》中,将发动机排量在1.6升及以下,综合工况油耗比现行标准低20%左右的汽油、柴油乘用车纳入"节能产品惠民工程",并在全国范围推广。中央财政对消费者购买节能汽车按每辆3000元标准给予一次性补贴,由生产企业在销售时兑付给购买者。

从2010年下半年1.6升及以下的小排量车型在车市中抢眼的表现,不难看出,节能惠民工程的出台是多么深得人心。而惠民目录中的车型之所以卖得如此热火朝天,其重要原因是,这些车型均为综合工况油耗比现行标准低20%左右的省油车型,这将为消费者在今后的用车费用中减少很大一笔负担。

- **上市**

随着国内大型汽车集团相继上市,汽车业竞争正迈入资本化层面。2010年8月30日,经过8年努力,广汽集团整体上市终于梦圆。通过成功私有化骏威汽车（0203.HK）,广汽股份（2238.HK）股票上午当日在联交所开始买卖,正式宣告取得上市地位。

广汽集团在香港交易所上市,一汽和北汽也一直做着不懈努力。北汽集团董事长徐和谊在2010年北汽股份公司挂牌的仪式上表示,北汽实现上市至少需要两年时间。据介绍,北汽集团通过有效整合旗下几大整车企业,已经在全国布局了北京顺义高端乘用车基地、株洲微型车基地、重庆银翔微车基地、广州华南生产基地等生产基地。

- **1800万辆**

2010年以来,中国汽车几乎每个月的产销都保持着30%左右的稳定增长。而新车扎堆上市的现象也非常普遍,严格来说这不仅仅是2010年车市的特色,同时也是这两年中国车坛的总体趋势。

根据相关统计,2006年时全年上市新车不过40款,2008年超过80款,2010年新车上市数量接近120款。

2010年上市的国产新车有112款,相当于每3天便有1款新车问世。其中自主品牌新车60款,超过了合资品牌。同时,自主品牌新车更多涉足中高级车、SUV等市场,市场占有率也逐年提高。

无论如何,这两年近240款新车横空出世,不断有更新更好的车型可选择,对消费者而言无疑是件大大的好事。

- **新能源**

从北京车展到广州车展,处处盛刮"绿色风",各大厂商忽然志同道合,恨不得通过追溯起品牌历史来追随新能源。在2010年国内规模最大的两场车展上,各大车企纷纷发布最新的绿色节能产品。此外,在政策层面上,新能源汽车示范推广试点城市2010年由13个扩大到20个;补贴政策亦将在上海、长春、深圳、杭州、合肥等5个城市试点启动。

- **合资自主**

2010年,在合资、进口与自主三词中多了一个新词——合资自主。在2010年的广州车展上,以广汽传祺、广本理念、东风日产启辰等合资车企为主导的自主品牌都纷纷推出旗下的概念车或量产车型,意图抢占2011年的市场。

虽然诞生于国内,但这些车型大都来自合资品牌的技术平台,属于"混血儿"。可以预见,由于合资自主品牌有着天然的优势——良好的技术资金后台,甚至某些合资自主品牌夸下海口"我敢亏三年!",相比起来,血统纯正的自主品牌恐怕就有些力不从心了:不仅自主品牌低廉的价格优势不再,消费者也会趋于购买质量更接近合资的"合资自主"品牌车型。

- 摇号

新的一年,京城想买车的消费者肯定会牢记26日,因为这一天是公布摇号结果的日子。每月两万辆的数量与2010年的月销量六七万辆相比是有点少。不过,以往京城的汽车消费中,有两三成是销向外地的,加上一些在北京周边城市生活的消费者在京买车并上北京牌照,也拉高了京城的汽车销售数量。或许这一政策并不完美,但面对城市拥堵之痛这一政策出台实在情非得已,而且这一政策从建、限、管三个方面着手也已经考虑得相当周全。这一政策出台标志着京城车市将走入理性增长阶段。

2010年汽车业十大事件

- 政策刺激汽车行业发展

为了提振国际金融危机下的中国车市,2009年国内相继出台了购置税减半、汽车下乡、以旧换新等一系列刺激汽车消费的政策,2010年又加入了新能源汽车补贴、节能车补贴和车船税梯度收取等细则,大幅拉动了新车的销量,尤其是对小排量和节能减排车型效果明显。

2010年5月26日,由财政部、发展改革委、工业和信息化部联合发布了名为《"节能产品惠民工程"节能汽车(1.6升及以下乘用车)推广实施细则》的通知,明确表示,中央财政将对购买发动机排量在1.6升及以下、综合工况油耗比现行标准低20%左右的汽油、柴油乘用车(含混合动力和双燃料汽车)的消费者按每辆3000元标准给予一次性补贴。随着四批节能产品惠民工程目录的相继推出,越来越多的小排量车型受到消费者的青睐,在销量得以提升的同时,也进一步推进了汽车的节能减排。

而2010年出台的《关于开展私人购买新能源汽车补贴试点的通知》,虽然补贴力度较大，但由于商业运营的配套设施并不完善，使得该政策对新能源汽车发展的推动作用尚未显现。

- 产销实现 1800 万辆

据汽车工业协会的最新数据显示，2010 年我国汽车工业产销突破 1800 万辆，超过美国车市的最高纪录 1700 万辆，我国已成为世界第一汽车产销大国。

一直以来，我国宏观经济持续快速增长，居民生活水平稳步提高，形成了一定的消费能力，但人均汽车保有量与多数经济发达国家尚存在差距，巨大的购买潜力陆续变成拉动我国汽车工业快速增长的动力。中国汽车工业协会常务副会长兼秘书长董扬认为，我国目前只能说是全球产销量第一，我们还没有成为全球汽车强国，我国汽车工业的技术开发水平与世界汽车强国还有差距。

正如董扬所说，汽车工业对国民经济、就业以及国家税收都作出了一定的贡献，拉动了经济增长，同时汽车的普及对社会形态也有较大影响。目前，我国正步入汽车社会，但随之而来的问题却日益严重，汽车工业的高速发展与环境、资源的矛盾也更加突出。专家建议，我国汽车企业应做好全面规划，缓解汽车工业与环境、资源的矛盾，加强自主地位，为建成汽车强国做好准备。

- "车荒"加价现车难求

2010 年中国车市火爆程度可见一斑，巨大的需求量直接挑战车企生产能力，也成为车市发展的一个难题。对于 2010 年的热销车型缺货现象，汽车厂商普遍认为，东北持续的大雪造成了运输困难；南方的柴油荒引发运货周期延长；而关于 2011 年将增加买车成本的传言则引发购车需求大增，从而造成一车难求的状况。

然而在车源短缺的同时，被消费者诟病的"加价提车"现象，也在全国车市愈演愈烈。特别是到了 2010 年第 4 季度，大部分大众化的车型都意外地出现了"缺货"。

业内人士分析，市场确实存在"饥饿营销"的现象，但也不排除有些车企为提高影响力，有意营造排队等车的假象。在此情况下，消费者需要学会理性购车。

- 北京出台治堵新政

2010 年 12 月 23 日，北京市政府公布了《关于进一步推进首都交通科学发展加大力度缓解交通拥堵工作的意见》，从"建、管、限"三方面提出了缓解交通拥堵的综合措施，并提出对小客车实施数量调控和配额管理制度。

除限制购车数量外，北京市还将进一步完善城市规划，优化调整城市功能布局，严格控制中心城建设总量增量，加快新城建设，以疏解中心城区功能和人口。

毋庸置疑，治堵方案的执行，将对北京交通的拥堵产生积极有效的影响，但由于北京所采用的方式对全国其他地方有示范效应，不少业内人士也担心，北京治堵政策的出台可能引起全国其他一些主流城市的效仿，甚至可能会改变消费者的购车观念。诚然，治堵是一个系统而长期的工程，具体的落实还需要经过时间的考验。

- **汽车召回再升级**

据了解，2010年全年汽车召回总数已经超过117万辆，召回事件高达95次。其中影响最大的就数丰田的召回事件。在各种调查中显示，中国消费者对于召回问题比较敏感，他们普遍认为出现召回并非是设计上的问题或者疏忽，主要是因为车企忙于扩张忽视了质量，且大部分人都表示出过问题的车他们不会购买。

不过，也有一些业内人士认为汽车召回数量大量增加并不完全是因为汽车质量下降，由于汽车组成比较复杂，车企发现产品有问题需要主动召回车辆。必须看到，汽车产品涉及驾驶者生命安全，因此车企只能将经过全面检验合格的产品投放市场，否则就是不负责的行为。另一方面，召回事件的升级也引导了越来越多的汽车生产厂商，正视而非逃避产品质量问题。

- **集团化兼并重组**

一直以来，合资品牌在品牌和技术发展上都占据领先地位，而自主品牌则相对薄弱。2010年9月6日，国务院办公厅下发《国务院关于促进企业兼并重组的意见》，汽车业位列重点行业之一。

2010年4月，广汽集团收购浙江吉奥汽车51%的股份，12月9日广汽吉奥正式成立。同年8月，北汽集团以重组方式获取广州宝龙集团轻型汽车制造有限公司的所有存量资产，以全资子公司形式建设华南基地。

虽然兼并重组的步伐越来越快，国内的各个车企都绞尽脑汁地希望在竞争中取得一个较好的位置，但中国机械工业联合会执行副会长、中国汽车工程学会理事长张小虞却提醒企业，优势互补应基于车企自身而言，而非单纯地为了兼并重组而兼并重组，这是国内车企需要思考的问题。

• 车企、经销商上市寻出路

2010年，随着广汽集团和力帆汽车分别在香港联交所和上海证券交易所上市，一汽集团、北汽集团、奇瑞汽车等汽车企业，庞大集团、冀东物贸、物产元通等经销商也纷纷筹划整体上市细节。另外，上汽实现整体上市后，销量跃居国内首位；福田汽车上市后，已由生产农用车的小厂商发展成拥有高中低端卡车和客车的国内龙头商用车制造商。

业内人士分析，车企加速融资上市是因为汽车股在2010年上半年的业绩大增。汽车行业虽然不具备内生型的业绩高速增长机会，却存在外延性资产大幅扩张的机会。因此，车企不约而同地选择上市，抢占发展先机，为将来的发展未雨绸缪。

• 合资企业发力自主品牌

在2010年的汽车市场上，合资品牌的表现尤为抢眼，不仅在销量上增速明显，不少合资企业还纷纷发布了其自主品牌。首先，广汽本田发布了自主品牌理念，随后，上汽通用五菱自主品牌轿车宝骏下线，接着东风日产自主品牌轿车启辰也发布了概念车，而东风裕隆的首个大中华品牌"纳智捷"也计划在2011年面世。

由于技术平台和管理营销体系较为成熟，在研发和销售时，合资企业的自主品牌能借助原有资源和经验，有效地控制成本并提高效率。与此同时，虽然合资企业的自主品牌在价格上有所下探，但其在品牌和品质上存在优势，因此利润空间更大。

业内人士认为，汽车合资企业推出自主品牌已成为一种趋势，这将促使中低端汽车市场的竞争从价格战转为品牌战、品质战，但本土自主汽车企业也需要在新一轮的竞争热潮中提高自身的产品质量。

• 新能源汽车成发展重点

2010年，新能源汽车示范推广试点城市由2009年的13个扩大到20个，新能源汽车补贴政策也在上海、长春、深圳、杭州、合肥等5个试点城市率先启动。2010年8月18日，由国家资产委员会牵头、16家央企自发组织的中央企业电动车产业联盟正式成立，来自整车、电池、充电服务等领域的各大央企将围绕电动车未来的产业发展进行企业间的合作，同步推动电动汽车的产业化进程。

在政策的支持下，国内各大汽车厂商纷纷上马电动车项目，将新能源汽车列为企业的未来发展战略。

虽然我国新能源汽车发展红火，但不少专家对此还是持谨慎乐观的态度。由于我国新能源汽车在电池、电机、电控等核心技术方面与国外仍有一定差距，尚不具备量产与商业化的市场环境，因此我国的新能源汽车还有很长一段路要走。

• **车企合资与海外收购**

随着中国成为全球最大的汽车消费市场，"走出去"与"引进来"的双向发展模式已成为中国汽车企业未来的新路线。2010年8月2日，吉利以18亿美元的总收购金额完成了对福特汽车公司沃尔沃轿车业务的收购。

与此同时，2010年中国汽车企业的合资热潮也再次掀动。2010年7月9日，长安汽车集团与PSA签署了合资合同及相关协议，计划在深圳建立合资公司，联合生产轻型商用车及乘用车；9月29日，东风汽车公司和台湾裕隆集团正式签署合资协议，并在2010年12月底正式成立东风裕隆汽车有限公司；11月5日，广汽集团和三菱汽车正式签署合资意向备忘录。

B.25
2010年国内汽车业十大政策法规

资料整理：广州汽车产业研究中心

2010年是一个政策多发年。由于中国汽车市场受政策影响较为明显，因此各项政策法规的陆续颁布，成为影响车市走向的重要因素之一。相对而言，国家宏观政策侧重于车市整体结构的调整，而地方法规则是根据地方情况制定的管理办法，影响更多的是车主的用车环境和用车生活。这种宏观政策和地方法规的组合，对消费者购车、用车等方方面面均形成了影响。

- **新能源补贴**

2010年5月31日出台《关于开展私人购买新能源汽车补贴试点的通知》，确定在上海、长春、深圳、杭州、合肥等5个城市启动私人购买新能源汽车补贴试点工作。中央财政对试点城市私人购买、登记注册和使用的插电式混合动力乘用车和纯电动乘用车给予一次性补贴。在此基础上，深圳地方财政还为两款车分别追加最高3万元和6万元补贴。此次新政的亮点一是加大补贴的力度，二是明确补贴给个人。但是，在商业运营的配套未完善之前，加大补贴对推广新能源车的作用并不明显，配套短板需要尽快补上。

- **政策法规：购置税优惠减半**

根据国务院常务会议决定，将减征1.6升及以下小排量乘用车车辆购置税的政策延长至2010年底，但同时将降低减税幅度。会议决定，从2010年1月1日开始至2010年12月30日止，小排量汽车的购置税优惠税率将由原来的5%提高到7.5%。车辆购置税税率的上调，短期会影响小排量车的销售，但长期来看对小排量车的市场消费需求影响并不大。如果如传闻一样取消，那么对小排量车市的影响就会相对较为明显了，政策的终止让不少消费需求提前释放，年底迎来了一个购车高峰。

- **节能补贴**

2010年5月26日，由国家财政部、发改委和工信部联合印发了名为《"节能产品惠民工程"节能汽车（1.6升及以下乘用车）推广实施细则》的通知。《细则》中称，中央财政将对购买发动机排量在1.6升及以下、综合工况油耗比现行标准低20%左右的汽油、柴油乘用车（含混合动力和双燃料汽车）的消费者按每辆3000元标准给予一次性补贴。国家政策明年的任务将放在节能减排上，对汽车行业的鼓励政策将会更多地体现在扶持技术升级、淘汰落后产能上面。因此市场表现上，生产厂家会提高技术标准升级产品，技术落后的产品将退出市场。

- 以旧换新

2010年初，财政部、商务部联合印发了《关于允许汽车以旧换新补贴与车辆购置税减征政策同时享受的通知》，规定从2010年1月1日起，允许符合条件的车主同时享受汽车以旧换新补贴与1.6升及以下乘用车车辆购置税减按7.5%征收的政策。将提前报废老旧汽车、"黄标车"换购新车的补贴标准调整到5000~18000元。此次是国家第二次针对汽车"以旧换新"政策进行大幅调整。调整之后的补贴金额与最初政策相比，增加了三倍以上。不过扩大后的补贴额度与二手车交易价格相比仍显吸引力不足，另外，手续相对繁琐等瓶颈也制约了"以旧换新"实际刺激效果的发挥。

- 深圳新交通规则

备受社会各界关注的《深圳经济特区道路交通安全违法行为处罚条例》于2010年8月1日起实施，更大的变化是，深圳将严格执行交通违法记分制，此后交通违法人员的违法成本将明显增加。执行新交通规则的深圳或将成为全国交通管理最严格的城市之一，同时也是率先实行一系列人性化管理措施的城市之一。新交通规则的出台初期引发了不少争议，但从实施后的情况来看，效果还是非常明显。提高违章成本后，交通秩序有了较为明显的好转。良好的交通环境，是车市健康发展的一个侧面保障。

- 违章短信提醒

面对市内停车位远不能满足停车需求的现状，深圳交警自2010年4月1日起正式实行违停手机短信提示等5项便民服务和人性化执法措施。按照法律规定，除本市高速公路、快速干道、城市主干道、交通繁忙路段，以及严重影响他人通行、妨碍他人安全的违停机动车外，一律实行违停短信提示，及时纠正违法停车行为且不予处罚，并向社会公示了具体的地段。影响分析：违章提醒的执法方式在国内并不多见，此举也是交管部门人性化执法的体现之一，虽然目前并不完善，但它也在逐步改变深圳车主的用车习惯和对交管部门的看法。

- 严打醉驾

由于2009年因醉驾引发的恶性交通事故频发，深圳交警部门在国家公安部的部署下开展全市范围的严打醉驾行动。据统计，深圳交警部门2010年共查处酒后驾驶2798宗，依法行政拘留1029名醉酒驾驶人。此外，深圳新交规也对醉驾作出严厉处罚，条例中规定，对于醉酒驾驶的，处以3000元罚款，并暂扣行驶证和拘留十五天以下。一年内两次醉驾，还会被吊销驾驶证。消除安全隐患、提高驾车人的安全保障是执法的根本目的，"开车不喝酒，喝酒不开车"已经成为深圳车主的一种共识。

- 深圳车险改革试水

保监会于2010年6月底发布《关于在深圳开展商业车险定价机制改革试点的通知》，允许深圳试点车险市场多样化发展。保监会允许深圳各财险公司可使用现行的商业车险行业指导条款和费率，也可自主开发基于不同客户群体、不同销售渠道的商业车险深圳专用产品，允许不同产品可进行适当的费率浮动，但应报保监会审批。深圳试点商业车险改革，实现更灵活的费率浮动，设计更个性化的产品，有利于促进驾驶员文明、安全驾驶。不出事故的车主能享受更优惠的保费，这对改善车主的驾驶习惯有良好的促进作用。

- 快处快赔

为了解决高峰出行时的交通拥堵，深圳市交警局联合深圳保监局、深圳保险同业公会向媒体发布，从2010年11月开始，轻微事故不依法快速撤离现场造成交通拥堵的，司机将面临500元的处罚。该管理条例曾在深圳的新交规中出现，但此次深圳交管部门将之作为专项措施推进，也引起了车友的广泛关注，原因是轻微擦碰是车主最常遇到的事故之一，也是引起高峰期拥堵的一个重要原因。因此，"快处快赔快撤"实施半月后，数据显示全市交通拥堵下降3成，效果非常明显。交通拥堵已经成为一个顽疾，需要多方面的协同才能缓解和疏通，提高事故处理效率也是一个好方法。

- 公交都市

2010年11月11日，国家交通运输部与深圳市政府签署合作框架协议，部、市共建国家首个"公交都市"示范城市,全面加快深圳市现代交通运输业发展,共同推动深圳"公交都市"建设,力争到2015年把深圳建成具有国际水准的"公交都市",基本实现乘客"5分钟换乘、500米上车",为全国交通现代化发挥示范作用。拥堵频繁、用车环境恶化是影响新车市场的一个重要因素。公交系统完善后,车市销售结构或将出现结构分化,小排量代步车型的销量进一步被抑制,而增购及换车的需求或会进一步增加。

₿.26
2010年自主品牌汽车发展七大关键词

资料整理：广州汽车产业研究中心

随着国内汽车市场的崛起，自主品牌汽车企业实现着从无到有、从小到大的跨越，无论是收购沃尔沃的吉利、在品牌突破上进行不懈努力的奇瑞、在新能源汽车上独领风骚的比亚迪，还是合资车企不断推出的自主品牌概念车，都表明了中国自主品牌的自强。而随着在核心技术上的不断突破、资本运作能力和品牌运营能力的不断提升，自主品牌或许能够完成在国内市场的华丽转身，进而在世界汽车市场上展示中国汽车企业的力量。

- 新能源汽车

如果说早期引领中国自主品牌汽车发展的企业是吉利和奇瑞，而作为自主品牌汽车发展的标志性企业之一，比亚迪已经后来居上。比亚迪除了不断攀升的产销数字之外，最重要的还是比亚迪在新能源汽车上的突破和领先。比亚迪在新能源汽车上的不断突破，得到了巴菲特的格外青睐，比亚迪对新能源汽车进行无数次宣传，也让更多人关注其电动车技术。尽管电动车距离大规模商业化还为时过早，但这并不影响王传福将电动车开到巴菲特的股东大会上。2010年初，比亚迪宣布了在洛杉矶设立北美总部的消息，以及在北美兴建生产线的计划，同时还在瑞典联合当地公交公司进行电动大巴K9的试运行。如果比亚迪凭借着自身在电动车方面的优势能够成功打开美国电动车市场的话，那么这将成为中国第一家登陆美国并生产销售电动车的自主品牌车企。除了试图努力挤进美国市场之外，2010年，比亚迪还与戴姆勒股份公司正式签署合同，成立深圳比亚迪—戴姆勒新技术有限公司，双方各占一半股权，合资公司的注册资本为6亿元，用于合作开发新能源汽车。虽然外界对于比亚迪新能源汽车发展战略的质疑声很强烈，但无论是在产品的实质性开发上，还是在未来新能源汽车发展战略的布局上，比亚迪确实走在了国内自主品牌汽车企业的前列。

- **国际化**

2010年8月2日，吉利收购沃尔沃的最终交割仪式在伦敦举行，吉利完成了对福特汽车公司旗下沃尔沃轿车公司的全部股权收购。回顾国内自主品牌轿车的制造历史，自主品牌厂家在豪华轿车领域一直乏善可陈。虽然一汽集团拥有诞生于1958年的红旗轿车品牌，品牌价值高达数十亿元人民币，但是红旗轿车的市场表现一直未能与其品牌价值相匹配，而且红旗品牌的较高知名度也局限在国内汽车市场，缺乏国际通行的认知度。而吉利对沃尔沃的收购，使中国自主品牌汽车企业首次拥有一个全球通行证，尤其是欧美日等汽车发达国家和地区市场也认可的价值巨大的豪华品牌。吉利可以依托沃尔沃的核心知识产权，打造全新的高端品牌，进一步提升吉利制造乃至中国制造的品牌形象和国际认知度。

- **品牌提升**

2010年的中国汽车产业发展，其亮点不仅在于超过1800万辆的产销规模继续领跑全球，更在于一个自主品牌汽车集体向上突破的时代已经到来。2010年，率先表态要在品牌上进行突破的是一汽集团，其在2010年4月的北京车展上高调发布了以"品质、技术、创新"为品牌内涵的全新品牌战略，率先将自主创新上升到战略层面；北汽发布了自主品牌发展规划、自主品牌发展战略及全新的、统一的集团品牌标志；长安汽车发布了新品牌战略，并宣布进入中高档车市场；吉利在北京发布英伦汽车品牌，正式形成以全球鹰、英伦、帝豪为主的多品牌发展格局；而奇瑞在已拥有奇瑞、瑞麒、威麟、开瑞四个品牌后又发布了第五个品牌——旗云。无论是品牌梳理、打造高端，还是多品牌并举，自主品牌车企更多的是希望在市场、客户保有量初具规模的时候，尽快提高品牌认知度。

- **上市融资**

在资本为王的时代，对于资金密集型的汽车企业来说，融资与投资是汽车行业的重要环节。对于2010年成功借壳上市的广汽集团，资金已经不成为问题，如何将钱花掉才是一个问题，广汽选择用钱来扩张。按照已经披露出来的计划，在2010年年末才最终敲定广汽与三菱的全面合资。双方签署的备忘录显示，广汽股份拟通过吸收合并、要约收购或其他合适方式使广汽长丰从上证交易所退市，长丰集团和三菱汽车都会将所持广汽长丰的股份转让给广汽集团。广汽集团再利用广汽长丰的现有资源平台，与三菱汽车组建股份对等的新合资公司。广汽集团想要全面完成各种收购计划需要一大笔资金，但是从控股长丰、吉奥，再到合资菲亚特和如今的三菱，手握140亿元流动资金的广汽集团，正在为跻身第一军团、实现"十二五"规划的产销目标而急速扩张。

为上市整整纠结了三年的力帆汽车终于正式登陆上海证券交易所，这也是2010年汽车上市的又一案例。力帆股份共发行2亿股，发行价敲定为14.5元，力帆此次实际募集资金已达29亿元。从2007年开始，力帆集团便筹备上市，并为此专门成立了力帆股份。在经历了三年的努力之后，2010年10月中旬，力帆股份IPO获得国家相关部门的批准。从2005年涉足汽车行业开始，力帆汽车便一直面临着资金的瓶颈。乘用车和摩托车产能的扩充和两项动力总成基地的建设已成为力帆发展的当务之急，却一直面临资金困难，此次力帆顺利上市有望缓解这一难题。

同样因为资金而捉襟见肘的还有华晨汽车，正是因为资金上的难题，让原本擅长资本运作的华晨汽车在相当长的时间里一直被谣传是一汽集团的主要兼并对象之一。虽然在2010年的9月，一笔总金额为20亿元的短期融资券发售，在一定程度上缓解了华晨汽车集团面临的资金压力，但在中华汽车继续亏损的现实面前，融资依然是华晨汽车缓解资金困难的唯一途径。

- 合资自主

随着国内车市的持续火爆，一些合资车企纷纷推出自主品牌，以抢占低端汽车市场。在2010年广州车展上，广汽本田发布了自主品牌理念的首款量产车型"理念S1"，东风日产也展示了启辰的首款概念车，而上汽通用五菱则在2010年11月发布了首款中级车宝骏630。事实表明，合资自主品牌已经发展到产品层面。合资企业发展自主品牌的优势在于，依靠股东方的优势资源，通过技术引进、消化、吸收、再创新，并进一步地自主研发，使企业掌握核心技术，逐步具备可持续开发新车的能力。目前，合资自主品牌的最大挑战并非技术或品质，而是全新品牌的塑造。合资企业自主品牌凭借合资方在产品及渠道方所拥有的优势，与生俱来就具备了强者的资本。上海通用五菱的宝骏品牌从筹划到下线历时三年，得到来自股东方长期而全面的大力支持，宝骏630研发、制造、配套和服务体系的建设也完全按照通用汽车的全球制造体系和标准进行。值得注意的是，合资自主品牌不仅拥有合资企业的高品质，同时也具备了媲美传统自主品牌的高价值，具有十分突出的亲民特质。

可以预计，2011年汽车市场的竞争将更加激烈，随着合资自主品牌车型的崛起，将以强大的优势，给传统自主品牌形成压力，同时也将带来良性挑战，促进汽车整体技术水平的新一轮提升。

- **资源整合**

2010年10月,长安汽车启动了长安商用车、主流乘用车以及公益品牌全新标志的亮相,意味着经历了重组中航、牵手雪铁龙后的长安汽车集团正式进入了全新的品牌时代。之所以更换品牌标志,就是要通过品牌整合,让长安集团的企业和产品都能具备统一的品牌特征,让长安集团的技术、产品进一步融合,尤其是给予长安主流乘用车品牌赋予更多的高端和时尚基因。通过重组中航、牵手雪铁龙,再加上原有的长安商用车、长安自主品牌乘用车、长安福特马自达以及即将与昌河铃木整合的长安铃木,已经进入"四大集团"行列的长安汽车集团已经成为了国内汽车企业中不容忽视的一极。而庞大的长安集团亟须快速高效的整合,充分发挥各个平台的优势,增强长安集团在国内外汽车工业中的竞争力。

- **营销新模式**

在营销模式的创新上,国内的自主品牌汽车企业也在不断探索。虽然此前也有过网上买车的噱头和造势行为,但是真正把这个想法付诸实施的却是吉利汽车。2010年的12月,吉利汽车正式进驻淘宝商城开设旗舰店,成为淘宝首家汽车销售企业。首款亮相的是吉利熊猫轿车1.3升5MT尊贵版和舒适版,接下来还将增加包括网络专供的熊猫双色车在内的其他产品。据悉,网络专供车型可在4S店试驾、保养和维修,但只在网上销售。

网购市场2010年占社会消费品零售总额的比例已超过2%。有专家表示,通过网络销售汽车处于起步阶段,很多方面仍然需要探索。尽管汽车网购尚处于局部试水阶段,但谁也无法否认这一市场的巨大潜力。奔驰Smart在淘宝上的热销,使沉寂多年的网上卖车又重现希望,让汽车企业得以在几近封闭的汽车销售领域开疆拓土,赢得更大的发展空间。合资品牌在这一全新营销模式的突破,也引起了自主品牌汽车的纷纷效仿。

B.27 后　记

伴随着广州汽车产业发展壮大而成立的广州汽车产业研究中心现在已经发展了七年。在这七年里，我们得到了广州市领导、广州市社会科学院领导的大力支持，在广州市有关部门、各区及县级市、汽车企业等的积极支持下，取得了丰富的应用研究成果和公开发表了一批论文，为广州市及各区、县级市、企业发展汽车产业提供了重要的决策参考和咨询服务。近年来，我们先后编辑出版了《2005年：中国广州汽车发展报告》、《2007年：中国广州汽车产业发展报告》、《中国广州汽车产业发展报告（2008）》、《中国广州汽车产业发展报告（2009）》和《中国广州汽车产业发展报告（2010）》五本蓝皮书。这五本书作为广州汽车产业研究中心的代表著作，产生了很好的社会影响，为广州市及各区、县级市有关部门促进汽车产业和企业发展提供了有益的智力支持。

配合广州汽车产业快速发展的态势，在广州市领导和有关部门的支持下，在院各部门的积极配合下，我们编辑出版的《中国广州汽车产业发展报告（2011）》现在与读者见面了，该书定位为专家观点、民间立场，主要以专家、学者提供的各类关于广州汽车产业发展的专题研究报告为主，同时也吸收了市及有关部门提供的一些汽车产业专题调研成果，中国汽车产业发展的年度热点也是我们关注的重要话题。在篇章结构上，我们设置了"总报告"、"宏观背景篇"、"综合发展篇"、"新能源汽车篇"、"企业发展篇"、"区域发展篇"、"附录篇"等专栏。力求从宏观与微观、理论与实际、分析与预测、综合与重点的结合上，对2010年广州汽车产业进行全面分析和论述，对2011年广州汽车产业发展进行展望和讨论。希望这本凝聚专家、学者心血的汽车产业研究成果，能为年度广州汽车产业科学发展出谋献策，能为热心于研究广州汽车产业的专家、学者和领导提供有益的资料参考。

本书的出版，得到了受邀专家、学者、广州市领导和有关部门以及汽车企业的大力支持。广州市外经贸委、广州汽车工业集团股份有限公司、广汽本田汽车有限公司、广汽丰田汽车有限公司、东风日产乘用车公司、广州汽车集团商贸有限公司、广州汽车销售行业协会等单位为我们的调查研究、资料搜集提供了积极的帮助和配合，提出了很多建设性的意见和相关的资料，部分观点和建议已经融入我们所撰写的研究报告。广汽集团发展部的欧阳惠芳、广州外经贸局的刘旭等为本书提供了优秀的研究论文，社会科学文献出版社为本书出版付出了辛苦的劳动，广州市社会科学院办公室、科研处、经济研究所等部门领导及相关研究人员也为本书的出版提供了大力的支持。在此，我们谨向所有支持、参与本书编写工作的领导、专家、学者等表示衷心的感谢。

本书由广州市社会科学院牵头，广州市社会科学院广州汽车产业研究中心和区域经济研究所具体负责编纂工作。随着广汽集团成功上市以及首款自主品牌轿车的发布，广州的汽车产业步入了全新的发展阶段，为了科学促进广州汽车产业新一轮的大发展，进一步做强做大广州的第一支柱产业，把广州建设成为全国乃至世界重要的汽车生产基地，我们将继续编辑出版《中国广州汽车产业发展报告》，以此为广州汽车产业科学发展提供持续不断的智力支持，积累广州汽车产业发展的珍贵历史资料。我们希望得到全国各地关心广州汽车产业、研究广州汽车产业的专家、学者和广州市各有关部门、研究单位、汽车企业等的大力支持，期待得到各位专家、学者、有关领导以及读者的继续支持、指导和赐稿，进一步提高《中国广州汽车产业发展报告》的质量，共同为广州汽车产业科学发展贡献智慧。

广州市社会科学院区域经济研究所

广州汽车产业研究中心

2011 年 6 月 2 日

专家数据解析　　权威资讯发布

社会科学文献出版社 皮书系列

皮书是非常珍贵实用的资讯，对社会各阶层、各行业的人士都能提供有益的帮助，适合各级党政部门决策人员、科研机构研究人员、企事业单位领导、管理工作者、媒体记者、国外驻华商社和使领事馆工作人员，以及关注中国和世界经济、社会形势的各界人士阅读使用。

权威　前沿　原创

"皮书系列"是社会科学文献出版社十多年来连续推出的大型系列图书，由一系列权威研究报告组成，在每年的岁末年初对每一年度有关中国与世界的经济、社会、文化、法治、国际形势、行业等各个领域以及各区域的现状和发展态势进行分析和预测，年出版百余种。

"皮书系列"的作者以中国社会科学院的专家为主，多为国内一流研究机构的一流专家，他们的看法和观点体现和反映了对中国与世界的现实和未来最高水平的解读与分析，具有不容置疑的权威性。

咨询电话：010-59367028　QQ：1265056568
邮　　箱：duzhe@ssap.cn　邮编：100029
邮购地址：北京市西城区北三环中路
　　　　　甲29号院3号楼华龙大厦13层
　　　　　社会科学文献出版社 学术传播中心
银行户名：社会科学文献出版社发行部
开户银行：中国工商银行北京北太平庄支行
账　　号：0200010009200367306
网　　址：www.ssap.com.cn
　　　　　www.pishu.cn

中国皮书网全新改版，增值服务大众

中国皮书网
http://www.pishu.cn

规划皮书行业标准，引领皮书出版潮流
发布皮书重要资讯，打造皮书服务平台

中国皮书网开通于2005年，作为皮书出版资讯的主要发布平台，在发布皮书相关资讯、推广皮书研究成果，以及促进皮书读者与编写者之间互动交流等方面发挥了重要的作用。2008年10月，中国出版工作者协会、中国出版科学研究所组织的"2008年全国出版业网站评选"中，中国皮书网荣获"最具商业价值网站奖"。

2010年，在皮书品牌化运作十年之后，随着"皮书系列"的品牌价值不断提升、社会影响力不断扩大，社会科学文献出版社精益求精，对原有中国皮书网进行了全新改版，力求为众多的皮书用户提供更加优质的服务。新改版的中国皮书网在皮书内容资讯、出版资讯等信息的发布方面更加系统全面，在皮书数据库的登录方面更加便捷，同时，引入众多皮书编写单位参与该网站的内容更新维护，为广大用户提供更多增值服务。

www.pishu.cn

中国皮书网提供：
- 皮书最新出版动态
- 专家最新观点数据
- 媒体影响力报道
- 在线购书服务
- 皮书数据库界面快速登录
- 电子期刊免费下载

图书在版编目(CIP)数据

中国广州汽车产业发展报告.2011/李江涛，朱名宏，杨再高主编.—北京：社会科学文献出版社，2011.9
（广州蓝皮书）
ISBN 978-7-5097-2629-7

Ⅰ.①中… Ⅱ.①李… ②朱… ③杨… Ⅲ.①汽车工业-经济发展-研究报告-广州市-2011 Ⅳ.①F426.471

中国版本图书馆 CIP 数据核字（2011）第 161339 号

广州蓝皮书
中国广州汽车产业发展报告（2011）

主　　编／李江涛　朱名宏　杨再高
副 主 编／陈来卿

出 版 人／谢寿光
总 编 辑／邹东涛
出 版 者／社会科学文献出版社
地　　址／北京市西城区北三环中路甲 29 号院 3 号楼华龙大厦
邮政编码／100029

责任部门／皮书出版中心（010）59367127　　责任编辑／陈　颖
电子信箱／pishubu@ssap.cn　　　　　　　　责任校对／高忠磊
项目统筹／丁　凡　　　　　　　　　　　　　责任印制／岳　阳
总 经 销／社会科学文献出版社发行部（010）59367081　59367089
读者服务／读者服务中心（010）59367028

印　　装／北京季蜂印刷有限公司
开　　本／787mm×1092mm　1/16　印　张／18
版　　次／2011 年 9 月第 1 版　　字　数／304 千字
印　　次／2011 年 9 月第 1 次印刷
书　　号／ISBN 978-7-5097-2629-7
定　　价／59.00 元

本书如有破损、缺页、装订错误，请与本社读者服务中心联系更换
版权所有　翻印必究

盘点年度资讯　预测时代前程

从"盘阅读"到全程在线阅读
皮书数据库完美升级

• 产品更多样

从纸书到电子书，再到全程在线阅读，皮书系列产品更加多样化。从2010年开始，皮书系列随书附赠产品由原先的电子光盘改为更具价值的皮书数据库阅读卡。纸书的购买者凭借附赠的阅读卡将获得皮书数据库高价值的免费阅读服务。

• 内容更丰富

皮书数据库以皮书系列为基础，整合国内外其他相关资讯构建而成，内容包括建社以来的700余种皮书、20000多篇文章，并且每年以近140种皮书、5000篇文章的数量增加，可以为读者提供更加广泛的资讯服务。皮书数据库开创便捷的检索系统，可以实现精确查找与模糊匹配，为读者提供更加准确的资讯服务。

• 流程更简便

登录皮书数据库网站www.pishu.com.cn，注册、登录、充值后，即可实现下载阅读。
购买本书赠送您100元充值卡，请按以下方法进行充值。

充值卡使用步骤：

第一步
- 刮开下面密码涂层
- 登录 www.pishu.com.cn
  点击"注册"进行用户注册

第二步
登录后点击"会员中心"进入会员中心。

第三步
- 点击"在线充值"的"充值卡充值"，
- 输入正确的"卡号"和"密码"，即可使用。

社会科学文献出版社　皮书系列
卡号：7851330039374950
密码：

(本卡为图书内容的一部分，不购书刮卡，视为盗书)

SSDB
社科文献资源库
SOCIAL SCIENCE DATABASE

如果您还有疑问，可以点击网站的"使用帮助"或电话垂询010-59367227。